高职高专规划教材

消费者行为学

第二版

任晓静　梁清山　主编

化学工业出版社

·北京·

本书采用项目课程理论开发消费者行为学课程，实施案例教学和项目教学相结合的架构，把经典的消费者行为理论、影响消费者行为的因素和案例分为四个项目，通过“案例介绍”、“案例分析”、“思考 · 讨论 · 训练”，由案例引出相应的理论，让学生在老师引导下完成学习任务，激发学生的学习兴趣，并结合“实训”中的“案例分析”和“技能训练”，对学生进行持久训练，巩固所学知识。项目教学强调了学生对消费者行为学知识的活化，体现了高职高专课程改革的发展方向和教学特色。

本书定位明确、内容实用、形式创新、难易适度，既可作为高职高专院校经济类、管理类各专业的教材，也可作为各企事业单位的培训教材。

图书在版编目（CIP）数据

消费者行为学/任晓静，梁清山主编．—2 版．—北京：化学工业出版社，2015.7

高职高专规划教材

ISBN 978-7-122-23950-1

Ⅰ.①消…　Ⅱ.①任…②梁…　Ⅲ.①消费者行为论-高等职业教育-教材　Ⅳ.①F713.55

中国版本图书馆 CIP 数据核字（2015）第 099895 号

责任编辑：于　卉　王　可　　　装帧设计：刘亚婷

责任校对：王素芹

出版发行：化学工业出版社（北京市东城区青年湖南街 13 号　邮政编码 100011）

印　　刷：北京云浩印刷有限责任公司

装　　订：三河市瞰发装订厂

787mm×1092mm　1/16　印张 12　字数 299 千字　　2015 年 8 月北京第 2 版第 1 次印刷

购书咨询：010-64518888（传真：010-64519686）　售后服务：010-64518899

网　　址：http://www.cip.com.cn

凡购买本书，如有缺损质量问题，本社销售中心负责调换。

定　　价：27.00 元

第二版前言

高等职业院校培养学生是以就业为导向的，因而更加重视学生的能力培养和训练。通过多年的教学实践发现，采用案例教学法，使学生进入被描述的情景现场，进入营销者和消费者角色，以当事人的身份探寻成败得失的原因，对提高学生发现问题、分析问题和解决问题的能力有较大帮助。为此，我们编写了这本教材，旨在更好地提高学生的综合素质和能力。

本教材可供高职高专院校、成人高校及本科院校举办的二级职业技术学院开设消费者行为学课程的各专业使用，也可作为企业管理人员和营销人员的培训教材。

本教材重点突出以下一些特色。

(1) 定位明确。本教材建立在高职高专培养“蓝领”的办学理念基础上，从编写的指导思想，到内容选择、体系设计、编写模式，都以服务于培养岗位群的综合技能为出发点，努力打造充分体现高职特色的实用教材。

(2) 内容实用。从岗位群要求的实际需要出发，选择实用的内容，突出实践在课程中的主体地位，用案例来引领理论，使理论从属于实践。

(3) 形式创新。为了体现高职高专课程改革的发展方向和教材特色，在总结多年教学改革经验的基础上，对教材编写模式进行了大胆的创新，采用项目课程理论开发消费者行为学课程，实施案例教学和项目教学相结合的架构，让学生主动地学习和完成任务。通过“案例介绍”、“案例分析”、“思考・讨论・训练”，让学生在自学、争辩和讨论的氛围中完成学习任务，并通过“实训”中的“案例分析”和“技能训练”，对学生进行进一步训练。教师只是启迪者、引导者，担当类似导演或教练的角色，仅仅提供学习要求或做背景介绍，最后进行概括总结，绝大部分时间和内容交由学生自己主动地完成。项目教学采用了项目、模块编排方式，并不探讨很深的理论内容，只强调高职院校大学生对知识的活化，让学生获得一个具有实际工作意义的学习结果。目的在于让学生有成功感，激发他们的学习兴趣，让学生在与工作任务的联系过程中去学习知识和技能，改变单纯学习知识的课程模式。

参加本书编写的有：李朋、尤君（编写项目1），任晓静（编写项目2、项目3），梁清山（编写项目4），全书由任晓静统稿。

本书由刘晓杰主审，参加审稿的还有曲伟、赵越。参加审稿的各位老师对书稿进行了认真、细致的审查，提出了许多宝贵意见和修改建议，在此表示衷心感谢。

由于编者水平所限，书中难免有不妥之处，欢迎广大读者特别是任课教师提出批评意见和建议，并及时反馈给我们（E-mail：renxiaojingaa@126. com）。

编　者

2015 年 5 月

目 录

项目 1　消费者行为与消费者心理 …… 1
模块 1　消费者行为 …… 1
模块 2　消费者心理 …… 10
项目 2　影响消费者行为的外部因素 …… 16
模块 3　影响消费者行为的社会文化因素 …… 16
模块 4　影响消费者行为的亚文化因素 …… 23
模块 5　影响消费者行为的人口统计因素 …… 28
模块 6　影响消费者行为的社会阶层因素 …… 35
模块 7　影响消费者行为的参照群体因素 …… 40
模块 8　影响消费者行为的家庭因素 …… 45
模块 9　影响消费者行为的市场营销因素 …… 51
项目 3　影响消费者行为的内部因素 …… 58
模块 10　影响消费者行为的知觉因素 …… 58
模块 11　影响消费者行为的记忆因素 …… 64
模块 12　影响消费者行为的情绪因素 …… 74
模块 13　影响消费者行为的动机因素 …… 81
模块 14　影响消费者行为的态度因素 …… 93
模块 15　影响消费者行为的个性因素 …… 103
模块 16　自我概念和生活方式 …… 110
项目 4　消费者决策过程 …… 120
模块 17　影响消费者行为的情境因素 …… 120
模块 18　问题认知过程 …… 132
模块 19　信息搜集过程 …… 142
模块 20　购买评价与选择过程 …… 151
模块 21　店铺选择与购买过程 …… 159
模块 22　购后过程 …… 168
模块 23　消费者权益与责任 …… 178
参考文献 …… 187

项目1 消费者行为与消费者心理

模块1 消费者行为

一、教学目标

1. 能力目标

能运用相关资料，分析解决消费者行为实际问题。

2. 知识目标

了解消费者行为的研究方法、消费行为特征。掌握消费者行为含义、消费者行为性质。

3. 素质目标

完成任务的态度；知识应用能力；信息搜集处理能力；理解、分析、表达能力；交流沟通能力；与人合作能力；自学能力；解决问题能力；应变能力；组织能力；敬业精神。

二、案例

1. 案例介绍

如何看待高消费现象

随着社会的发展，时代的进步，百姓的生活水平逐年提高，再加上现在的家庭都是独生子女，生活条件更加优越，因此现在的学生对消费可谓是无所顾忌，想花钱就花钱，从不去想这钱是从哪里来的，更不会去体谅父母的一片苦心，反之，如果在金钱上得不到满足，学生就会怨天尤人。如今的学生高消费现象已普遍存在，每逢周末，他们就三五成群泡“迪吧”，或者是相约上游戏厅，“废寝忘食”与网友聊天，或者逛街购物上餐馆……吃的美味、穿的名牌、用的高档，此类现象随处可见。

（资料来源：http：//zhidao. baidu. com/link? url＝iJhFliLG _ ixEwdv4 _ 0ooYpvnjffe-Szlq6zXOYmmKpiq5c _ Kc4eWaSN7VvK _ 9NK9Hh7rwkk61RBsZh7SzF1VR9 _ ）

2. 案例分析

① 心理活动本身的复杂性决定了消费者心理与行为具有复杂性与多样性。比如，每个人在需要和动机方面存在着较大的差异。同样一件商品，有的人是出于价格方面的原因而购买，而另外的人是出于其形象方面的原因而购买，还有的人则是着重于其质量方面的原因而购买。面对多样的营销环境，消费者个体的表现和反应各不相同。他们可以表现出积极的、消极的、被动的或反感的态度。在消费者的意识中，有时表现为清晰的意识状态，有时表现为潜意识或无意识的模糊状态等。这些都是消费者心理与行为复杂性的表现。

② 面对丰富多彩的商品世界、变化多端的流行时尚、外来生活方式的冲击，有一些不良的消费心理和行为现象在部分消费者中间发生和蔓延，如盲目模仿、攀比消费、挥霍消费等，反映出这部分消费者的素质较低。一方面通过传播和普及有关消费者心理与行为的理论

知识，可以帮助消费者正确认识自身的心理特点和行为规律，以提高广大消费者的心理素质，提高他们的消费决策水平，使其消费更加合理；另一方面通过建立基本的消费标准与模式促使消费者自动纠正心理偏差，改善消费行为，实现个人消费的合理化。此外，还可以利用示范效应、群体动力效应等社会心理机制，影响各个消费者群，引导社会消费向文明、适度的方向发展。

3. 思考·讨论·训练

① 如何看待这样的“高消费现象”？

② 出手如此阔绰是为什么？

③ 如何正确引导消费者的消费行为？

三、理论知识

1. 什么是消费者行为

“未来，个人网店通过指纹核实个人ID。完善的指纹包括虹膜、个人ID管理系统，能直接显示每个人的真实身份……”这是记者曾经看过的一篇文章中有关未来电子商务的描述。虽然是一篇虚幻形式的文章，但绘出了人们理想的网上购物环境：没有欺诈、诚信有序。

显然，人们为了生存和发展，一般都要从他人那里获得产品和服务。除了接受馈赠、抢夺外，都要以货币为代价换取某种消费利益。这是一种交易行为，也是一种消费行为。实际上，我们每个人都是消费者。

但是，“消费者”对我们每一个人来说，往往是既熟悉又陌生。熟悉的是，我们每一个人都是消费者，每时每刻都在消费，而且每一次的消费行为看上去似乎都是那么简单、平淡；陌生的是，消费者的心理和行为又非常复杂，有时候一种心理或行为反应发生之后，连我们自己都无法弄懂。这就是消费者或消费行为研究的魅力所在。它吸引了无数的社会学、心理学、人类学、经济学、营销学等学科领域，甚至一些公共部门的专家和实际工作者也转移了研究兴趣。

关于什么是消费者行为，目前国内外还没有一个统一的、被普遍接受的定义。

我们认为消费者行为是指：消费者为满足自身需要而决定、购买和使用、消耗商品和劳务的行为。

对这一定义可作如下解释。

消费者行为是与商品或服务的交换密切联系在一起的。在现代市场经济条件下，企业研究消费者行为是着眼于与消费者建立和发展长期的交换关系。为此，不仅需要了解消费者是如何获取商品与服务的，而且还需要了解消费者是如何消费商品，以及商品在用完之后是如何被处置的。因为消费者的消费体验、消费者处置旧商品的方式和感受均会影响消费者的下一轮购买，也就是说，会对企业和消费者之间的长期交换关系产生直接的作用。传统上，对消费者行为的研究，重点一直放在商品、服务的获取上，关于商品的消费与处置方面的研究则相对地被忽视。随着对消费者行为研究的深入，人们越来越深刻地意识到，消费者行为是一个整体，是一个过程，获取或者购买只是这一过程的一个阶段。因此，研究消费者行为，既应调查、了解消费者在获取商品、服务之前的评价与选择活动，也应重视在商品获取后对产品的使用、处置等活动。只有这样，对消费者行为的理解才会趋于完整。

2. 消费行为特征

随着人们生活水平的提高、美容知识的不断丰富，护肤化妆品季节性也越来越强。夏季防晒、秋冬润肤。笔者近日发现，冬季来临之际，各类润肤、保湿的护肤品成了消费新热点。

由于民族、文化传统、地理环境和时空方面的差异，不同的人有着不同的消费行为和消费习惯。在纷繁复杂的消费行为中是否存在一些共同的特征呢？我们认为，消费行为是有某些共同特征的。这些共同特征主要表现在以下方面。

(1) 消费行为的时代性 消费行为产生于自然和社会的需要，而不同的历史时代，人们的需要无论就其内容还是满足方式来说，都存在着明显的差异。人们的需要是随着时代的发展而变化的。这种变化实际上是人类社会文明进步的表现。例如，以北京市民的冬装为例，在20世纪五六十年代，大家都习惯于穿布面棉衣；到了70年代中期，人们开始以能穿上“的确良”面的棉衣为荣；70年代末80年代初，尼龙绸面料的羽绒登山服成了流行冬装，年轻人纷纷追求时尚；到了80年代中后期，各种活面、多用途的新潮冬衣开始占领市场，成了人们新的追求目标。导致这种状况出现的原因，除了消费者主观因素的作用，更主要的是科技发达和社会生产力发展水平的提高所致。

(2) 消费行为的季节性 季节性分为三种情况。一是季节性气候变化引起的季节性消费。这种消费行为的季节性变化十分明显地反映在市场销售的变化上。人们的穿着打扮，从头到脚所需要的物品无一不是工业产品，而这些工业产品的供应无疑有着明显的季节性。如冬天穿棉衣，夏天穿单衣；热天买冰箱，冷天买电热毯。二是季节性生产引起的季节性消费，如春夏秋是蔬菜集中生产的季节，也是蔬菜集中消费的季节。因此，消费者要食用这些蔬菜，只能听从季节的安排，否则，必须借助于特种栽培技术才能如愿。三是风俗习惯和传统节日引起的季节性消费。人们为了欢度佳节，往往导致一股短暂的消费热浪。如端午节吃粽子，中秋节吃月饼等。

(3) 消费行为的周期性回返 人类消费的需求、兴趣、爱好和习惯，在历史发展的历程上常常表现出一种回返特征，而且这种回返带有某种周期性。在消费市场上，一段时间里为人们所偏爱的某种商品往往供不应求，十分紧俏。但是，只要“消费热”一过，这种曾风靡一时的俏货，就会成为明日黄花而无人问津。然而，过一段时间后，那些早已被人们遗忘的东西有可能重新在市场上出现和流行。人们只要对消费行为作较长时间的考察就不难发现，这种现象无论在国内还是国外都是普遍存在的。例如，在我国女时装市场上流行的旗袍，就曾经在解放前和解放初期流行过。

消费行为的每一次回返都是有一定条件的，而且每次回返都带有某些新的社会内容或物质内容。消费行为的周期性回返实质上是一种螺旋式的上升运动。

(4) 消费行为的相关性 人的消费需求不是孤立的。无论是自然需求还是社会需求，也无论是物质需求还是精神需求，往往都是互相联系、互相依存的。正是这种需求之间的关联和依存决定了消费行为的相关性。

消费需求的相关性存在正、负两种不同的形式。消费需求的正相关是指人们对一种消费品需求量的增加或需求水平的提高，会导致对与之相关的其他一系列消费品的需求量上升或需要水平的提高。如彩电、冰箱、组合音响、录音机等家用电器销售量的增加，将导致用电量的激增；西服热的兴起使领带和皮鞋成为热门货。消费需求的负相关是指一种消费需求的增长会导致另一种（或若干种）消费需求的下降。例如，人们对鱼、虾等水产品的需求增加，会导致对猪、牛、羊等肉产品的需求量下降。消费需求之所以呈负相关，显然是由于一种消费需求的增长对另一种（或若干种）消费需求的增长起抑制作用的结果。

（5）消费行为的替代性　消费品种类繁多，不同品牌甚至不同品种之间往往可以互相替代。如“熊猫”牌洗衣粉和“雕牌”洗衣粉可以相互替代，毛衣与皮衣虽然属于不同种类，但也可以互相替代。由于消费品的替代性和购买力相对有限，消费者对满足哪些需要以及选择哪些品牌来满足需要必然慎重地决策且经常变换，导致购买力在不同产品、品牌和企业之间流动。

（6）消费行为的可诱导性　消费者在大多数的情况下对商品有选择的自由，企业可以在法律和社会规范的框架内对消费者予以劝导并施加影响。应当指出的是，企业影响消费者行为是以其产品或活动能够满足消费者某种现实或潜在的需要，能够给消费者带来某种利益为前提的。消费者有时对自己的需要并不能清楚地意识到。此时，企业可以通过提供合适的产品来激发消费者的需要，也可以通过有效的广告宣传、营业推广等促销手段来刺激消费者，使之产生购买欲望，甚至影响他们的消费需求，改变他们的消费习惯，更新他们的消费观念，树立全新的消费文化。

综上所述，我们认为消费者的消费行为存在着一些共同的特征。这些特征，一方面取决于人们自然和社会的需要，另一方面则受制于社会生产力的发展水平。

3. 消费者行为性质

内、外部影响变量相互作用，导致个体形成对自身的看法，即自我概念或自我现象的形成。自我概念又将透过生活方式反映出来。实际上，自我概念是个体关于自身的所有想法和情感的综合体。生活方式则是你如何生活。后者涉及你所使用的产品，你如何使用这些产品以及你对这些产品的评价和感觉。生活方式是自我概念的折射，也是你过去决策和未来计划的总汇。

无论是家庭还是个体消费者，均呈现出各自独特的生活方式。我们经常听人说某人是“事业型”的，或是“模范家长”，或某个家庭是“户外型”的，这都涉及生活方式的问题。自我概念和生活方式导致需要与欲望的产生，而需要与欲望和情境的结合及其相互作用会触发消费者购买决策过程。

图 1-1 是消费者行为的总体模型。我们以此模型来描述消费者行为的一般结构与过程，同时据此统领全书内容。该模型是一个概念性模型，它所包含的细节不足以预测某种特定的消费者行为。然而，它的确反映了我们对消费者行为性质的信念和认识。消费者在内、外部因素的影响下形成自我形象和生活方式。其中，内部因素主要包括生理和心理方面；外部因素主要指社会、人文和人口统计方面。消费者自我形象与生活方式导致与之一致的需要与欲望的产生。这些需要与欲望大部分要求以消费来获得满足。一旦消费者面临相应的情境，消费决策过程将被启动。这一过程以及随之而来的产品获取与消费体验会对消费者的内部特性和外部环境产生影响，从而最终引起其自我形象与生活方式的调整或变化。

这里所描述的模型，虽然很简单，但无论是从理论层面还是从直觉层面，都是颇具吸引力的。我们每一个人都有一整套关于自身的看法，即形成一种自我概念或自我形象。同时，在资源约束下，试图形成自己特有的生活方式。我们对自身的看法、我们追求的生活方式均受内部因素和外部条件的制约。前者包括我们的个性、价值观、情绪、记忆等，后者则包括文化、年龄、家庭亚文化等。当面临形形色色的情境，自我形象和生活方式会激发出特定

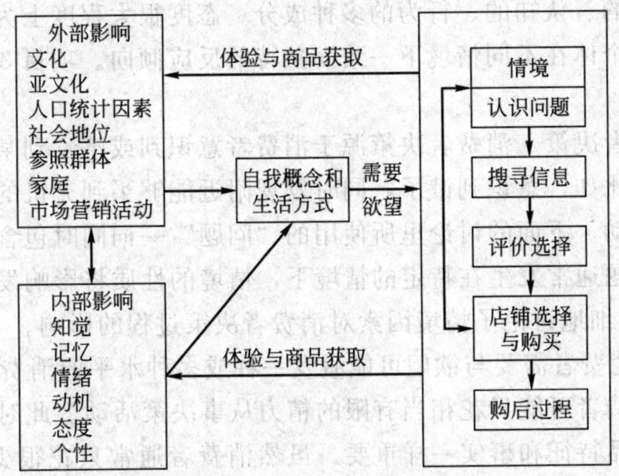

图 1-1　消费者行为总体模型

的、与之相适应的需要与欲望。很多情况下，消费者将以购买作为对这些需要与欲望的响应。我们的购买决策，有时甚至仅仅是决策过程本身，会激发我们去学习，并影响内部特性和外部环境，由此反过来导致自我概念和生活方式的变动。

从对图 1-1 所示模型的初步讨论，可能会得出这样一种印象：消费者行为似乎是简单的、有条不紊的、有意识的，同时又是机械的、线性的。快速审视你和你周围朋友的行为，你将发现这种印象或感受是站不住脚的。现实中的消费者行为通常是复杂的、无意识的、杂乱无章的和循环往复的。由于语言传播的局限，我们不得不以简单、线性的方式来呈现这种现实。当你审视这一模型和阅读以这一模型为基础的各项目时，你还需不断将课本里的这些描述与现实世界丰富多彩的消费者行为联系起来。这样，你对该模型的理解才不致偏颇。

图 1-1 所示模型中的每一个因素，都将在后面的项目里予以详细的讨论。下面将对模型的各重要部分作以简要的透视，以便对各个部分之间的联系有一大致的了解。我们的讨论以及本书的内容是循着模型从左到右的顺序来组织和安排的。

（1）外部影响　将影响消费者行为的因素分类，在某种意义上带有主观或武断成分。例如，我们将学习视为一种内部影响，而事实上人类学习很大程度上与模仿他人以及与他人相互作用有关。从这一意义上，学习也可视为一种群体互动过程。在图 1-1 里，连接外部影响与内部影响的线条两端均带有箭头，这是表示相互作用、相互影响。

在讨论外部影响时，文化也许是最有影响的行为影响因素。本书项目 2 中的模块 3 专门讨论不同文化下消费模式的差别。项目 2 中的模块 4 分析重点是以年龄、地域、宗教、种族和民族因素为基础的亚文化。项目 2 中的模块 5 分析重点是人口环境。在人口环境部分，将介绍人口规模、年龄、职业、教育和收入等方面的情况。项目 2 中的模块 6 分析重点是社会阶层；项目 2 中的模块 7 阐述群体对消费者行为的影响及影响过程。项目 2 中的模块 8 专门讨论了家庭，包括家庭如何随时间而演变，家庭对消费的影响力等。项目 2 中的模块 9 专门讨论了市场营销活动，包括市场营销组合策略等。

（2）内部影响　内部影响始于知觉，即个体接触刺激物并对其赋予某种含义的过程。然后是学习，也就是长期记忆系统的内容与结构的变动。接着是情绪，即对行为产生影响且十分强烈和相对难以控制的情感。动机，即行为的动因或理由。态度，是对某人或某种事物的好恶倾向，包括情感的、认知的、行为的多种成分。态度很大程度上为各种内、外部影响因素所支配。个性，即个体在不同情境下一致而独特的反应倾向。项目 3 将专门就上述诸多问题进行论述。

(3) 情境和消费者决策　消费者决策源于消费者意识到或感觉到某个问题的存在和有解决这一问题的机会。比如，意识到饿了，同时发现附近能够买到充饥的食品，才可能触发购买某种食品的决策活动。下面的讨论里所使用的“问题”一词同时包含前面所指的问题与机会的含义。消费者问题通常发生在特定的情境下，情境的性质将影响发生于其中的行为。项目 4 中的模块 17 较详细地讨论了情境因素对消费者决策过程的影响。

如图 1-1 所示，消费者需要与欲望可能激发一种或多种水平的消费者决策过程。重要的是，对很多购买，消费者可能只花相当有限的精力从事决策活动。此时，情绪和感觉对购买决定的影响可能与产品特征和事实一样重要。虽然消费者通常只花很少的精力于决策过程，但决策结果会对个人、公司、社会均产生重要影响。所以，本书项目 4 中的模块 18～22 将对决策过程的每一阶段予以详细阐述，讨论问题的认知、信息搜集、评价与选择、店铺选择和购买、使用处置和购后评价等问题。

4. 消费者行为的研究方法

最著名的测试是美国关于速溶咖啡的购买动机的研究。一开始，速溶咖啡的上市并没有被消费者所接受，大家对这种省事、方便的产品并不感兴趣。美国心理学家曾用问卷法直接调查，结论是消费者不喜欢这种咖啡的味道。然而，这个结论是没有依据的，因为速溶咖啡与新鲜咖啡的味道是一样的。后来，心理学家通过角色扮演法，编制了两种购物清单，一张上写的是速溶咖啡，另一张上写的是新鲜咖啡。把这两种购物清单分发给两组妇女，请她们描写不同购物清单家庭主妇的特征。

测验结果发现，两组妇女对家庭主妇的评价截然不同。购买速溶咖啡的主妇被大家看作是懒惰的、邋遢的女人，不是个好妻子；购买新鲜咖啡的主妇则被大家评价为是勤快的、有经验、会持家的主妇。这表明在当时的社会背景下，美国妇女认为担负繁重的家务是一种天职，而逃避劳动则是偷懒的行为。大家不接受速溶咖啡正是基于这种深层的购买动机。后来，公司改变了宣传策略，改变口味，改进包装，减轻消费者的心理压力，产品随即成为畅销货。

消费者行为学就是研究消费者在消费过程中的心理与行为特点及其规律，以便适应、引导、改善和优化消费行为的一门现代经营管理科学。

研究消费者行为应在遵循客观性、发展性、联系性和综合性四个原则的同时，根据研究任务的需要，选择应用适当的方法。常用的方法主要有观察法、实验法、访谈法、投射法、问卷法等。

(1) 观察法　观察法是心理学的一种基本研究方法。在市场营销活动中，观察者依靠自己的视听器官，通过消费者的外部表现（动作、行为、谈话），有目的、有计划地观察了解消费者的言语、行动和表情等行为，并把观察结果按时间顺序系统地记录下来分析原因，用以研究消费者心理活动的规律。

观察法的具体形式有以下几种。

① 直接观察法。它是指调研人员到现场观察发生的情形，以搜集信息。例如，在进行商店调查时，调研人员并不访问任何人，只是观察基本情况，然后记录备案。一般调研的内容有某段时间的客流量、顾客在各柜台的停留时间、各组的销售状况、顾客的基本特征、售

货员的服务态度等。

② 仪器观察法。在科学技术高度发展的今天，许多电子仪器和机械设备成为对消费者进行心理调研的工具。例如，经过被调查者的同意，可以在家用电视上安装一个监视装置，记录下这台电视机的开关时间、收看哪些频道、收看时间如何等。再如，在测定广告效果时，可借助照相机，照下人们的眼部活动，观察瞳孔的变化，分析广告设计对人们注意力的影响。另外，美国有些超级商场配备了整套监视装置，分析消费者的购物习惯。

③ 实际痕迹测量法。它是指调研人员不是直接观察消费者的行为，而是通过一定的途径来了解他们的痕迹和行为。例如，某公司为了评价各种广告媒介的效果，在广告中附有回条，顾客凭回条可到公司购买折让的商品。根据回条的统计数，公司就可以找出最佳的广告媒介。再如，某商店为了调查顾客购买电器后的反应，可到各维修点调查哪些产品维修最多、哪些部件替换最快、消费者的评价等。国外有家饮料公司曾根据垃圾站旧饮料瓶的回收状况来分析消费者的口味偏好。

这种方法的优点是比较直观，观察所得到的材料一般也比较真实、切合实际。这是由于消费者是在没有被施加任何影响、没有干扰的情况下被观察的，是一种心理的自然流露。观察法的不足之处，在于其具有一定的被动性、片面性和局限性。观察所得到的材料本身还不能区分哪些是偶然现象，哪些是规律性的反映。

例如，漫步商场观察消费者的步态和目光时，发现大致有三种表现：脚步紧凑，目光集中，直奔某个柜台；步履缓慢，犹豫不决，看着商品若有所思；步态自然，神色自若，随意浏览。上述三种表现说明进店顾客大致有三类：买者、可能买者、逛客。仅从这些观察中还不能推算出进店顾客真正购物的概率，因为在消费者的行为举止中有很多偶然因素。

观察法可用于观察别人，也可用于观察自己，形成自我观察法。这种方法是把自己摆在消费者的位置上，根据自身的日常消费生活体验，去揣摩、感受消费者的心理。应用自我观察法研究消费心理有独到之处，对价格心理、偏好转变以及情感变换等较复杂的心理现象的研究，通常能收到满意的效果。

（2）实验法　这种方法是有目的地严格控制或创设一定条件，引起某种心理现象，从而进行研究的方法。实验法可分为实验室实验法和自然实验法两种形式。

① 实验室实验法。它是指在实验室里借助各种仪器进行研究的方法，也可以在实验室里模拟自然环境条件或工作条件进行研究。应用这种方法研究的结果一般比较准确。例如，测定消费者对商业广告的记忆率，就可以在实验室内运用录像、图片、文字等广告手段，选取不同时间测试被试者的广告记忆效果。但是，这种方法比较机械，只适宜研究较简单的心理现象。

② 自然实验法。它是指在企业营销环境中，有目的地创造某些条件或变更某些条件，给消费者的心理活动施加一定的刺激或者诱导，从中了解消费者心理活动的方法。这种方法是人们有目的地创设或变更条件，因而具有目的性和主动性。这种方法虽然是在企业营销环境中进行的，但又不是纯自然的，是测试者根据研究目的主动地施加一些影响。这种方法往往能够按照研究目的取得准确、有效的资料，是应用范围比较广泛的方法。例如，工商企业举办单项或综合的商品展销会、新产品展示会等。

（3）访谈法　指研究者通过与研究对象直接交谈，在口头信息沟通的过程中了解研究对象的心理状态的方法。访谈法也称面谈调查，一般由访问人员向被调查者当面询问问题，可以采用登门拜访、邀约面谈、开座谈会或电话访谈的形式。消费者心理研究中最常见和最广泛采用的是这种方法，获得信息最为可靠。依据与受访者接触的不同方式，访谈法又可以分为面对面访谈法和电话访谈法。

① 面对面访谈法。它又可分为结构式访谈和无结构式访谈两种。

结构式访谈又称控制式访谈，是研究者根据预定目标，事先撰写好谈话提纲，访谈时依次向受访者提出问题，让其逐一回答。这种访谈组织比较严密，条理清楚，研究者对整个谈话过程易于掌握，所得的资料也比较系统。但是，由于受访者处于被动地位，容易拘束，双方感情不易短时沟通。

无结构式访谈也称自由式访谈。在这种方式下，研究者与受访者之间可以比较自然地交谈。它虽然有一定的目标，但谈话没有固定的程序，结构松散，所提问题涉及的范围不受限制，受访者可以较自由地回答。在这种方式下，受访者比较主动，因而气氛较活跃，容易沟通感情，并可达到一定的深度。

② 电话访谈法。它是借助电话这一通信工具与受访者进行谈话的方法，一般是在研究者与受访者之间受空间距离限制，或者受访者难以或不便直接面对研究者时采用的访谈方法。电话访谈是一种结构式访谈。访谈内容要事先设计和安排好，由调查员根据抽样要求，通过电话向调查对象询问意见。

电话访谈法的优点在于：经济迅速，情报及时；渗透性强，对难以接触的被调查者和家庭可以进行调查；可以涉及一些面谈时不便谈的问题；资料的统一程度高；所预期的资料较易获得，准确性高。

电话访谈法的主要缺点是：受电话设备的限制；时间短促，仅能回答简单的问题，图表、设备等无法利用；一般限于本地区，否则费用过大；对访谈人员的素质要求较高。

(4) 投射法　在探求消费者心理时，通过访谈法、观察法和实验法可以收集到大量的材料，但问题在于被调查者对这类问题的回答往往听起来是合理的、合乎社会规范的，实际上并不一定是他内心真实的想法。这种自觉或不自觉的掩饰，致使材料的可靠性降低，影响了分析的科学性。要了解消费者的真实动机和心态，就必须借助于投射法。投射法是一种测定心理状况的工具，是研究者以一种无结构性的测验，引出被试者的反应，借以考察其所投射出的人格特征的心理测验方法。

投射法能够探究到人的内心世界和潜在意识，从而得到有价值的心理活动资料。但是，投射法的技术性很强，实际操作的难度也较大。

(5) 问卷法　指通过研究者事先设计的调查问卷，向被研究者提出问题，并由其予以回答，从中了解被研究者心理的方法。这是研究消费者心理常用的方法。根据操作方式，问卷法可以分为邮寄问卷法、入户问卷法、拦截问卷法和集体问卷法等。

采用问卷法进行调查研究，不是以口头语言传递信息，而是通过文字语言传递信息。其优点是能够同时取得很多被研究者的信息资料，可以节省大量的调查时间和费用，而且简便易行。但是，问卷法也有其局限性，主要是它通过文字语言为媒介，研究者与被研究者没有面对面的交流，无法彼此沟通感情；如果受访者没有理解问题，或者不负责任地回答，甚至不予协作、放弃回答，问卷结果就失去了意义。

四、小结

消费者行为是指消费者为满足自身需要而决定、购买和使用、消耗商品和劳务的行为。

消费行为具有时代性、季节性、周期性回返、相关性、替代性、可诱导性等特征。

消费者在内、外部因素的影响下形成自我形象和生活方式。消费者自我形象与生活方式导致与之一致的需要与欲望的产生。这些需要与欲望大部分要求以消费来获得满足。一旦消费者面临相应的情境，消费决策过程将被启动。这一过程以及随之而来的产品获取与消费体验会对消费者的内部特性和外部环境产生影响，从而最终引起其自我形象与生活方式的调整或变化。

消费者行为学就是研究消费者在消费过程中的心理与行为特点及其规律，以便适应、引导、改善和优化消费行为的一门现代经营管理科学。研究消费者行为应在遵循客观性、发展性、联系性和综合性四个原则的同时，根据研究任务的需要，选择应用适当的方法。常用的方法主要有观察法、实验法、访谈法、投射法、问卷法等。

消费者行为学是一门激奋人心的课程。你应对人们为什么会有这样或那样的行为抱有极大的好奇心。因为，市场营销的核心就是了解和预期消费者的需要，并在此基础上找到满足这些需要的办法、途径。

五、复习思考题

1. 什么是消费者行为?
2. 消费行为的特征是什么?
3. 消费者行为的性质是什么?
4. 什么是消费者生活方式?
5. 描述消费者决策过程。

六、实训

1. 案例分析

别做“遗憾消费”者

日常生活中，常见到这样一种现象，许多人，特别是一些青年人，在购买商品时总是兴致勃勃，信心十足，但是买到家后，不是觉得价钱贵，就是感到质量不好，有的甚至是不适用。这时，想退又嫌麻烦，不退心里又懊恼不已。这种情景在消费心理学中叫做“遗憾消费”。“遗憾消费”的形成有很多原因，也因人而异。它不仅和人的性格、阅历、收入水平有关，而且还和人的修养水平有一定的联系。

思考和训练

请你谈谈怎样才能有效地防止这种“遗憾消费”。

(参考答案　第一，不要一次性购买。换句话说，就是不要突击花钱。一些青年朋友在面临结婚或建设爱巢的时候，往往一改平时省吃俭用的习惯，一旦需要，就会把长期攒下来的钱一次花光。其实，不妨采取统筹兼顾，随遇随买的办法。家庭消费应该从大处着眼，小处着手。买东西最好有个计划，各个击破，切忌全面开花。第二，不要冲动性购买。就是说不要在事先无计划的情况下，临时产生购买行为，尤其是不要受广告和精美包装的冲击及片面追求新奇和从众心理的影响，打乱了正常的消费开支。避免冲动，要遵循价值原则，所购物品应是生活必需品，遇到可买可不买的东西，不管别人怎样抢购，也不要盲目从众。第三，不要没有主见。有的人决策能力较差，对所购之物总是拿不定主意。同样买服装，有的款式很时髦，但花色却很单调，有的质量很好，但价格很贵，不管选择哪一种都会后悔另一方面的不足。还有的人本来自己认为很好的商品，当给亲友同事欣赏时，听到别人说这件东西如何不好时，内心便生出一种“悔不该买”的叹息。这两种人都是缺乏主见的消费者。要克服缺乏主见的购买行为，就要培养自己的合理决策能力。一方面要加强自身修养，时常阅读一些有关消费的报刊，不断积累购买和使用商品的经验教训，增强自己对商品的鉴别力。另一方面，购物中要掌握行情，包括产品的发展、价格、质量。这样，就能在购物中货比三家，避免成为“遗憾消费”者。)

2. 技能训练

描述你的生活方式。你的生活方式与你父母的生活方式有何不同？

模块2 消费者心理

一、教学目标

1. 能力目标

能运用相关资料，分析解决消费者心理实际问题。

2. 知识目标

掌握消费者心理含义、消费者心理分类、消费者心理的特点。

3. 素质目标

完成任务的态度；知识应用能力；信息搜集处理能力；理解、分析、表达能力；交流沟通能力；与人合作能力；自学能力；解决问题能力；应变能力；组织能力；敬业精神。

二、案例

1. 案例介绍

打折找个理由让我接受

在当今的商业活动中，打折成了商场营销推广的代名词，成了刺激消费的唯一手段。淡季打折，旺季也打折；滞销商品打折，畅销商品也打折；普通产品打折，名牌商品更竞相打折。今天你推出“大甩卖”，明天我就“大出血”。可谓“神州遍地尽打折”。原本只是部分商场偶而为之的短期应季打折活动，现在也成了几乎所有商场促销的“常规”定价模式。为了争夺顾客、刺激消费，各地商场无一例外地使用了这一价格促销手段，且多是无所顾忌，明码标价。实际效果又如何？表面看来，各商场打折初期总是人声鼎沸，购者如潮。但往往过不了几天销售业绩就开始原地踏步，甚至“门前冷落车马稀”。

（资料来源：http：//wenku.baidu.com/link？url＝zjMf4qCRcvsw9g98bOp83Tg-V3Co_504Hv3K7NFHS0lk2W7gAC-DdA3h-ftgkB-ULLoEv-PruHlKtUPnR7qgVx83YTjhIwr4sTl-FJFUwqqq)

2. 案例分析

打折销售原本作为商家的一种促销手段无可厚非，其作用有三：一是吸引消费者关注，聚敛人气，刺激需求；二是作为季节性产品的销售策略，通过打折在消费淡季促进销售款回笼，加快资金周转；三是通过打折抑制和打击竞争对手。但是打折促销只能作为短期性的、针对性的促销行为。如果“明目张胆”和长期、经常地使用，将会形成一种消费者与商家之间的信息误区和“价格博奕”，形成类似股票市场“追涨不买跌”的现象。此外，打折本身长期使用会产生“麻痹效应”，消费者对价格的敏感度和反应将会变得迟钝，进而导致其对品牌形象、商场信用及营运管理都会产生一定程度的消极认识。综合起来看，滥用打折至少存在四个方面的负面问题。一是“非折不买”的怪圈；二是丧失价格信誉；三是贬损品牌形象；四是营运管理紊乱。

3. 思考·讨论·训练

① 商场到底要不要打折？

② 这种打折为何虎头蛇尾，无人喝彩，应者廖廖？

③ 如何打折才能达到预期效果？

④ 打折销售商品，你认为这是商家利用消费者什么消费心理？

三、理论知识

1. 什么是消费者心理

投资界普遍从统计数据获得关于消费的判断。据调查，大部分投资人感觉消费的增长速度并不快（相对于投资增速而言。如果与世界各国的消费增速相比，当然是高速增长了）；社会保障欠账太多，对鼓励消费而言杯水车薪；年龄结构中，工作年龄（15～64岁）的比重短期内还将上升，未来几年内，消费率可能还会继续下降。但这样的判断与来自于我们身边的感受并不吻合。

毋庸置疑，谁赢得了消费者，谁就赢得了市场。而要赢得消费者就必须了解消费者在想什么，他们需要什么，也就是要了解消费者的心，然后通过企业营销活动去满足他们。

什么是消费者心理？无论从实践还是从理论的角度来看，对于消费者和经营者，若要提高消费效益和经营效益，应该经常自问这个问题。只有这样，才能洞其本性、见其本质，起到事半功倍的效果。

关于消费者心理的定义，许多学者对其解释不尽相同，到目前为止，还没有形成一个统一的看法。

综合多方观点，我们可以将消费者心理定义为：消费者在个人消费活动中发生的各种心理现象及其外在表现。

对这一定义可做如下解释。

① 消费者心理是指人作为消费者时的所思所想。这是消费者购买行为中的心理现象，如消费者在购买行为中产生的感觉、知觉、记忆、注意、想象、情感、意志等。

② 消费者心理包括消费心理过程和消费个性心理。消费心理过程揭示消费者心理活动的一般规律，即一致性的心理现象。消费个性心理揭示消费者有差异性的心理现象，如需要、动机、兴趣、能力、气质、性格等不同。要将这两方面的心理现象结合起来研究，才能揭示出消费者消费心理的一般规律。在一定时期内，社会总体消费行为又影响并制约着消费个体的心理变化趋向及发展趋势。

③ 任何一种消费活动，都是既包含了消费者的心理活动又包含了消费者的消费行为。准确把握消费者的心理活动，是准确理解消费者行为的前提。消费者行为是消费者心理的外

在表现，消费者行为比消费者心理更具有现实性。

2. 消费者心理的分类

儿童消费者的消费能力逐步提高，消费特点之一就是在本能性消费逐渐趋于成熟的同时，社会性消费也得到了很大发展，尤其到学前时期出现明显的攀比和炫耀心理。学龄儿童的社会性需要更是丰富多样。

在什么环境条件下，人们的消费活动都不会表现为一种简单的机械性行为，而是表现为对某种需要的行为冲动。这种由需要引起的行为冲动，总是在各种不同心理、社会诸因素的影响下产生、发展和变化的。归纳起来，消费者心理可分为本能性消费心理与社会性消费心理两大类。

（1）本能性消费心理　指由人的生理因素所决定的，自然状态下的心理需要的反映。它是以消费者的生理因素作为基础和载体进行的一般心理活动，也是人类全部消费活动的基础。人类消费活动的基础是从自然状态开始并逐步发展为较高层次的、复杂的社会行为。人类本能性消费心理的反映强度与方式主要取决于人的个性心理。例如，饥饿的人在他人的食品面前可表现出抢夺、乞讨或忍耐等截然不同的对策。

（2）社会性消费心理　指由人所处的社会环境因素决定的，以某种生理因素为条件，在社会状态下的心理需要反映。它是人类特有的、高级的，以社会因素为基础和载体进行的具有某种社会意义的心理活动。它使人类的消费活动由简单的满足生活需要，变为具有特定含义的社会行为。例如，人类由穿衣蔽体开始，发展为衣着服饰成为人对美的追求，成为人的名誉地位、职业特征等的某种外在表现形式。人的社会性消费心理，主要受社会、政治、经济、文化环境的影响，受其自身经济水平的制约，同时以自身的本能性消费心理为基础。

（3）本能性消费心理与社会性消费心理的关系　本能性消费心理作为人类生存与发展的基础，是人类心理活动的自然流露与反映。社会性消费心理则是由人类特有的社会性功能反映出的源于本能又高于本能的心理活动，是以本能性消费心理为基础，以社会、政治、经济、文化环境为条件，具有特定内涵的高级心理活动。

因此，本能性消费心理与社会性消费心理是一种相互依存、相互联系的关系。前者表现为基础的、初级的心理活动，后者表现为发展的、高级的心理活动；前者是后者的前提与基础，后者是前者的发展与提高。本能性消费心理取决于人的生理因素，而社会性消费心理取决于由社会、政治、经济发展水平决定的消费者心理。例如，在电灯发明之前，人类对夜间光明的需要只能通过火以及蜡烛或油灯等转化形式得到某种满足。而电灯的出现，使人类对光明的需要变为更高层次的对光与美的需要，各种灯光饰品的普及已大大超出对照明的简单需要。因此，在社会、经济、文化高速发展的今天，消费者的本能性消费心理反映已越来越被社会性消费心理活动所掩盖，而以一种隐性的、内在的形式发挥其最本质和基础的作用；社会性消费心理则成为显现的、主流的表现形式。

3. 消费者心理的特点

在我国，“80后”主要是指独生子女的一代。他们是“幸运”的一代，特别是生活在沿海发达地区城市里的一族，处于很好的物质生活环境中，成长于商品文化蓬勃发展、互联网和电子商务异军突起之机，对现代高科技化的生活适应性强。“80后”成长于当今的消费文化环境下，在物质追求上更加注重感性化，爱电脑与上网甚于爱书，易迷恋或沉迷某种事物而不惜花钱，享乐消费观念早已深入其心中。有钱就花、没钱先贷，图的就是痛快。他们中有的只饮用包装水，只租房不买房，只打的不买车，整夜上网而不会为了自己的健康牺牲嗜好，总是改不了丢三落四的毛病……

消费者心理具有如下特点。

(1) 目的性　表现为消费者以满足消费需要、实现消费动机、得到期望的消费体验为目的。如消费者购买食品，或许是出于饥饿的原因，或许是出于对新口味食品的好奇，或许是出于他人的说服与广告宣传等。

(2) 自觉性　消费者心理的一个显著特点是自觉性。任何消费行为的进行都是在人们自觉地支付了相应数量的货币之后才能实现的，这就使得消费行为的目的性变得非常明确。在需要与动机的推动下，消费者会自觉地搜集商品信息，做出购买决定，自觉自愿地支付货币。受个人经济能力的支配和约束，消费行为还必须在个人经济能力许可的范围内进行。不管消费者本人有多么美好的消费愿望，有多么强烈的消费需要，实现或满足这些愿望都必须在消费者具备了相应的经济条件后才能进行。超过了这个经济条件所允许的范围，消费需要或消费愿望就要被约束。所以，人们会自觉地以个人的经济条件作为前提，控制那些难以实现的愿望。

(3) 复杂性　心理活动本身的复杂性决定了消费者心理与行为也具有复杂性与多样性。比如，每个人在需要和动机方面存在着较大的差异。同样一件商品，有的人是出于价格方面的原因而购买，而另外的人是出于其形象方面的原因而购买，还有的人则是侧重于其质量方面的原因而购买。面对多样的营销环境，消费者个体的表现和反应也各不相同。他们可以表现出积极的、消极的、被动的或反感的态度。在消费者的意识中，有时表现为清晰的意识状态，有时表现为潜意识或无意识的模糊状态等。这些都是消费者心理与行为的复杂性的表现。

(4) 关联性　当消费者为满足一种消费需求而实现一种消费动机时，为了使其更满意，需要对另外一些商品产生消费需要和消费动机，这就是消费者心理与行为的关联性。这种关联性对企业进行产品开发提出了系列化、成套化等方面的要求，也为企业提供了更多的发展机会。如消费者对住房的需求产生了对家具的关联需求。

(5) 变化性　消费者心理与行为会随着社会、经济、文化的发展变化而不断地改变。当消费者所处的社会环境改变时，所接受的相关信息是不同的。这就会导致消费者对商品及其款式、风格的喜好和态度发生改变。

四、小结

消费者心理是指消费者在个人消费活动中发生的各种心理现象及其外在表现。消费者心理可分为本能性消费心理与社会性消费心理两大类。本能性消费心理作为人类生存与发展的基础，是人类心理活动的自然流露与反映。社会性消费心理则是由人类特有的社会性功能反映出的源于本能又高于本能的心理活动，是以本能性消费心理为基础，以社会、政治、经济、文化环境为条件，具有特定内涵的高级心理活动。

消费者心理具有目的性、自觉性、复杂性、关联性、变化性的特点。

任何一种消费活动，都是既包含了消费者的心理活动又包含了消费者的消费行为。准确把握消费者的心理活动，是准确理解消费者行为的前提。消费者行为是消费者心理的外在表现，消费者行为比消费者心理更具有现实性。

五、复习思考题

1. 什么是消费者心理？
2. 消费者心理是如何分类的？
3. 消费者心理的特点是什么？

六、实训

1. 案例分析

消费者心理

前几年，彩电价格一降再降，每次都能吸引不少踊跃的购买者；空调价格向下滑行，也能刺激人们争相往家搬空调。可是，近一段时间来，汽车价格一个劲儿地往下走，却反而使人们更加捂紧钱袋。这到底是为什么呢？

彩电、空调、汽车，本质都是消费品，也都有其生命周期。所不同的是，汽车价格比彩电、空调的价格高得多，而生命周期也较彩电、空调长。

降价的汽车都是10万元左右的经济型轿车，要让一个普通的城市家庭掏出10万元来买辆车，当然要比拿两三千元买个电视、空调要慎重得多。而汽车降价，常是以千元为单位来降价，这也不是个小数目。

但是，不要忘记另一个方面，那就是拥有车的幸福感和驾驶私家车的满足感。早一天拥有，这种幸福感和满足感就会早一天到来。

问题就在于，幸福感和满足感到底值不值降价的几千元钱。

如果汽车生产商和经销商把在价格上打来打去的精力和金钱，用在向大众宣传早一天拥有私家车所能体验到的巨大幸福感上，也许真能起到意想不到的促销效果。

（资料来源：http：//www.people.com.cn/GB/jinji/32/178/20010704/503746.html）

思考和训练

① 通过上述案例说明营销效果与消费者心理的关系。

② 你对消费者和汽车生产商、经销商都有哪些建议？

2. 技能训练

以小组为单位，分析表1-1中不同类型消费者心理，并给出商家的导购要点。

表1-1 不同类型消费者的消费者心理

消费者类型	消费者心理	导购要点
亲自考察型	现场考察 收集信息 随机购买	
替人考察型	收集资料 回去报告 影响购买	
携子考察型	产品孩子 一心二用 搜集材料 受子影响	
杀价考察型	选好款式 坚持打折 当场购买	
结伴考察型	心存疑虑 旁观者清 当场决定	
特价考察型	直奔特价 现场购买	
赠品考察型	相信质量 喜欢赠品 当场购买	
退换货型	心情烦躁 心存烦恼 迫切退货	

（参考答案　①亲自考察型导购要点：热情招待、突出两款、促其购买。②替人考察型导购要点：热情接待、留下电话、隔日回访。③携子考察型导购要点：认清关系、关心小孩、留下电话、隔日回访。④杀价考察型导购要点：赞赏眼力、突出质量、适当满足。⑤结伴考察型导购要点：认清关系、团结同伴、主推两款。⑥特价考察型导购要点：热情接待、突出卖点、肯定质量。⑦赠品考察型导购要点：赞赏眼力、承诺服务、赠品感谢。⑧退换货型导购要点：热情接待、不要争辩、当场解决。）

项目 2 影响消费者行为的外部因素

模块 3 影响消费者行为的社会文化因素

一、教学目标

1. 能力目标

能运用相关资料，从文化的角度分析和解决消费者心理和行为问题。

2. 知识目标

了解文化的含义、中国消费者的文化传统与价值观。掌握文化的特征、文化价值观的差异、文化对消费者行为的影响。

3. 素质目标

完成任务的态度；知识应用能力；信息搜集处理能力；理解、分析、表达能力；交流沟通能力；与人合作能力；自学能力；解决问题能力；应变能力；组织能力；敬业精神。

二、案例

1. 案例介绍

跨文化下的营销失误

• 一家美国电器公司与一位日本客户签订了一大宗合同。美国公司的老总专程飞到东京，参加签字仪式。正式签字前，日本公司的总经理逐字逐句地审阅合同内容，审阅延续了很长一段时间。最后，美方公司老总按捺不住，提出了另外一项价格折让。虽然日方总经理感到意外，但不露声色地接受了这一“惠赠”。美方经理错误地认为，日本人试图重新开始谈判。而实际上，日方经理缓慢地审阅合同细节，只不过是在此场合表达他对合同的关切和显示其权威。

• 佳洁士公司在开辟墨西哥市场时，采用其在美国本土所使用的科学证明方法，证明其牙膏的防龋齿功能，结果失败了。原因是大多数墨西哥人对牙膏的这一好处并不看重。

• 宝洁公司为“佳美”牌香皂所做的广告中，男人在女人浴后当面赞赏女人的美貌。这一广告在很多国家获得成功。然而，在日本，该广告则不尽如人意，甚至受到日本消费者的抵制。

（资料来源：http：//share. yoao. com/download. asp? id＝32296）

2. 案例分析

时间的具体运用在不同文化下具有不同的含义。在世界大多数地方，某项决策所需要的时间是与其重要性成比例的。美国人通常在开始讨论某项业务之前做好充分准备并备有“现成答案”，这样在正式讨论该业务时反而小觑其重要性。很多情况下，日本和中东的经理人员被美国人坚持直接进入正题和快速成交的要求吓跑。

墨西哥人多是采取“确实存在问题，但我们无能为力，因此着急也没用”的宿命论观点。

由于日本男女在交往中比较拘谨，所以男人在女人浴后当面赞赏女人的美貌就显得有失检点。

以上列出了由于缺乏对文化差异的了解而导致出现负面后果的一些事例。可见，对企业和营销人员来说，理解不同文化下人们不同的消费心理是非常重要的。当前，随着越来越多的企业扩展全球业务，必须了解外国的文化。对出口产品来说，应该让外国人了解自己产品中的文化内涵。

3. 思考·讨论·训练

① 试从文化的角度分析美方公司老总按捺不住，提出另外一项价格折让的原因。

② 试从文化的角度分析“佳洁士牙膏”在开辟墨西哥市场时失败的原因。

③ 试从文化的角度分析“佳美”牌香皂所做的广告受到日本消费者抵制的原因。

三、理论知识

1. 文化的含义

不同文化下，语言、非语言沟通，价值观以及人口特性等方面均存在差异并影响消费者行为。

市场营销战略很大程度上受价值观、人口统计特性、语言等变量的影响，反过来，它也影响这些变量。例如，在中国，电视广告铺天盖地，而且很多广告反映了西方人的价值观。随着时间的推移，这些广告不仅会影响很多中国人的生活方式，而且也会影响他们的价值观、思维和情感。今天，很多国家都对西方产品以及与之相联系的生活方式表现出前所未有的痴迷。大规模出口和对消费品的多国宣传对进口国文化和人们的生活方式影响深远，由此导致出现禁止或限制某些产品进口的动议和行动。欧洲一直试图限制美国电影的进口，而加拿大对“乡村音乐台”(CMT) 频道设置种种障碍。法国和中国政府则规定商标和广告必须使用本国文字。

我们可以将文化定义为：知识、信念、艺术、法律、伦理、风俗和其他由一个社会的大多数成员所共有的习惯、能力等构成的复合体。

对这一定义可作进一步解释。

① 文化是一个综合的概念。它几乎包括了影响个体行为与思想过程的每一事物。文化虽然并不决定诸如饥饿那样一些生理驱策力的性质和频率，但它却影响是否反对和如何使这些驱策力得以实现或满足。

② 文化是一种习得行为。它不包括遗传性或本能性行为与反应。由于人类绝大多数行为均是经由学习获得而不是与生俱来的，所以，文化确实广泛影响着人们的行为。

③ 现代社会极为复杂，文化很少对何为合适的行为进行详细描述。在大多数工业化社会，文化只是为大多数人提供行为和思想的边界。

④ 由于文化本身的性质，人们很少能意识到它的影响。人们总是与同一文化下的其他人员一样行动、思考、感受，这样一种状态似乎是天经地义的。文化的影响如同空气，无处不在，无时不有。除非其性质突然改变，否则，人们通常将其作为既定事实加以接受。

设想一下，你和你的朋友正在共享一大块比萨饼。如果在美国，比萨饼上面很可能是青椒；在日本，则最有可能是鱿鱼；在英国，可能是金枪鱼和玉米；在危地马拉，可能是黑色的豆酱；在智利，则可能是贻贝和蛤肉；在巴哈马，可能变成了烤鸡肉；在澳大利亚，放的是鸡蛋；在印度，则可能是酱姜片。你可能会奇怪为什么会如此五花八门，而对于其他文化下的人们则十分自然，这就是文化。人们并没有意识到对比萨饼顶层所添加的食品以及其他事物的偏好强烈地受到文化的影响。

文化主要是通过为个体设置较为宽松的行为“疆域”，通过影响诸如家庭、大众媒体的功能而发挥作用。应当说，它为个人或家庭生活方式的演变提供了一个框架。

文化对个人行为设置的“疆域”或“边界”，实际上就是我们通常所说的规范。简而言之，规范就是关于特定情境下人们应当或不应当做出某些行为的规则。规范源于文化价值观。所谓文化价值观，就是为社会大多数人所普遍接受的信念。

违背文化规范将受到其他社会人的惩罚。惩罚方式多种多样，从轻微的不认同到被整个群体所抛弃。只有在孩提时代或学习一种新文化的过程中，遵循规范才会获得公开的赞许。在其他情况下，按文化规范行事被认为是理所当然而不一定伴随赞许或奖赏。例如，美国的商务和社交活动中，准时赴约是通行准则。如果某人准时到达，人们不会夸奖他，但如果迟到了，人们则会为此愤怒。图 2-1 所示，文化价值观导致一定的社会规范以及不遵循这些规范时的惩罚，而规范与惩罚则最终影响人们的消费模式。

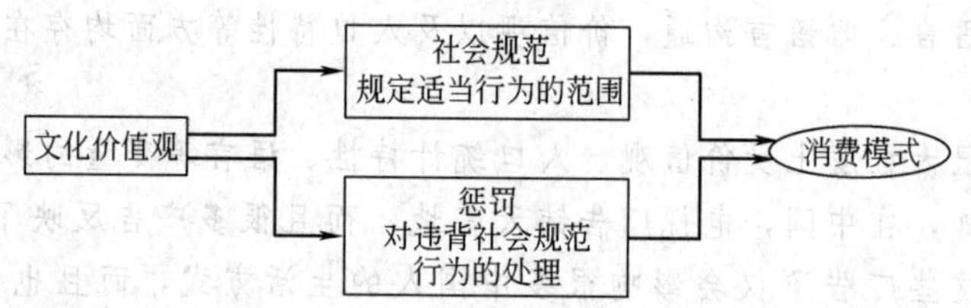

图 2-1 价值观、社会规范、惩罚和消费模式

前面的讨论，也许会使人获得一种印象，似乎人们时刻意识到文化价值观和规范的存在，并对触犯某种规范要受到何种惩处有精确的了解。通常，现实情况并非如此。人们服从某种文化规范时，实际上并未加以任何思考，因为不按此行事反而觉得不自然。例如，在从事商务活动时人们很少意识到与别人谈话时的距离有多近。然而，这一距离却已被你所在的文化所界定，太近或太远都会使你不舒服。

文化并非静态的，它会随时间的变化而缓慢地演变。营销人员一方面应了解目标市场现在的文化价值观，另一方面还要了解正在出现的新的文化价值观。否则，由于缺乏对文化差异的了解导致出现负面后果。

很多美国公司已意识到对文化的差异应特别敏感。通用汽车、宝洁公司以及埃克森石油公司分别出资 50 万美元对其员工进行跨文化培训。“红翼”鞋业公司专门为其 21 位经理人员进行为期 3 天的关于中东文化的培训。正如该公司的总裁所做的解释：“我们要提供顾客所需要的，为此，要入乡随俗。”

2. 文化的特征

东西方服装审美文化存在很多不同点。西方文化起源于海洋文明，文化本能比较开放，易于融合外域服装文化。中国文化起源于大陆文明，文化本能比较封闭，在服装上具有固执的“原体”意识，传统服装形制几千年来地位稳定，吸收异域服装相对困难。

就整体而言，各种形态的文化仍具有某些共性。把握这些共性或共同特征，有助于我们了解文化对消费者的总体影响和基本作用方式。

(1) 文化的社会性 文化是一种社会现象。文化作为社会交往和人际沟通的信号系统，是把个人凝聚成为社会和群体的纽带。文化的观念、习惯、行为模式都是由生活在同一社会的人们相互分享，并出于社会的压力而保持相对的一致性，每一代人创造的文化也是通过社会机体传递到下一代，为后代社会成员所继承和延续。由此，同一社会的现有成员及后代成员所享有的文化往往具有社会性。

(2) 文化的共有性 文化是由社会成员在生产劳动和生活活动中共同创造的，它为全体成员所共有，并对该社会每个成员产生深刻影响，使其心理倾向和行为方式表现出某些共同特征。文化的共有性特征为企业采取有针对性的营销策略奠定了基础，使之有可能通过迎合特定文化环境中消费者的共同要求而赢得目标消费者群对产品的喜爱。

(3) 文化的差异性 每个国家、地区和民族都有自己独特的区别于其他国家、地区和民族的文化，即有自己独特的风俗习惯、生活方式、伦理道德、价值标准、宗教信仰等。这些方面的不同构成了不同文化的差异。

(4) 文化的变化性 文化不是固定不变的，随着社会的发展演变，文化也将不断演化更迭。与之相适应，人们的崇尚爱好、生活方式、价值观念也必然随之发生变化和调整。消费品市场是反映文化变化的一个最敏感的窗口，因为文化的发展变化经常导致市场上某种消费时尚及商品的流行。

(5) 文化的适应性 文化的适应性是多种社会乃至自然因素综合作用的结果。因此，相对于企业而言，文化及特定文化环境下的消费者心理与行为特性有其客观性和不可控性。企业唯有适应环境，适应特定环境中消费者的特殊要求，才能在激烈的市场竞争中立于不败之地。尤其在跨国经营中，保持高度的文化适应性更是企业获得成功的先决条件。在不同文化环境中从事营销活动时，必须积极主动地适应文化环境的要求，尊重消费者特有的风俗习惯、宗教信仰和消费偏好。

3. 文化价值观的差异

一家美国电器公司委派一对来自中西部的保守的美国夫妇作为公司驻瑞典的常驻代表。一个周末，该夫妇被邀请到海滨度假。在一个偏僻的海滩上，瑞典的男主人们脱了上衣。这样的举动在瑞典十分普遍，而该对美国夫妇对此的反应则是毁掉了一桩本来很有前景的商业交易。

文化价值观是一个为社会大多数成员所信奉，被认为应为社会所普遍倡导的信念。文化价值观是通过一定的社会规范来影响人们行为的。社会规范规定在一定社会情境下，哪些行为反应是可以接受的，哪些是不能接受的。要弄清行为上所体现的文化差异，首先应当了解不同文化背景下人们价值观的差异。

影响消费者行为的价值观很多，而且，这些价值观随文化而异。我们将从较广泛的意义上将文化价值观分为三种形式，即他人导向价值观、环境导向价值观、自我导向价值观。对消费者行为影响最深远的文化价值观都可归入其中的一种形式或类别。文化价值观可能影响个体行为的多个方面，但最基本的影响可以归入上述三种类别中的某一类。

(1) 他人导向价值观 这一类价值观反映社会对于个体之间、个体与群体之间以及群体彼此之间应如何相处或建立何种关系的基本看法。这些看法对市场营销活动产生巨大的影响。例如，如果社会更加重视集体的作用，消费者在作购买决策时可能会较多地依赖于他人的帮助和指导。此时，促销活动如果过分强调个体独立性，则很难引起消费者共鸣，效果也不一定好。

（2）环境导向价值观　该类价值观反映社会对其与经济、技术和物质环境之间相互关系的看法。作为一名营销经理，为一个强调问题解决、风险承担和以追求绩效为目标的社会所作的营销计划，显然应有别于为一个以安全、地位和等级为导向的社会所作的营销计划。

（3）自我导向价值观　这一类价值观反映的是社会成员认为应为之追求的生活目标以及实现这些目标的途径、方式。同样，它们对营销管理有特别重要的意义。例如，接受和使用信用卡很大程度上取决于人们对即时消费和延迟消费的基本态度。

表 2-1 列出了 18 种文化价值观。它们在绝大多数文化下都是非常重要的。这张表并未穷尽所有的文化价值观，但的确包括了工业化社会里与消费者行为密切相关的主要价值观。

表 2-1　与消费者行为密切相关的文化价值观

文化价值观的类别	内　容
他人导向价值观	• 个人与集体。社会是重个人活动和个人意见还是重集体活动与群体依从？ • 扩展家庭与核心家庭。在多大程度上一个人应对各类家庭成员承担义务和责任？ • 成人与小孩。家庭生活是更多地满足大人还是小孩的需求与欲望？ • 男性与女性。在多大程度上社会权力的天平自动偏向男性一方？ • 竞争与合作。一个人的成功是更多地依赖超越别人还是更多地依赖于与他人的合作？ • 年轻与年长。荣誉和地位是授予年轻人还是年长的人？
环境导向价值观	• 清洁。社会对清洁的追求在何种程度上超过健康所要求的限度？ • 绩效与等级。社会激励系统是建立在绩效的基础之上还是建立在世袭因素（如家庭出身等）的基础上？ • 传统与变化。现在的行为模式是否被认为优于新的行为模式？ • 承担风险与重视安定。那些勇于承担风险、克服种种困难去达到目标的人是否更受尊重和羡慕？ • 能动解决问题与宿命论。人们是鼓励去解决问题还是采取一种听天由命的态度？ • 自然界。人们视自然界为被征服的对象还是视其为令人景仰的圣地？
自我导向价值观	• 主动与被动。更积极、主动的生活取向是否更为社会所看重？ • 物质性与非物质性。获取物质财富的重要性到底有多强烈？ • 勤奋工作与休闲。拼命工作是否更为社会所倡导？ • 及时行乐与延迟享受。人们是被鼓励去即时享受还是愿意为获得“长远利益”而牺牲“眼前享受”？ • 纵欲与节欲。感官愉悦的享受（如吃、喝、玩、乐）在多大程度上会被接受？ • 严肃与幽默。生活被视为是极为严肃的事情，抑或应轻松地面对？

4. 文化对消费者行为的影响

中国人民银行自 1999 年 3 月推出住房、汽车、旅游、家电、助学教育等领域的消费信贷，旨在促进消费、鼓励消费。然而，消费信贷却是“叫好不叫座”，实际推行中进展缓慢，阻力重重。其重要原因之一，就在于中国传统观念的影响和束缚。

文化是一种综合反映历史和现存的经济、政治和精神生活的社会关系。每个社会都有其特有的文化。特定的文化必然对本社会的每个成员产生直接或间接的影响，从而使社会成员在价值观念、生活方式、风俗习惯等方面带有该文化的深刻印迹。

（1）文化对个人的影响　这主要表现为文化给人们提供了看待事物、解决问题的基本观点、标准和方法；文化使人们建立起是非标准和行为习惯。通常，社会结构越单一，文化对个人思想与行为的制约作用就越直接。

（2）文化规范群体成员的行为　现代社会，由于社会结构的高度复杂化，文化对个人的约束趋于松散、间接，成为一种潜移默化的影响。文化对行为的这种约束就叫做规范。社会规范以成文或不成文的形式通过各种途径（如道德标准、制度规则、组织纪律、群体规范等）作用于个人，规定和制约着人们的社会行为。一个人如果遵循了本文化的各种规范，就会受到社会的赞赏和鼓励；反之，就会受到否定或惩罚，包括温和的社会非难、歧视、谴责和极端的惩治手段等。

(3) 文化对消费活动的影响　这主要表现为在特定文化环境下，消费者之间通过相互认同、模仿、感染、追随、从众等方式，形成共有的生活方式、消费习俗、消费观念、态度倾向、偏好禁忌等。

5. 中国消费者的文化传统与价值观

从地理环境看，中国处于一种半封闭状态的大陆性地域，与西方地中海沿岸的多民族有很大的不同；从物质生产方式看，中国文化植根于农业社会的基础之上，封建的小农经济在中国有几千年的历史，这与中亚、西亚的游牧民族、工商业比较发达的海洋民族也有很大的不同；从社会组织结构看，宗法制度在中国漫长的历史中成为维系社会秩序的重要纽带，专制制度在中国延续两千年，这在世界文化史上也是极为罕见的。

中国消费者的文化传统与价值观包括以下内容。

(1) 家庭伦理观念　儒家思想及伦理观念在中华民族的社会道德传统中有着根深蒂固的影响，而儒家的伦理观念是以基本的血缘关系为基础的。因此，中国消费者历来非常重视家庭成员之间以及家族之间的关系。以家庭为中心的中国消费者在重大消费活动中往往由家庭共同决策、共同购买和使用。此外，传统的中国家庭都非常重视子女，很多消费决策亦是围绕子女进行的。

(2)“面子”思想　中国社会几千年的文化积淀，形成了各式各样的行为规范和传统礼仪习惯。这些规范和习惯为社会大多数人所共同遵循和认同，谁违背了，就会“有失面子”，而这是中国消费者最忌讳的。在很多人的心目中，“面子”重于一切，为了保住和增加“面子”，可以不惜任何物质代价。在上述观念的支配下，中国消费者在凡是涉及“面子”的消费活动中格外小心谨慎，注意遵从各种礼仪规范，尽量不失自己的面子或伤别人的面子，甚至为“不失体面”而不顾自身的经济状况，进行超前超高消费、攀比消费、炫耀消费。

(3) 注重人情与关系　中国社会注重人与人之间的感情关系，包括亲情、友情、爱情、亲友关系、同学同乡关系、同事关系、上下级关系等。在人际交往中，往往把人情视为首要因素，以维系人情作为行为方式的最高原则。这一观念反映在消费活动中，表现为人情消费在消费支出中所占比重较大，且总额有逐年增长的趋势。

四、小结

文化是知识、信念、艺术、法律、伦理、风俗和其他由一个社会的大多数成员所共有的习惯、能力等构成的复合体。文化几乎包含了影响个体行为与思想过程的所有方面。

文化主要通过对个体的行为设定“边界”和影响家庭、媒体等社会组织的功能而发挥作用。文化“边界”或规范由文化价值观所决定，后者是指为社会所认可、所追求并为人们所普遍持有的信念。文化随价值观、环境，或随重大事件的发生而变化。

文化价值观被分为三种类型：他人导向价值观、环境导向价值观、自我导向价值观。

他人导向价值观反映社会关于个体与群体的合适关系的观点和看法。与这一方面有关的价值观包括个体与群体、扩展家庭与核心家庭、成人与小孩、女性与男性、竞争与合作、年长与年轻。

环境导向价值观涉及的是社会与其经济的、技术的和物质的环境之间的关系。环境价值观的例子有：清洁、绩效与等级、传统与变化、风险承担与重视安定、能动解决问题与宿命论、自然界。

自我导向价值观反映的是社会成员认为应为之追求的生活目标以及实现这些目标的方式与途径。这类价值观包括主动与被动、物质性与非物质性、勤奋工作与休闲、及时行乐与延迟享受、纵欲与节欲、严肃与幽默。

文化是一种综合反映历史和现存的经济、政治和精神生活的社会关系。每个社会都有其特有的文化。特定的文化必然对本社会的每个成员产生直接或间接的影响，从而使社会成员在价值观念、生活方式、风俗习惯等方面带有该文化的深刻印迹。希望在他种文化下从事经营活动的营销人员对此必须认真对待。

家庭伦理观念、"面子"思想、注重人情与关系是中国消费者的文化传统与价值观，希望从事经营活动的营销人员给予足够重视。

五、复习思考题

1. 掌握以下关键概念：文化、文化价值观、他人导向价值观、环境导向价值观、自我导向价值观、规范、惩罚。
2. 文化的特征有哪些？
3. "文化为行为设定了边界"这句话意味着什么？
4. 规范是如何获得的？
5. 文化价值观可以根据它影响的三种关系之一进行分类——他人、环境和自我。描述每一种价值观，指出它们彼此之间的不同。
6. 为什么不同文化下的价值观存在差异？
7. 文化对消费者行为有何影响？
8. 怎样理解中国消费者的文化传统与价值观？

六、实训

1. 案例分析

福特公司的痛苦教训

"Fiera"是福特公司生产的一种低价位卡车，主要面向发展中国家销售。在西班牙语里，"Fiera"的意思是冷酷、可怕和丑陋，这种车在很多拉美国家销售困难。备受欢迎的"柯美特"（Comet）汽车在墨西哥的销售却令人失望，原因是该车的品牌被更名为Caliente，在当地俚语里，Caliente指街头流浪者。Pinto牌汽车被原封不动地搬到巴西销售，之后发现，Pinto在当地的俚语里表示女性性器官。后来Pinto不得不更名为Corcel，即马的意思。

（资料来源：http：//share. yoao. com/download. asp？id＝32296）

思考和训练

① 上述案例说明了什么因素影响产品销售问题？这些问题会导致怎样营销结果？

② 不同文化下语言沟通的差异对消费行为有何影响？

(参考答案 是不同文化下语言沟通的差异影响了产品销售问题，这些问题会导致营销信息的低效传播，经常出现的结果是误解、徒劳无益的销售拜访和广告，有时还会出现令双方长期困惑和不安的局面，从而对消费行为产生不利的影响。)

2. 技能训练

访问两名来自不同文化的外国学生，报告他们所感知的关于其本国文化与我国文化在文化价值观上存在的差异。

模块4 影响消费者行为的亚文化因素

一、教学目标

1. 能力目标

能运用相关资料，从亚文化的角度分析和解决消费者心理和行为问题。

2. 知识目标

了解亚文化的实质。掌握亚文化的特点、类型与消费者行为。

3. 素质目标

完成任务的态度；知识应用能力；信息搜集处理能力；理解、分析、表达能力；交流沟通能力；与人合作能力；自学能力；解决问题能力；应变能力；组织能力；敬业精神。

二、案例

1. 案例介绍

一些企业成功进行区域营销的例子

• 坎贝尔汤料公司的猪肉和咖啡豆在西南部销售不佳，于是去掉了猪肉，换上了红辣椒粉和农场咖啡豆，结果销量猛增。它的一个子公司则别出心裁，为东北部的顾客特别制作了“柠檬腌菜”，因为那里的顾客非常喜欢酸味腌菜。

• 梅赛德斯-奔驰公司的四个区域子公司控制了公司一半的广告预算。雪佛兰拨给各区域子公司的广告费占整个公司的20%，其中有些广告范围仅限于州（在得克萨斯州，“郊区”车在广告中被称为“得克萨斯州之车”）。在得克萨斯州和明尼苏达州，可口可乐公司播放不同的广告，此外可口可乐罐装商也大做地方性广告。

• Frito lay 薯条在东北部色浅油多，在东南部则味淡量多。

• 麦当劳的鸡蛋松饼在全国各地很受欢迎，在东南部却遭到冷遇。因为在那里，人们从来没有听说过用鸡蛋做饼，更不要说英式蛋饼了。最后，麦当劳东南部分店发动了一场地区性促销活动，以一种幽默的方式介绍新产品，鸡蛋松饼这才畅销起来。

(资料来源：http：//share. yoao. com/download. asp? id=32296)

2. 案例分析

各个区域内人们具有相似的行为、价值观和消费方式，但是各个区域之间却存在显著的差异。区域亚文化之所以会兴起，是因为各个区域具有不同的气候条件、资源和自然环境，定居其中的人们又有不同的人文特点，而且经历过特殊和重大的社会与政治事件。

区域亚文化会影响到消费者行为的各个方面。

3. 思考·讨论·训练

① 为什么要在不同的区域里开展不同的营销活动？

② 为什么专门化（区域的）营销通常比标准化（全国的）营销成本更高？

三、理论知识

1. 亚文化的实质

虽然少数民族群体是经常被提到的亚文化，但时代、宗教和地理区域等也构成美国的一些重要亚文化基础。实际上，我们全都是若干种亚文化的成员。我们对新产品或进口品的态度会强烈地受到地区亚文化的影响，对音乐的口味则要受到时代亚文化的影响，对食物的偏好受到种族亚文化的影响，而我们对酒的消费则受到宗教亚文化的影响。

文化对人们行为的约束和评价标准在民族、种族、地域等方面差异颇大，我们称之为“亚文化”或“次文化”。这就是说，亚文化是指不占主流的某一局部的文化。消费者行为不仅带有明显的社会文化特征，而且还带有所属的亚文化的特征。一般认为亚文化对其成员的影响比社会文化（主文化）还要强。

亚文化是主文化的一部分，其成员具有独特的行为模式。某一亚文化的成员所具有的独特的行为模式，是建立在该群体的历史及现状基础之上的。亚文化的成员又是他们生活在其中的主文化的一部分，因此，其行为、信念又无不打上主流文化的烙印。如图 2-2 所示，个体在多大程度上拥有某一亚文化的独特行为，取决于他认同该亚文化的程度。

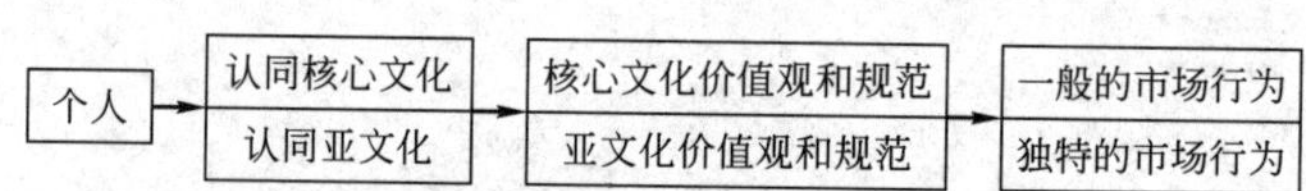

图 2-2 认同亚文化会产生独特的市场行为

亚文化是一个相对的概念，是总体文化的次属文化。一个文化区的文化对全民族文化来说是亚文化，而对文化区内的各社区和群体文化来说则是总体文化，而后者又是亚文化。

昨天的亚文化可能就是今天的主流文化，今天的亚文化可能就是明天的主流文化。这也表明，所谓正规文化总是在吸收亚文化的过程中发展起来的。

2. 亚文化的特点

亚裔美国人亚文化比起非洲裔美国人和拉美裔亚文化来，规模要小得多。但是，由于移民的增加，这一市场增长十分迅速。亚裔美国人在所有少数民族群体中收入最高（平均 36784 美元，美国白人为 31435 美元）。同时，它也是最为多样化的一个群体，有着众多的国别、语言和宗教。

（1）亚文化的独特性　亚文化群以一个社会子群体出现，每个子群体都有各自独特的文化准则和行为规范。一种亚文化越是要求一种独特的统一性，它的潜在影响力就越大。如拉丁美洲裔美国人的亚文化独具特色就是因为他们中的许多成员保留了自己的语言作为文化认同的一种手段。

（2）亚文化的同一性　每个亚文化群都会影响和制约本群体内各个消费者的个体消费行为，一个拥有相同价值观的亚文化更可能对其成员产生影响。拉美人看上去是一个由墨西哥人、古巴人、波多黎各人组成的一个复杂的亚文化，可能把每个都视为一种亚文化。然而，从整体看，强大的家族和宗教上的纽带、守旧、男性统治地位以及共同的语言使他们更认同一种亚文化。

(3) 亚文化的排他性 有些时候，亚文化会寻求从社会中或被社会独立出来或者被社会所排斥。非洲裔美国人在一些时候由于被拒绝给予受教育的机会而被白人占统治地位的社会排斥，因而与社会隔绝。因此，可能会强化亚文化的影响，反过来，又鼓励了对亚文化的行为准则和价值观的维持。

(4) 子群体与子群体之间在消费行为上有明显的差异。

(5) 每个亚文化群还可以细分为若干个子亚文化群。

3. 亚文化类型与消费者行为

早期基督教（主要是新教）是美国价值体系的主要来源。在这种价值体系的基础上，形成了美国的社会结构和政治体系。美国的主要节日，如圣诞节、复活节和感恩节等，都起源于基督教。只不过现在除了复活节，其他节日都不再只是一种单纯的宗教节日了。

美国有90%的人信仰基督教，而基督教本身又有多种分支，各个分支具有不同的信仰和行为方式。

由于分类方法不同，亚文化有很多种。

(1) 年龄亚文化

① 年轻人。拥有一种自我意识并且都在寻求一种影响自己购买行为的认同感。表现在反抗和从家庭与社会中获得独立的需要与获得支持和照顾的需要之间的矛盾。

② 新生代。比其他的年龄组更为玩世不恭和彼此疏远，收入水平低于自己的预期。他们认识到自己可能无法达到父母的收入水平，对不得不为了不平衡的财政负担和治理污染而要在将来付出代价而心怀不满。

③ 老年人。年龄大的一组：经历了60年代和70年代的叛逆反时代，也经历了80年代的物质化时代和90年代内向和物质化时代，自我满足和有意义的工作为第一需要。年龄小的一组：更注重家庭、爱国和职业道德。超过50岁的人希望过积极的生活，实现自给自足，显得年轻，通过享受新的经历来获得储蓄所带来的好处，乐于通过志愿劳动和金钱上的捐助来回赠社会。

(2) 地域亚文化 自然环境是人们物质文化生活的必要条件之一。不同地域的消费者在口味、生活方式及价值观上的差异非常明显。如有的以大米为主食，有的以面粉为主食；有的爱吃辣，有的爱吃甜；有的吃羊肉抓饭，有的喝酥油奶茶。在埃及东部撒哈拉地区的人，洗澡不用水而是用细沙，甚至牲畜的内脏也只用沙擦洗一下就食用。严重缺水的自然环境，造成了以沙代水的生活习俗。地域亚文化对人们的衣、食、住、行方面的习俗影响明显，对生活在不同地域环境中的不同国家、地区和民族的消费习俗具有约束和决定作用。

跨国营销中的地区策略反映了适合"从全球角度出发思考问题，从地区情况着手"这一原则的实践运用。例如，康宝汤业公司通过在大众传媒中进行广告宣传和用统一的红白两色罐占据国内市场。但运用更多的广告来使自己的汤料针对不同的地区的口味，向北部居民出售鸡肉面和番茄汤，向加利福尼亚出售蘑菇汤的浓缩料。

(3) 宗教亚文化 由于传统和习惯与宗教团体的信仰总是联系在一起，而且代代相传，所以宗教可以认同为是一种亚文化。例如，天主教徒更为传统，强调紧密的家族纽带；穆斯林则更为保守，强调遵守家庭准则；新教徒将职业道德看作是通向成功的道路；犹太人强调个人对自己行为的责任和自我学习等。

购买行为反映了传统和习惯。犹太人不太可能吃猪肉和贝类，摩门教徒不太可能抽烟和喝酒。基督教徒由于非物质化的价值观，不太可能成为接受信用卡的营销对象。

来自宗教的亲和力对消费者评估品牌方式产生影响。如犹太人消费者在对品牌进行评价的过程中更加愿意搜集信息，并把关于消费经历的信息传递给其他消费者。这可能是对他们强调自我学习的一种反映。

（4）种族亚文化　广义上，人们将种族亚文化定义为其成员具有共同的独特行为的文化。这些行为建立在相同的人种、语言或者国别背景上。当某个特定种族或国家群体中的消费者拥有一种影响其价值观和购买行为的共同文化遗产或环境时，他们会被认为属于某一亚文化。

由于各色人种有发色、肤色、眼色的不同，有体形、眼、鼻、唇等结构上的差异，这都会对消费者行为产生影响。如对某些商品颜色的选择就不同，一般黑种人爱穿浅颜色的衣服，白种人爱穿花衣服，黄种人爱穿深色的衣服。

（5）民族亚文化　一个社会文化中，不同民族可分为若干文化群。如中国有汉族、回族、藏族、蒙古族等亚文化群；美国有爱尔兰人、波多黎各人、波兰人、华人等亚文化群。民族亚文化可以影响消费者行为，东、西方民族的生活习惯、价值观念等就大相径庭。如美国人的价值观是个人中心论，强调个人的价值、需要和权利。他们努力改变客体以满足主体的需要，因此，在消费行为上喜欢标新立异，不考虑别人的评价。中国人则不习惯成为社会中独特的一员，而习惯于调节自身以适应社会，消费行为上常常考虑社会习惯标准以及别人怎么看自己、评价自己。中国有56个民族，各个民族都有自己的社会政治和经济发展历史，有自己的民俗民风和语言文字等，由此形成了各民族独具特色的消费行为。如维吾尔族的四楞小花帽、藏族的哈达、海南黎族姑娘的短裙、蒙古族的长袍，无一不表现出独特的习俗。

（6）其他亚文化　非传统的亚文化：同性恋群体（西方）。收入来源更为灵活，品味更高，对品牌的忠诚度高，成为营销者积极争取的消费群。

综上可见，亚文化比社会总体文化往往更能影响和决定消费者心理和消费行为。对企业而言，研究亚文化的意义在于，消费者行为不仅带有某一社会文化的基本特性，而且还具有所属亚文化的特征。与前者相比，亚文化往往更易于识别、界定和描述。因此，研究亚文化的差异可以为企业提供市场细分的有效依据。

四、小结

文化对人们行为的约束和评价标准在民族、种族、地域等方面差异颇大，我们称之为“亚文化”或“次文化”。亚文化是主文化的一部分，其成员具有独特的行为模式。某一亚文化的成员所具有的独特的行为模式，是建立在该群体的历史及现状基础之上的。亚文化的成员又是他们生活在其中的主文化的一部分，因此，其行为、信念无不打上主流文化的烙印。

中国社会拥有众多的民族、宗教、区域和年龄亚文化，营销者必须使用不同的营销策略来满足不同亚文化的需求。

五、复习思考题

1. 什么是亚文化？

2. 什么是种族亚文化?
3. 亚文化的特点有哪些?
4. 亚文化的类型有哪些?

六、实训

1. 案例分析

对非洲裔美国人进行市场营销

非洲裔美国人有着与白人不同的肤色和头发，为白人设计的化妆类产品经常不适合黑人消费者。最近一些主要厂家已经认识到这一点，并开始为争夺黑人妇女市场展开了激烈的竞争。黑人妇女每年在化妆品上的支出达到7.5亿美元。

雅诗兰黛（Estee Lauder）公司最近为进入黑人妇女化妆品市场，开发了一条名叫“全肤”的产品线，其颜色的深浅达115种之多。美宝莲（Maybelline）推出了“你的色彩”系列产品来满足这个市场的独特需求。

也有很多厂商发现，为满足非洲裔美国人的独特需求，改动其产品是值得的。赫马克（Hallmark）生产了以黑人角色和谚语为特色的问候卡“红木”系列产品。曼塔（Mattel）因开发“芭比”和“珊妮”型娃娃大获成功，其产品虽然也是芭比娃娃，但表情更丰富、身材更苗条，而且是黑皮肤。泰克（Tyco）玩具和其他玩具公司现在也提供各式各样的黑人娃娃。

黑人经常和白人使用相同的产品，但用法不同。比如，卡内森（Carnation）公司的速食早餐饮料很受黑人消费者喜爱。白人把这种饮料当做低热量的早餐替代品，而非洲裔美国人由于喜欢它的口味，把它加到早餐中和早餐一起食用。同时，黑人比其他人更喜欢喝甜咖啡。“咖啡伴侣”（Coffee-Mate）利用这一点开展了营销运动，包括在Ebony和Essence黑人电台上做广告、为黑人社区制作广告牌和在面向黑人的报纸上进行抽奖等，结果产品销量大增，成功地扩大了市场份额。

（资料来源：http://share.yoao.com/download.asp?id=32296）

思考和训练

为什么对非洲裔美国人进行市场营销必须关注他们的独特需求?

(参考答案 非洲裔美国人是增长迅速而又多样化的巨大市场，他们虽然同主流社会消费者有着许多共同的需求和欲望，但又具有独特的价值观、表达方式和媒体使用习惯。他们对许多产品而言都是一个重要的细分市场。要想接近他们，首先必须关注他们的特性，有时，非洲裔美国人的某一相关细分市场需要一种独特的产品，另一些时候，它又需要独特的包装、广告媒体和信息。)

2. 技能训练

访问两个来自其他地区的学生，确定他们注意到的其家乡居民与现在所处地区居民在消费行为上的差异，并试确定造成差异的原因。

模块5 影响消费者行为的人口统计因素

一、教学目标

1. 能力目标

能运用人口变量资料，分析和解决消费者心理和行为问题。

2. 知识目标

了解全球人口环境、中国人口规模与分布、职业、收入趋势。掌握中国人口教育水平的发展趋势、中国人口年龄分布的趋势。

3. 素质目标

完成任务的态度；知识应用能力；信息搜集处理能力；理解、分析、表达能力；交流沟通能力；与人合作能力；自学能力；解决问题能力；应变能力；组织能力；敬业精神。

二、案例

1. 案例介绍

营销策略与人口统计因素

弗里托·雷（Frito Lay）公司最近开发了一系列灯饰产品，品种有Cheetos灯、Doritos灯和Ruffles灯。营销研究识别出，该灯饰系列产品的目标市场为年龄在35～45岁之间、受过大学教育、年收入在3.5万美元以上的白领工人。弗里托·雷公司根据它对这个群体的价值观、态度和媒体使用习惯的了解，制定了公司的宣传策略，公司对人口统计数据最富创造性的应用体现在其营销策略的制定上。

弗里托·雷公司委托一家叫Market Metrics的咨询公司进行分销策划。Market Metrics拥有一个庞大的关于超市情况的数据库，数据库里有3万家超市的数据。咨询公司根据距离的远近、附近是否有旅行界线（如高速公路、河流等），以超市为中心划分经营区。同时，根据统计局的资料把每个超市经营区的购买者的统计资料存档。咨询公司对弗里托·雷公司目标市场的人口资料进行分析处理，并把其数据库的3万个超市按它们和目标市场的对应程度进行排列。这样，弗里托·雷公司能够以统计资料为依据，把销售和促销重点集中在具有最大市场潜力的商家。弗里托·雷公司打算以后加大采用此办法的力度。“如果我们打算以拉美裔人或意大利人或有5岁以下孩子的已婚夫妇为目标市场。借助于这个项目的研究成果，我们会取得成功。”

（资料来源：http：//share. yoao. com/download. asp? id=32296）

2. 案例分析

很明显，人口状况既能直接地影响消费者行为，同时又能通过影响人们的其他特性（如个人价值观、决策方式等）间接影响消费者行为。弗里托·雷公司综合运用各项人口变量，界定其主要的目标市场，并据此制定了开拓这个市场的营销策略。综合应用人口统计资料的好处是显而易见的，许多公司已经或正在从中受益。

3. 思考·讨论·训练

弗里托·雷公司综合运用了哪些人口变量制定营销策略？

三、理论知识

1. 全球人口环境

在可持续发展世界首脑会议关于人口问题的专题新闻发布会后，会上做主题发言的全球人口和环境科学专题组协调人马亨德拉·沙阿博士在接受新华社记者专访时的第一句话就是：中国在过去20多年成功控制人口增长，为世界的可持续发展做出了巨大贡献。

人口环境对市场的影响具有整体性和长远性的特点，这种影响直接反映到消费需求的变化上。人口环境主要指人口的规模、结构和分布。人口规模指社会中个体的数量，是影响基本生活资料需求、基本教育需求的一个重要因素。人口结构则是关于年龄、收入、教育和职业的统计。由于不同结构层次的消费者有着不同的需求特点，所以企业应分析消费者的结构构成。人口分布则是指人口的地域或地理分布，如多少人生活在这一地区，多少人生活在那一地区，以及多少人生活在乡村，多少人生活在城市与郊区。居住在不同地区的人们由于地理位置、气候条件、传统文化、生活习惯的不同，会表现出消费习惯和购买行为的差异。

人口统计因素或人口环境与文化价值观互为因果。一方面，人口密度很大的社会可能形成集体取向而不是个人取向的价值观，因为这有助于此一条件下的社会更平稳地运转。另一方面，强调勤奋工作和获取物质财富的文化价值观可能促进经济进步，从而直接或间接地改变人口环境。比如，随着一国经济的发展和进入发达社会，收入将提高，家庭规模将变小。

对营销人员而言，人口环境中最重要的一个方面是收入。然而，一国的人均收入不及收入的分配重要。人均收入较低的国家可能有一个规模可观的中产阶级，而人均收入相同的另一个国家其绝大部分财富可能掌握在极少数人的手里（比较表2-2中巴西与以色列的情况）。

表2-2 部分国家收入的分配（人口不同部分获得的收入在总体收入中的比例）

人口比例/%	美国	巴西	法国	波兰	以色列	肯尼亚	印度尼西亚	泰国	日本
收入最高的10%人口	25①	51.3	25.5	21.6	23.5	45.4	27.9	35.3	22.4
收入次高的10%人口	16.9	16.2	15.3	14.5	16.1	15.5	14.4	15.4	15.1
收入再次一级的20%人口	25.0	16.8	23.5	23.0	24.5	18.9	21.1	20.3	23.1
	17.4	8.8	17.2	17.9	17.8	11.1	15.8	13.5	17.5
收入居中的20%人口	11.0	4.8	12.1	13.8	12.1	6.4	12.1	9.4	13.2
收入更低一级的20%人口	4.7	2.1	6.3	9.2	6.0	2.7	8.7	6.1	8.7
收入最低的20%人口	22.5	2.3	18.3	4.3	12.0	0.4	0.6	1.6	19.0
人均收入②/千美元									

① 收入最高的10%人口获得全国总收入的25%。

② 以1992年美元价计算，见“World Fact Book 1992”。

注：资料来源于Sookdeo R. The New Global Consumer. Fortune，Autumn-Winter，1993：68-76。

营销人员日益趋向于用购买力平价（PPP），而不是平均的或中位数收入评价一个市场。购买力平价是根据每个国家所生产的一揽子产品用美元计价而得出来的。假设某些产品主要被年收入为20000美元的美国家庭消费，购买力平价分析将显示250万委内瑞拉家庭有能力消费这些产品，并和这些典型的美国家庭消费得同样多。这些委内瑞拉家庭的年收入以美元而论，肯定较前述典型的美国家庭低。然而，由于公费医疗、产品价格较低等原因，较低的收入仍可买到与美国典型家庭同样多的产品。世界银行按购买力平价计算了世界各国的人均收入，并在《世界银行图册》（World Bank Atlas）上公布。从购买力平价角度而不是名义收入角度观察一个国家或一个市场的收入状况，十分重要。

表 2-3 列示的是 2000 年美国、日本和菲律宾人口年龄分布的估计。从表中可以看出，菲律宾人口中差不多有一半在 20 岁以下，而这一年龄的人口只占美国人口的 1/3，占日本人口的约 1/9。人口年龄结构的这些差别，又意味着什么呢？即使两个国家在所有其他方面完全相同，由于人口统计变量——年龄的差异，企业在制定产品和传播策略时就不能无视这种差别。

表 2-3　部分国家人口年龄分布的估计

年龄/岁	美国人口年龄分布/%	菲律宾人口年龄分布/%	日本人口年龄分布/%
小于 10	14.7	25.0	10.1
10～19	13.9	22.0	11.1
20～29	13.3	17.6	14.7
30～39	15.3	13.5	13.3
40～49	15.3	10.0	13.3
50～59	11.2	6.1	15.1
60～69	7.2	3.7	11.6
大于 69	8.9	2.1	10.9

2. 中国的人口环境与消费者行为

根据由联合国人口基金会和奥地利政府财政支持的专题组 1995～2000 年的跟踪研究表明，中国的人口出生率稳定在 1.1‰～1.9‰，基本降到了欧洲同期人口出生率的水平，这与中国政府的努力是分不开的。

（1）人口规模与分布　中国人口已超过 13 亿。当前和今后十几年，中国人口仍将以年均 800 万～1000 万的速度增长。据专家预测，按照目前人口政策，中国人口规模大约在 2045 年时实现极大值，峰值人口约为 15.34 亿。然后，人口进入负增长，人口规模略有减少。在 21 世纪 80 年代实现相对静止人口，并在 15 亿的规模上趋于稳定。

2005 年年末，全国总人口为 130756 万人，比上年末增加 768 万人。全年出生人口 1617 万人，出生率为 12.40‰；死亡人口 849 万人，死亡率为 6.51‰；自然增长率为 5.89‰。

中国人口分布的特征是：东南半壁人口高度密集，西北半壁人口极为稀疏；人口明显集中于沿海，越往内陆人口越稀疏；人口的低地指向性。

中国人口地理分布出现了值得高度重视的趋向。一是人口迁移、人口流动性呈现不断扩大趋势，现在很多地区已取消户口差别制度，这加大了农村流向城市、内地流向沿海、不发达地区流向相对发达地区的流量。二是城市化的速度明显加快。三是由于乡镇企业的发展，农村居民中的职工人数迅速增加。这些变化会深刻影响企业的营销活动。

除了人口增长率，对市场营销人员来说了解这一增长率可能发生在什么地方是很重要的。正如我们在上一模块详细讨论的，一个国家的不同地区代表了不同的亚文化，每一亚文化下的人有着独特的情趣、态度和偏好。机会的大门将向那些了解人口快速增长出现在哪些地区以及这些地区的消费者有何种需要的企业敞开。

（2）年龄　年龄是影响从啤酒、卫生用纸到度假等产品与服务消费的重要因素之一。年龄影响人们使用的媒体、购物的地点、使用产品的方式和对营销活动的态度。

中国从人口年龄结构看，2005 年全国人口中，0～14 岁的人口为 26478 万人，占总人口的20.27%；15～59岁的人口为89742万人，占总人口的68.70%；60岁及以上的人口为14408万人，占总人口的11.03%（其中，65岁及以上的人口为10045万人，占总人口的7.69%）。与2000年第五次全国人口普查相比，0～14岁人口的比重下降了2.62个百分点，60岁及以上人口的比重上升了0.76个百分点（其中，65岁及以上人口比重上升了0.73个百分点）。2000年，65岁以上老年人口比重就达7%以上。根据国际标准，中国已经进入老龄社会。

以上年龄分布表明，中国人口年龄结构正在发生重大变化。这种变化对市场营销有着深刻的含义。

① 在这段时期，15岁以下的人口结构将减少。因此，市场对玩具、尿布、童装等儿童产品的需求下降。

② 由于60岁以上年龄段人口的增加，他们对营销的影响是较大的。以老年消费者为目标的度假、餐饮、金融服务业则会兴旺发达。与此相适应，电视节目要适应这一变化，以满足这个市场的需求。由于60岁以上年龄段人口的增加，中国社会消费市场的总格局无疑会发生重大的变化。

1990～2040年期间是我国老年人口增长最快的时期，到2065年达到峰值3.36亿，占总人口的22.2%。中国人口老龄化和老年人口的增长会通过对社会总消费的影响产生影响。

人口老龄化会带来消费基金的不断增长。消费基金的增长意味着整个社会的消费支出增加，从而刺激消费品生产的扩大。人口老龄化会带来消费结构及生产结构的变化。随着中国人口的老化，未成年人口的消费商品和服务的需求会下降，而老年人口的消费和服务需求会增加。消费结构的变化又会带来生产结构的变化。兴建公共养老设施、老年活动场所，增加相应的老年服务项目。人口老龄化会对总人口购买力产生影响。由于不同年龄段的人口购买力不同，在未来的20年内，人口老化会使中国总人口购买力提高，从而增加有效需求，使商品生产扩大。

分析人口的年龄结构，能让我们发现更多新的细分市场和据此制定更有效的营销策略。

(3) 职业　在中国，收入最高的前20种职业为：私营企业经营者、法律专业人员、股份制企业负责人、导游、演员、职业股民、个体经营者、影视制作人员、大中小学教师、其他自由职业者、事业单位负责人、证券业务人员、三资企业中方高级职员、IT行业从业者、卫生专业人员、国有企业负责人、购销人员、新闻出版文化工作者、其他专业技术人员、自由撰稿人。

在高收入群体中，以50岁以下的人居多，占了总体的90.5%。30岁以下的占24.9%，30～40岁的占30.6%，40～50岁的人占35%。从各个年龄组的收入来看，30～40岁组挣得最多，月人均收入达到8264元，其次是40～50岁组，月人均收入7656元。这两个年龄组占群体的65.6%。

50岁以下的人是这个群体的生力军。他们集年龄、学识、业务专长诸多优势于一身。其中，40岁以下的知识含量最高。高层管理人才最多的是41～50岁的年龄组；科技含量最高的是30岁以下的年龄组。

研究表明，消费者的职业，与其自身的受教育程度、收入等紧密相关，而后者也影响着消费者行为。不同职业对消费者行为的影响如下。

① 不同职业的人在消费活动中所需求的象征物往往不同。每个人在消费活动中常常希望他的消费行为与他实际的或希望的身份相吻合。

② 职业对消费结构和消费重点有影响。不同职业，在维持劳动力再生产方面要求不同，也容易培养出不同的兴趣、习惯。

③ 许多职业与消费活动交织在一起。这些职业对消费者行为有明显影响。典型的就是职务消费。

(4) 教育 在中国，人们受教育的程度逐年提高，实现了全面普及九年义务教育，实现了高等教育的大众化，高中阶段职业教育与普通教育大体相当，没有完成中学和只有小学学历的人口比例在下降。

党的十七大将教育放在“社会建设五有目标”和“改善民生六大任务”之首。努力使全体人民学有所教、劳有所得、病有所医、老有所养、住有所居，推动建设和谐社会。提出了“优先发展教育，建设人力资源强国”战略。要优化教育结构，促进义务教育均衡发展，加快普及高中阶段教育，大力发展职业教育，提高高等教育质量。

受教育的程度越来越成为决定家庭收入高低的关键因素。传统上，制造业中的一些高薪职位并不要求有很高的教育程度。如今，制造业和服务业的高薪工作需要专业技能、抽象思维能力以及快速阅读和掌握新技巧的能力。这些能力只能通过有针对性的教育获得。没有这些技能的人一般只能做工资最低的临时性的日常工作。当今的经济环境很清楚地表明，教育是收入的驱动力。

在中国，硕士及其以上高学历者的收入在高收入人群中排名第一，月人均收入达到11731元，本科学历者收入位居第二。从高收入群体学历构成来看，大专以上高学历者占总数的61%。其中，大本29.8%，硕士及以上占3.6%。高中（中专）学历占33.1%，初中及小学低学历所占比重均较低。

研究表明，受教育的程度部分地决定了人们的收入和职业，进而影响着人们的购买行为。同时，它也影响着人们的思维方式、决策方式以及与他人交往的方式。一般来讲，受教育程度低的人无论在挣钱方面还是在合理花钱方面都处于不利地位。受教育程度极大地影响着人们的消费品位和消费偏好。

(5) 收入 家庭收入水平和家庭财产共同决定了家庭的购买力。很多购买行为是以分期付款的方式进行的，而人们分期付款的能力最终是由人们目前的收入和过去的收入决定的。

1979年中国改革开放以来，经济开始高速发展，中国的消费在这段时期发生了很大的变革。城乡居民年人均收入从1978年的343.4元、133.6元分别增长到2002年的7702.8元和2475.6元，增长了21.5倍和17.5倍。同时，城乡居民年人均消费也从1978年的311.16元和116.06元增长到了2002年的6029.88元和1834.31元，分别增长18.4倍和14.8倍。

家庭年收入持续成倍增长，1990年是一个比较重要的转折点。其后，人均年收入的增长速度明显加快，而且一直保持一个较高的增长态势。改革开放以来，我国居民总体收入水平得到大幅度提高，但与此同时，城乡之间、地区之间、阶层之间的收入差距也在不断扩大。根据边际消费倾向递减规律，收入差距扩大会抑制居民总体消费需求的扩张。经济上多年的快速发展和购买力的增长，几乎使所有收入层次的消费者希望购买理想中的商品。

收入使购买成为可能，但收入一般不能导致购买行为的发生或解释购买行为。例如，年收入超过6万美元的人看《纽约人》杂志的可能性比年收入少于1万美元的人几乎高5倍。然而，每年获得6万美元彩票的人则很少突然订阅《纽约人》。人们对商品、媒体或娱乐活动的喜好直接受其职业和所受教育的影响。收入成为人们购买商品或获得媒体信息或参与娱乐活动的必备条件。因此，一般来说，与人口统计中的其他变量相比，收入是划分市场的更加有效的变量。

不同内涵的收入对消费的影响如下。

① 过去收入的影响。过去收入与现时收入相比是一种相对收入。它的影响体现在两方面：一是对储蓄存量有影响，储蓄存量一般与过去收入高低成正比，而储蓄存量是消费能力的一部分；二是因过去收入水平养成的消费习惯，使消费支出水平难以逆转。

② 另一种收入是消费者本人的收入与其周围人的收入和消费相比的收入。这种相对收入的作用就是参考群体的"示范作用"。

③ 现期实际收入的影响。它为消费支出规定了一个客观上限。现期收入中还有正常收入和一时收入之分。

④ 持久收入的影响。它是消费者预计到的长久性正常的收入，由现期收入和未来收入构成。

四、小结

人口环境是指人口的规模、结构和分布。人口规模指社会中个体的数量，是影响基本生活资料需求、基本教育需求的一个重要因素。人口结构则是关于年龄、收入、教育和职业的统计。由于不同结构层次的消费者有着不同的需求特点，所以企业应分析消费者的结构构成。人口分布则是指人口的地域或地理分布。

不同文化下，人口环境差别颇大。人口环境一方面影响文化价值观和消费模式，另一方面它反过来又受文化价值观的制约和影响。

人口统计特征不是一成不变的。目前，中国人口超过13亿。当前和今后十几年，中国人口仍将以年均800万～1000万的速度增长。中国人口分布的特征：东南半壁人口高度密集，西北半壁人口极为稀疏；人口明显集中于沿海，越往内陆人口越稀疏；人口的低地指向性。由于人口状况能影响消费过程的各个方面，营销者必须预测人口各个方面的变化，适时调整其营销组合。

五、复习思考题

1. 什么是人口统计特征？
2. 中国人口教育水平的发展趋势是什么？
3. 中国人口年龄分布的趋势是什么？

六、实训

1. 案例分析

职业对消费的影响

表2-4 职业与消费

项目 \ 职业	专业人员/经理	技术人员/办公室人员/销售人员	技术工人/工匠
产品			
国产啤酒	106	100	147

续表

项目 \ 职业	专业人员/经理	技术人员/办公室人员/销售人员	技术工人/工匠
钢琴	168	94	76
香烟	75	104	116
减肥可乐	120	113	88
活动			
网球	160	133	94
保龄球	98	127	124
晚宴	148	110	87
政府彩票	77	114	136
购物			
沃玛特	90	102	112
反斗星	144	119	71
Oliver Garden	150	127	75
Bonanza	85	104	117
媒体			
《花花公子》	86①	94	218
《纽约人》	300①	97	43
"ABC 星期一影院"	86①	106	118
"NBC 节目预告"	116①	93	86

① 只代表专业人员。

注：1. 100=平均使用、购买和消费水平。

2. 资料来源于 1993 Study of Media & Markets（New York：Simmons Market Research Burean，Inc.，1993）。

思考和训练

根据表 2-4 的数据，请你分析职业对消费的影响。

（参考答案　由于职业的不同，人们对啤酒、钢琴、香烟、减肥可乐的消费也不一样。对传媒的偏好、个人爱好以及购买模式也受职业的影响。）

2. 技能训练

采访下列地方的销售员各一名，并从人口统计特性方面描述一下各类商品的普通购买者。本项目所预言的人口状况变化将会增加还是减少这类市场一般消费者的数量？

（1）奔驰销售点；

（2）户外体育器材商店；

（3）旅行社（假日旅行）；

（4）药店。

模块6 影响消费者行为的社会阶层因素

一、教学目标

1. 能力目标

能运用我国社会阶层的相关资料，分析解决消费者心理和行为问题。

2. 知识目标

了解社会阶层体系所必需的5项标准。掌握社会阶层内涵、我国划分社会阶层的方法、社会阶层对消费者行为的影响。

3. 素质目标

完成任务的态度；知识应用能力；信息搜集处理能力；理解、分析、表达能力；交流沟通能力；与人合作能力；自学能力；解决问题能力；应变能力；组织能力；敬业精神。

二、案例

1. 案例介绍

各种文化都存在社会阶层

中国经济学家描述了中国社会的五种消费阶层。

超级富裕阶层。主要是成功的私有企业或中外合资企业的老板。他们有数百万资产，经常出入酒店，购买自己喜欢的东西且从不问价。他们偏爱洋货。

富裕阶层。大都是中外合资企业的高级管理人员或专业技术人员、高级知识分子、走穴的演职人员、有较富裕的海外亲属者、中小项目的承包商。他们收入丰厚，节假日或周末常下馆子。他们购买高档用品不考虑价格，经常购买时髦用品或贵重物品以炫耀自己的经济实力和地位。

小康阶层。包括合资企业的中层管理人员、兼职的知识分子、个体业主或商人、工头。他们有较多的存款，生活舒适，天天能吃鱼和肉。他们有各种家用电器，有时也下馆子。他们能够赶时髦但也比较实惠。

温饱阶层。他们是效益较好的企业工薪族，有少量的存款。为了买大件电器，要攒几年钱。他们的消费心理是买价廉而实用的商品。他们时常上街但并不一定购物，对商品的耐用性和售后服务有很高的要求。

贫困阶层。他们没有存款，几乎难以糊口。他们孩子多、工作单位效益不好，只买廉价的生活必需品，而不择品牌或颜色。

［资料来源：Yigang Y. Five Levels of Consumption. Trade Promotion（China Council for the Promotion of International Trade & China Chamber of International Commerce）No. 16. 1993：10-11］

2. 案例分析

在每个社会中人们的态度、价值观和生活方式等都不相同，这样就形成了几个具有独特特征的人口群体，即社会阶层。每个社会阶层的成员都有一套独特的行为模式，由此使社会阶层这一概念对营销者具有重大意义。

3. 思考·讨论·训练

① 为什么在每个社会都存在社会阶层？

② 不同社会阶层的存在是好事还是坏事？

三、理论知识

1. 社会阶层的概念

“社会等级”与“社会地位”这两个词可以互换，意指社会的级别，即社会按一种或多种因素判定的一个人相对于他人所处的地位。社会阶层从属于社会地位，如社会地位中包含上等阶层、中等阶层、工人阶层和下层阶层。

社会阶层体系可这样定义：它是指对社会进行等级划分，即将社会按态度、价值观和生活方式等，划分为几个具有独特特征的人口群体。

社会阶层是依据一定的标准把各类消费者划归不同的社会等级。一般来讲，属于不同阶层的消费者具有不同的消费习惯、消费观念和消费趋向，而同一阶层的消费者则有相似的消费心理特征。一个人处于哪个社会阶层不是单一地由某个因素决定的，而是至少由几个因素决定的。这些因素包括受教育程度、职业、经济收入、家庭背景、社会技能、住房档次以及居住的地理位置等。其中，受教育程度、职业和经济收入是尤为重要的。在市场营销学中通常是按经济地位和收入水平进行划分的。

（1）西方的划分方法　西方最有影响的是美国社会学家华纳的划分方法。他依据收入来源、收入水平、职业、受教育程度、居住条件、居住地区等，把社会成员划归七个不同阶层。

① 上上阶层。占总人口不到1%，包括那些古老的、在地方上很显赫的家族——在其所属阶层和社交圈内至少保持了三代的贵族身份或富豪地位。这是一个社会中规模最小的群体。他们生活高雅，维持家族声誉，体现优越的出身，表现出对社会的责任感。这些人往往穿着十分保守，但极其讲究，避免夸张的购买，常常周游世界。这个阶层人数很少，但他们的生活方式和消费习惯为其他阶层所向往而成为竞相模仿的对象。

② 上下阶层。主要是由一些成功的企业家，具有很专业知识和经商才干的高薪人士组成。在某种情况下，他们的收入往往比上上阶层的还多。他们中靠职业成就而缓慢获取财富的人并不试图仿效或超过上上阶层，是投资市场的主体；另一部分人则热衷于炫耀性消费，常常以汽车、房子、游艇、服装等来显示他们的财富，有的人甚至故意摆阔气，欲与上上阶层一争高低。

③ 中上阶层。即由一些具有专业技术特长的人员组成，如医师、学者、律师、企业经理等。他们虽无巨额财富，但有比较高且比较稳定的经济收入，同时有较深的文化素养和专业知识，在消费观念上追求自我价值的实现，重视文化生活，强调家庭子女教育，是高档商品的最佳市场。

④ 中间阶层。即由具有中等收入的“白领阶层”、高薪“蓝领阶层”和小企业主等组成的中产阶级，其人数大约占全体人口的32%。他们在社会成员中所占比例大，一般从事较稳定的正当工作，收入一般。其消费观念常是量体裁衣，追求实惠，多比较看重时尚，具有较明显的品牌意识。他们向上发展的希望比较强烈，把自己对人生的追求寄托在下一代身上，故特别关心子女的教育问题。

⑤ 劳动阶层。即由具有平均收入的广大“蓝领”工人组成，在美国大约占全体人口的

38%。这个阶层的人比较注重亲属关系，需要从亲属那里得到经济上和情感上的帮助，比如寻求工作机会、寻求购物指导等。由于收入有限，他们的住房比较简朴，而且一般只能居住在城乡结合部甚至脏乱的郊区。由于在社会成员中所占比例最大，他们的消费是容量最大的市场，是中低档商品的主要消费者。

⑥ 下上阶层。即由收入水平较低的“蓝领”工人组成。他们没有一定的技术专长，受教育的程度较低，收入有限，工作不稳定且很少有晋升的机会。其消费观念主要是追求商品的实用性，多购买价廉物美的低档商品，一般不太追求时髦商品和新潮商品。

⑦ 下下阶层。下下阶层是社会的最贫困阶层。他们的社会地位、收入和文化水平都最低。他们长期失业，是政府和非营利组织救助的对象。他们的居住条件最差，衣物和仅有的一点家产也都是脏的、破的、旧的。由于缺乏学历和其他的个人资源，在没有外援的情况下他们很难摆脱失业和贫困的状态。

(2) 我国的划分方法 2002年，中国社会科学院有关专家以职业分类为基础，以组织资源、经济资源和文化资源的占有状况为标准划分当代中国社会阶层结构的基本形态。它由十个社会阶层和五种社会地位等级组成。这十个社会阶层是：国家与社会管理者阶层、经理人员阶层、私营企业主阶层、专业技术人员阶层、办事人员阶层、个体工商户阶层、商业服务业员工阶层、产业工人阶层、农业劳动者阶层和城乡无业失业半失业者阶层。

2003年，中国社会科学院社会学研究所的专家进一步对不同社会阶层的经济实力和消费状态进行了调查，以国际公认的恩格尔系数对各消费阶层进行了分类，包括最富裕阶层、富裕型阶层、小康阶层、次小康阶层、温饱阶层、贫困阶层、绝对贫困阶层，并对各阶层的消费差异进行了分析和研究。

① 最富裕阶层。即恩格尔系数在0.29及其以下，占家庭总数不到10%。这一层次的家庭由民营企业家、合资企业老板、著名演员和体育明星、名画家、名作家、包工头、证券经营获高利者组成。这些家庭在衣食住行各方面都讲求品质，对各种新型产品和休闲娱乐项目务求尽早享用。他们是高档商品的主要消费者。

② 富裕型阶层。即恩格尔系数在0.30～0.39之间，占家庭总数的10%以上，主要由具有一定专业技术和特长的管理人员、技术人员、比较成功的个体经营者构成。他们在饮食方面更讲求快捷，服装方面更讲求个性，住房和交通方面也具有较高的水准，乐于使用各种电子信息类新产品，闲暇时间用于社交的比例最大。

③ 小康阶层和次小康阶层。即恩格尔系数在0.40～0.59之间，占全部家庭的近40%。我国大中城市和较发达农村的大部分家庭都属于这一范围内。这些家庭由于已基本具备良好的生活条件，在生活水平的衣食方面与前两个阶层差异并不十分明显，通讯消费和上网人数上也没有明显劣势，主要的消费差异体现在住房和交通水平以及闲暇消费方面，也因为如此，这一阶层必然是今后这些方面消费的主力。由于数量庞大，他们的总体消费能力也可以给适销产品的厂家带来丰厚的回报。

④ 温饱阶层。恩格尔系数在0.60～0.69之间。这部分家庭主要由内地中小城市普通居民家庭以及没有额外收入的工薪阶层组成，占家庭总户数的20%左右。这些家庭在维持生理性需要的前提下收入略有结余。他们开始谨慎地扩展消费项目，但由于经济并不宽裕而具有强烈的忧患意识。他们支持子女教育，储蓄为其主要消费心理倾向。

⑤ 贫困阶层和绝对贫困阶层。恩格尔系数在0.70以上，甚至超过0.80，占家庭总户数的20%左右。主要包括城市中的失业下岗人员、低收入职工和一部分贫困地区的农村家庭。

他们几乎要将全部收入用来维持基本生活，因而无从产生独立、清晰的消费意识，只是被生理需求牵着走，求廉、求实是其主导性消费动机。

当然，由于个性差异，上述阶层消费心理特征在具体个体身上的表现也会有所不同。而且由于我国社会阶层划分因素单一，同一收入阶层也可能会产生很大的消费差异。

2. 社会地位综合水平

如今，“老师”成为流行称谓。无论在电视选秀的现场，还是在访谈节目中，主持人大多称对方为××老师，听者也欣然接受。北京等一些地区，规定教师的工资不低于当地公务员的平均工资，使教师的社会地位得到进一步提高。这是对教师辛勤劳动的一种肯定，也是时代赋予教师的一份责任。

社会阶层体系存在于一个社会中，每一单个社会阶层必须满足五项标准或条件：封闭性、顺序性、排他性、穷尽性、独特性。封闭性是指各社会阶层之间界限清楚，也就是每个阶层包括哪一类或排除哪一类人有一定的原则界限。顺序性是指各个阶层能从高到低按身份和地位排列。排他性是指特定的社会成员只能属于一个社会阶层（尽管随着时间的变化由一个阶层转入另一个阶层是很有可能的）。社会阶层的穷尽性是指每一个社会成员必须落入某一特定的社会阶层。独特性是指一定社会体系的不同社会阶层之间其行为是有差异的。

根据以上五个标准，很明显，大多数工业化国家不存在严格意义上的社会阶层体系。

无论从功能上看，还是从统计数据上看，社会地位的各个方面都是相互关联的。从功能意义看，父母的地位影响其子女的教育，子女所受的教育又影响其职业和收入来源，而收入的多少决定了他们的生活方式。这是否意味着从某方面看社会地位高的人，从其他方面看他的社会地位也相应高呢？这是社会地位的综合性问题。社会地位综合水平指确立个人和家庭的社会地位的各方面因素的一致性（如高收入、高学历）。一个人社会地位的各个方面越一致，他的社会地位的综合水平就越高。美国社会地位的综合水平属中等。例如，很多蓝领工人（如管道工和电工）的收入比很多专业人员（如公立学校教师）高。

3. 社会阶层对消费者行为的影响

美国不同社会阶层的所思所想和生活水平界限分明。尽管美国人认为美国是一个平等的社会，但是美国人之间在与社会地位有关的各个方面迥然不同。

社会阶层对消费者行为的影响主要有以下几个方面。

(1) 对商店的选择　大部分消费者，倾向于在符合自己身份的商店里购买商品。

(2) 消费倾向　社会阶层的高低与消费倾向成反比，即所属的阶层越高，储蓄倾向越大，消费倾向越小；所属阶层越低，储蓄倾向越小，消费倾向越大。

(3) 消费信息的传播、接受方式和渠道　低阶层消费者习惯于从个人角度具体地描述所观察到的世界，而中阶层或高阶层的消费者则能够从许多不同的角度去描述。不同社会阶层的个体在表达某一个事物时使用的词汇也存在差异。

四、小结

社会阶层体系是指对一个社会进行等级划分。根据人们的社会态度、价值观和生活方式，把社会划分为几个相对稳定的具有某种相同特征的人口群体。一个人处于哪个社会阶层不是单一地由某个因素决定的，而是至少由几个因素决定的。这些因素包括受教育程度、职业、经济收入、家庭背景、社会技能、住房档次以及居住的地理位置等。其中，受教育程度、职业和经济收入尤为重要。2003 年，中国社会科学院社会学研究所的专家进一步对不同社会阶层的经济实力和消费状态进行了调查，以国际公认的恩格尔系数对各消费阶层进行了分类，包括最富裕阶层、富裕型阶层、小康阶层、次小康阶层、温饱阶层、贫困阶层、绝对贫困阶层，并对各阶层的消费差异进行了分析和研究。

在一个社会的社会阶层体系中，每一阶层必须符合 5 个标准：封闭性、顺序性、排他性、穷尽性、独特性。社会地位综合水平指确立个人和家庭的社会地位的各方面因素的一致性（如高收入、高学历）。一个人社会地位的各个方面越一致，他的社会地位的综合水平就越高。

社会阶层影响对商店的选择，影响消费倾向，影响消费信息的传播、接受方式和渠道，应引起营销者注意。

五、复习思考题

1. 什么是社会阶层？
2. 描述社会阶层体系所必需的 5 项标准。
3. 社会地位综合水平的含义是什么？
4. 简述我国每一社会阶层的主要特征。
5. 简述社会阶层对消费者行为的影响。

六、实训

1. 案例分析

不同社会阶层对不同品牌啤酒的消费分析

表 2-5　啤酒消费分析

品牌	社会阶层/%①				
	上层/中上层	中层	中下层	下上层/下层	各个阶层
库尔斯(Coors)	22	54	16	2	3
百威(Budweiser)	4	46	37	7	4
米勒(Miller)	14	50	22	6	6
迈克罗布(Michelob)	67	23	4	1	2
老风格(Old Style)②	3	33	36	22	1
萌芽(Bud Light)	22	53	14	3	5
海尼贡(Heineken)	88	9	1	—	1

① 对某个阶层最为合适的品牌的百分比。

② 地方啤酒。

注：资料来源于 Gronhaug K，Trapp P S Perceived Social Class Appeals of Branded Goods. Journal of Consumer Marketing，Winter，1989：27。

思考和训练

根据表 2-5 的数据，请总结美国的不同社会阶层对不同品牌啤酒的消费情况。

[参考答案　各阶层人士都消费啤酒，但是迈克罗布（Michelob）和海尼贡（Heineken）在上层社会中更为流行。老风格（Old Style）地方啤酒则在下层社会中销路更畅。库尔斯（Coors）、百威（Budweiser）、米勒（Miller）和萌芽（Bud Light）等比较适合中产阶级。]

2. 技能训练

分别在价格高的、价格适中的、价格较低的商店采访下列商品的推销员各一名，并了解他们对顾客社会地位的观察，看看他们针对不同阶层消费者的销售策略是否相同。

（1）男装；

（2）女装；

（3）家具；

（4）珠宝。

模块 7　影响消费者行为的参照群体因素

一、教学目标

1. 能力目标

能运用参照群体对消费过程的影响资料，分析解决消费者心理和行为问题。

2. 知识目标

了解群体和参照群体的区别。掌握参照群体对消费过程的影响性质和影响强度因素。

3. 素质目标

完成任务的态度；知识应用能力；信息搜集处理能力；理解、分析、表达能力；交流沟通能力；与人合作能力；自学能力；解决问题能力；应变能力；组织能力；敬业精神。

二、案例

1. 案例介绍

阿什齐现象和人员推销

经典阿什齐实验

将 8 名被试者带进一个房间，让他们看黑板上画的 4 条线——其中 3 条紧挨在一起，另一条离它们有一段距离。然后询问他们，三条放在一起的不等长线段中，哪一条和第 4 条线段一样长。受试者需要公开宣布他们的判断，其中 7 个人是实验者安排的，他们都宣布了错误的答案。一无所知的那名被试者安排在最后宣布答案。在一种受控情境下，安排了 37 名真正的被试者，每位被试者作 18 次实验即报告 18 次，每次报告时都没有其他人提供任何信息。结果，37 人中只有 2 人总共犯了三次错误。在另一个实验中，50 名真被试者被分别安排在其余成员均是“假被试者”的 50 个实验组里。在听到假被试者一致但错误的判断后，有 37 人总共犯了 194 次错误，而每种错误都与群体所犯的错误相同。

人员推销中的阿什齐模式

一组潜在的顾客——一些小企业的老板和推销人员——被带到一个地方参加销售展示。当每种设计被展现时，作演示的推销员迅速浏览群体中每个人的表情，以便发现最赞赏该设计的那个人（如他不断点头）。然后，询问点头者的意见。当然，他的意见一定是赞同的。

推销员还请他详尽地发表评论意见，同时观察其他人的神情，以发现更多的支持者，并询问下一个最为赞同者的意见。一直问下去，直到那位起先最不赞成的人被问到。这样，鉴于第一个人的榜样作用，以及群体对最后一个人产生的压力，推销员使群体中的全部或大部分人公开对该设计做出了正面的评价。

（资料来源：http：//share. yoao. com/download. asp？id＝32296）

2. 案例分析

群体规范的威力在被称为阿什齐实验或阿什齐现象（Asch phenomenon）的系列研究中得到验证。

同阿什齐实验的参加者交谈就会发现，许多人改变了他们原本正确的答案，这不仅仅是指口头上表达的依从性增加。应当指出的是，阿什齐实验中的被试者互不相识，被试者所要做的又是非常具体且具有客观正确答案的非智力性工作，依从性的结果正是在这样的条件下获得的。这项研究曾被以各种方式重复，但是总是获得基本相同的结果。比如，互不相识的一组学生对一种新型减肥产品营养价值做出的评价，强烈地受到小组中其他成员意见的影响。不难想象，在朋友中间，彼此与群体保持一致的压力就更大了。当任务不明确，如面临偏好何种品牌或式样的问题时，情况尤其如此。

利用阿什齐现象进行人员推销的方法，依靠的正是参照群体的影响力量。

3. 思考·讨论·训练

① 利用阿什齐现象营造销售环境是否道德？

② 为什么阿什齐实验的环境中能够产生出高度的一致性？

三、理论知识

1. 群体类型

上一次参加聚会，你在决定穿什么的时候，可能部分地考虑到参加聚会的其他人可能会有的反应。同样，你在祖父母结婚周年纪念活动中的行为，与你在一位好友毕业晚会上的行为是不同的。这些行为都是群体影响和群体期待的产物。

几乎所有的消费者行为都是在群体背景下发生的。此外，群体还是消费者社会化和学习的基本媒介。因此，理解群体是如何运行的，对于理解消费者行为至关重要。

首先，我们需要对群体和参照群体这两个概念加以区分。群体由两个或两个以上具有一套共同的规范、价值观或信念的个人组成，他们彼此之间存在着隐含的或明确的关系，因而其行为是相互依赖的。参照群体是指这样一个群体，该群体的看法和价值观被个人作为他或她当前行为的基础。因此，参照群体是个人在某种特定情况中，作为行为向导而使用的群体。

我们大多数人都属于趣旨各异的各种群体，我们还可能渴望加入某些群体。当我们积极地参与某一特定群体的活动时，它一般会成为参照群体。随着情境的改变，我们会依据另一个群体的规范来行事，于是这个群体又成为我们的参照群体。我们可以随时从属于不同的群体，但是一般来说，在某种特定情境中我们只使用一个群体作为参考。

群体可以按照不同的变量进行划分。营销者发现有三种划分标准最为有用，它们是成员资格、接触类型、吸引力。

成员资格的标准是两分的：一个人或者是某个群体的成员，或者不是。当然，有些成员的成员资格比另一些成员更安全，也就是说，有些成员感到他们真正“属于”那个群体，而另外一些人却缺乏这种信心。尽管如此，成员资格仍然是一种划分群体的基本标准。

接触类型指群体成员相互之间人际接触的频繁程度。在群体规模增大时，人际接触倾向于减少。例如，你同美国营销协会（American Marketing Association）或者你的校友之间的接触，就要比你同家人或密友之间的接触少得多。接触类型一般分为两种，有着频繁人际接触的群体叫做基本群体或者首要群体，只有有限人际接触的群体则叫次要群体。

吸引力指某一群体的成员资格受到个人仰慕的程度。这种仰慕有消极的也有积极的。个人对之有着负面仰慕的群体——背离群体或厌恶群体——同个人对之有着积极仰慕的群体一样，能够影响人的行为。

人们没有成员资格但希望加入的群体，被称为仰慕群体或渴望群体，它对个体有着强大的影响力。个人经常会购买他们认为渴望群体成员会使用的产品，以获得该群体实质上或象征性的成员资格。例如，许多渴望加入“哈雷”车手群体的人，由于价格昂贵或者家人反对，目前还无法获取这种资格，他们常常会购买哈雷服饰和其他一些相关产品。

2. 参照群体对消费过程的影响

我们所有人都在很多方面与各种群体保持着一致。看一看班上的同学，你会奇怪地发现，除了男女性别及其在穿着上的差异外，大部分人衣着十分相似。事实上，如果一个同学穿着正规的衣服来上课，大家通常会问他是不是要去应聘工作，因为人们认为这是他穿着正式的原因。请注意，作为个体，我们并未将这种行为视为从众。尽管我们时常要有意识地决定是否遵从群体，通常情况下，我们是无意识地和群体保持一致的。我们以对群体的角色期望和群体规范做出响应的方式来满足群体的期望。

规范是指在一定社会背景下，群体对每一群体成员行为的合适性的期待。无论何时，只要有群体存在，无须经过任何语言沟通和直接思考，规范就会迅即发挥作用。规范一般会覆盖与群体功能有关的一切行为，违反这些规范会受到群体的惩罚。我们发现，参照群体对消费者行为有着深远影响，我们先来考察一下参照群体的性质。

（1）参照群体影响的性质　群体对其成员的影响有三种主要方式：信息性影响、规范性影响和价值表现上的影响。对这几种方式做出区分是很重要的，因为我们要根据影响的方式来制定相应的营销策略。

① 信息性影响。这类影响出现于个人把参照群体成员的行为和观念当作潜在的有用信息加以参考之时，其影响程度取决于被影响者与群体成员的相似性，以及施加影响的群体成员的专长性。例如，某人发现群体中的好几个人都在使用某种品牌的咖啡，他或她于是决定试用一下这种品牌，因为有证据（它被朋友们使用过）证明它是一个好的品牌。再如，某人决定购买某种品牌或型号的计算机，因为他的一位精通计算机的朋友有一台，或者向他推荐过这种计算机。在这些例子中，群体成员的依从是信息共享的结果。

海尼斯（Hennessy）公司的广告商雇用了一些有魅力的模特和演员到时尚的酒吧里去喝酒。在那里，他们找借口为所有人或某一群体点用海尼斯马丁尼酒。使用这种方法，使人们目睹别人喝这种饮料，从而接受它或至少认为它很时兴。当然，群体影响力的如此运用是否会引发伦理上的争议，乃是应当思考的一个问题。

② 规范性影响。规范性影响有时又叫功利性影响，指个人为了获得赞赏或避免惩罚而满足群体的期望。为了得到配偶或邻居的赞同，你或许会专门购买某个牌子的葡萄酒，或者

因为害怕受到朋友的嘲笑而不敢穿新潮服装。规范性影响之所以发生和起作用，是由于奖励或惩罚的存在。广告商声称，如果使用某种商品，人们就能得到社会的接受和赞许，实际上就是利用规范性影响。同样，宣称如果不使用某种产品就得不到群体认可（如牙刷和除臭剂）的广告，采用的也是群体对个体的规范性影响。

③ 价值表现上的影响。这类影响的产生以个人对群体价值观和群体规范的内化为前提。在内化的情况下，无须任何外在的奖惩，个体就会依据群体观念与规范行事，因为个体已经完全接受了群体的规范，群体的价值观实际上已成为了个体自身的价值观。

（2）参照群体影响的程度　在某一特定情境下，参照群体可能对购买没有影响，也可能会影响到某类产品的使用及使用产品的类型或品牌的选择等。其中，对品牌的影响可能是对一类而不是单个品牌的影响。比如，某一群体可能会赞成（或反对）购买一组品牌，如进口啤酒或者豪华汽车等。

与群体规范保持一致的程度是下面这些变量的函数。

① 产品使用的可见性。当产品或品牌的使用可见性很高时，群体影响力最大。对通气运动鞋（aerobic）来说，产品种类（鞋），产品型号（aerobic）和品牌“锐步”（Roebok）都是可见的。一件衣服的种类和款式是可见的，但品牌则较不明显。其他产品，如维生素的消费，一般是隐蔽的。参照群体通常在产品种类、型号或品牌等方面对那些可见性高的产品有重大影响。

② 产品的必须与非必需性及其程度。一件产品的必需程度越低，参照群体的影响越大。因此，参照群体对帆船等非必需品的购买有很大影响，而对冰箱等必需品的购买影响则比较小。

③ 个人对群体的忠诚度。一般而言，个人对群体越忠诚，就越会遵守群体规范。当参加一个渴望群体的晚宴时，在衣服选择上，我们可能更多地考虑群体的期望，而参加无关紧要的群体晚宴时，这种考虑可能就少得多。最近的一项研究对此提供了佐证。该研究发现，那些强烈认同西班牙文化的拉美裔美国人，比那些只微弱地认同该文化的消费者，更多地从规范和价值表现两个层面受到来自西班牙文化的影响。

④ 行为与群体功能的相关程度。影响参照群体对个人行为作用力的另一个因素，是消费者行为与群体的相关性。某种活动与群体的功能越有关系，个人在该活动中遵守群体规范的压力就越大。因此，装束对一个经常在豪华餐厅用餐的群体来说，就显得重要，而对只在星期四晚上一起打篮球的参照群体成员来说，其重要性就小得多。

⑤ 个人对他或她在产品领域所做判断的自信程度。最后一个影响参照群体作用力的因素，是个人在购买中的自信程度。研究表明，个人在购买彩电、汽车、家用空调、保险、冰箱、媒体服务、杂志书籍、衣服和家具时，最易受参照群体影响。这些产品，如保险和媒体服务的消费，既非可见又同群体功能没有太大关系，但是它们对个人很重要，而大多数人对它们又只拥有有限的知识与信息。这样，群体的影响力就由于个人在购买这些产品时信心不足而强大起来。除了购买中的自信心，有证据表明，不同个体受群体影响的程度也是不同的。

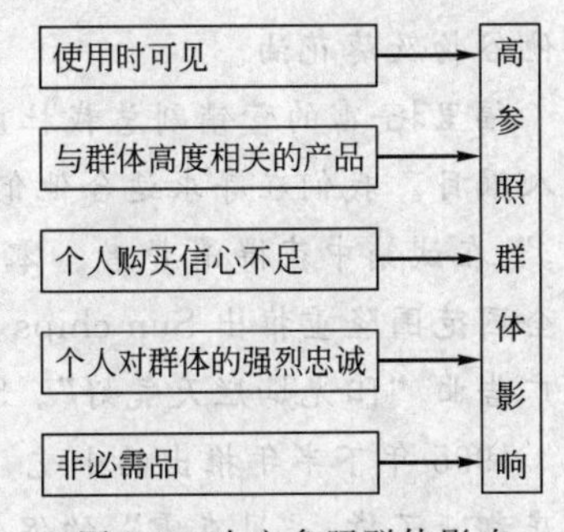

图2-3　决定参照群体影响力的情境因素

自信程度并不一定与产品知识成正比。研究发现，知识丰富的汽车购买者比那些购买新手更容易在信息层面受到群体的影响，并喜欢和同样有知识的伙伴交换信息和意见。新手则对汽车没有太大兴趣，也不喜欢收集产品信息，他们更容易受到广告和推销人员的影响。

图 2-3 总结了参照群体对产品和品牌的影响方式。营销经理可以使用这种结构来判断参照群体可能在多大程度上影响个体对他们品牌的消费。

四、小结

群体由两个或两个以上具有一套共同的规范、价值观或信念的个人组成，他们彼此之间存在着隐含的或明确的关系，因而其行为是相互依赖的。参照群体是个人在某种特定情况中，作为行为向导而使用的群体。

群体可以按照不同的变量进行划分。营销者发现有三种划分标准最为有用，它们是成员资格、接触类型、吸引力。有的群体要求成员有成员资格，有的则不要求（如渴望群体）。群体成员接触的实质是指人际接触的深度。有着频繁人际接触的群体叫做首要群体，只有有限人际接触的群体叫做次要群体。吸引力是指群体对个人正面或负面的吸引程度。

规范是指在一定社会背景下，群体对每一群体成员行为的合适性的期待。任何群体中，规范都会很快地自发形成。与群体规范保持一致的程度是下面这些变量的函数：①产品使用的可见性；②个人对群体的忠诚度；③行为与群体功能的相关程度；④个人对他或她在产品领域所做判断的自信程度；⑤产品的必需与非必需性及其程度。

五、复习思考题

1. 群体和参照群体有什么区别？
2. 什么是厌恶群体？厌恶群体以何种方式影响消费者行为？
3. 什么是渴望群体？渴望群体怎样影响消费者行为？
4. 群体影响有哪几种类型？营销经理为什么必须意识到各种群体影响类型？
5. 在某种情况下决定参照群体影响力强度的 5 个因素是什么？
6. 什么是阿什齐现象？营销者如何利用这一现象？

六、实训

1. 案例分析

福里托-雷的“迷你”产品推广

福里托-雷（Frito-Lay）最先推出的“迷你”小吃是 Sun chips，其原料是小麦、玉米、其他谷物及葵花油。

福里托-雷的营销副总裁杜威特解释了 Sun chips 的策略：“日渐年老的‘婴儿潮一代’令人瞩目。我们在寻求适合他们的小吃产品。我们所寻找的是各个方面均适合这一群体的产品。”在试销中获得消费者、零售商和销售人员的好评之后，福里托-雷投资 3000 万美元，在全国范围隆重推出 Sun chips。最初的广告是由卡利·西蒙（Cary Simon）演唱的 30 秒电视广告曲“阳光灿烂天气好”。Sun chips 第一年的销售额就超过了 1 亿美元。

1995 年下半年推出的小吃“贝克雷”投放市场不久就供不应求。1996 年年初，许多零售店都断了货。“贝克雷”的促销耗资 5000 万美元，公司邀请超级明模劳米·坎贝尔、维恩德拉加盟制作广告，展示她们正在吃“贝克雷”的情景。公司预计这一品牌最终能创造 2.5

亿美元的年销售额。

（资料来源：http：//share. yoao. com/download. asp？ id=32296）

思考和训练

① 这家公司利用的群体对其成员产生影响的主要方式是什么？

② 这个案例对你有何启示？

（参考答案 主要影响方式是信息性影响；这个案例告诉人们，企业在从事营销活动时，如果能充分利用好营销环境中参考群体的影响作用，就能有效地推销自己的产品。）

2. 技能训练

描述你希望加入的两个渴望群体。它们是否影响并如何影响你的消费模式？

模块8 影响消费者行为的家庭因素

一、教学目标

1. 能力目标

能运用家庭生命周期与消费变化资料，分析解决消费者心理和行为问题。

2. 知识目标

了解家庭的性质和家庭消费决策类型、家庭经济收入对消费的影响、家庭对消费的影响力。掌握家庭生命周期各个阶段的一般特点与消费变化。

3. 素质目标

完成任务的态度；知识应用能力；信息搜集处理能力；理解、分析、表达能力；交流沟通能力；与人合作能力；自学能力；解决问题能力；应变能力；组织能力；敬业精神。

二、案例

1. 案例介绍

Intel拿学生做文章

在2003年暑假里，非典改变了学生们的学习和生活，也因为非典，网络比任何时间都突显出它的优越性。Intel（英特尔公司）抓住商机，在全国范围内开展“这个暑期有点不一样”大型推广活动。针对暑假中的一般学生、高考完的高三学生、大学入校新生3个目标群，推出超线程（HT）组合、金装正品组合、迅驰组合3个组合包以供选择。以“放飞你的心情”、“不和爸爸抢电脑”、“安心学习的假期”、“你的宿舍有迅驰吗”4个部分构成整体活动。富有针对性的活动内容使处于不同阶段的学生均能感受到非同寻常的惊喜，实现了迅驰产品的旺销。

（资料来源：申纲领主编. 消费心理学. 北京：电子工业出版社，2007）

2. 案例分析

家庭生命周期中的做父母阶段，孩子上学以后，主要支付各种学习和教育费用，而且随着年级的升高，各种费用也越来越高，特别是高中阶段和大学阶段，仅学费对父母来说就是一笔很大的开销，加之，孩子的新需求不断增加，消费模式不断改变，大多数城镇家庭都是独生子女，父母会尽量满足孩子的有用需要。

3. 思考·讨论·训练

试从不同家庭生命周期的特点来分析 Intel 成功的原因。

三、理论知识

1. 家庭的性质

家庭是大多数产品的基本消费单位。住房、汽车和家用电器等产品，大部分是为家庭所消费的。另外，个人的消费模式往往与家庭其他成员的消费模式密切相关。例如，如果家长同意为一个孩子购买自行车，那么父母可能就得放弃外出度假的机会，或者取消为另一个孩子购买新衣服的打算，或者削减其他家庭成员的某项开支。因此，营销者应当将家庭视为一个消费单位。

（1）家庭的概念　家庭是指以婚姻关系、血缘关系或收养关系为基础组成的一种社会生活组织或基本的社会单位，是社会生活的细胞。家庭的基本成员是由父母、夫妻、子女构成的。家庭是一个基本的消费单位。在当代西方消费经济理论中，从家庭的角度来分析消费结构问题的论著较多，产生了许多有效的分析方法，如家庭文明分析、家庭消费支出功能分析、家庭生命周期分析、家庭构成分析、家庭消费与投资关系分析等。所有这些都可以用来分析家庭因素对家庭本身或个人消费行为的影响。

（2）家庭的分类　根据家庭的构成，可以对家庭进行如下分类。

① 单身家庭。指一个人独立生活的家庭，包括未婚的单身男士或女士；丧偶无子女或子女不住在一起的家庭；离异尚未再婚的家庭等。

② 配偶家庭。已婚无子女（又称丁克家庭）或子女不在身边的家庭。

③ 核心家庭。已婚夫妇与子女同住的家庭。核心家庭是基本的家庭类型，在每种文化中都很重要。

④ 复合家庭。已婚夫妇与子女、父母等同住的家庭。

⑤ 单亲家庭。这种家庭可能是由于夫妻一方死亡造成的，更多的则是由于离婚造成的。无论哪种情况，孩子都更有可能和母亲住在一起，从而形成单亲家庭。

随着社会结构的变化，过去封闭式的家庭结构已经开始发生变化，变为开放式的家庭结构。大、中型家庭日益向小型家庭转化。

（3）家庭结构对消费结构的影响　由于我国实行了一对夫妇只生一个孩子的国策，使家庭明显趋于小型化。虽然目前国家对计划生育政策有所放松，但家庭规模的小型化对家庭消费结构带来了重大影响。具体如下。

① 家庭小型化的结果，使儿童消费品趋于高档化、多样化，儿童娱乐用品、服装、营养品的需求量逐步增大。

② 随着家庭规模趋小，家庭生活用品也趋向小型化，如家庭用炊具、锅碗等。

③ 家庭购买耐用消费品的数量、种类都会增多。

④ 食物支出结构同时也会变化，如在外吃饭的人数和次数增多，方便食品、罐头食品的消费量会增加。

⑤ 家庭用于医疗、文化娱乐等方面的支出比重增大。

综上所述，家庭结构的变化不仅对家庭自身消费结构产生影响，对工商企业、服务业等也都产生直接影响。

2. 家庭消费决策类型

家庭消费决策是指家庭在发挥其消费职能的范围内，从实际出发，确立所要达到的消费目标，选择正确的途径和方法，使预定的目标能够最大限度的实现。简单地说，就是分析条件、确定目标、选择途径、实现最佳消费行为。就一个家庭而言，收入总是有一定限度的，所以消费范围以及满足消费目标的程度也是有限的。在各种家庭需要难以同时兼顾的情况下，家庭的决策者要确保家庭的整体利益和重点利益，敢于放弃某些消费。

从家庭权威的中心点角度来划分，可以把家庭角色类型分为以下几类。

（1）丈夫决策型　家庭中商品的购买决策大多由丈夫做出。原因是丈夫是家庭中收入的主要来源。这种类型目前在农村中还比较普遍，是中国较为传统的家庭决策类型。

（2）妻子决策型　家庭中商品购买决策主要由妻子做出。其原因比较复杂，妇女地位的提高和经济收入的增加是主要的原因。

（3）共同决策型　家庭的购买决策由夫妻二人共同确定。这种类型往往基于夫妻平等、关系融洽、思想开放、民主气氛浓厚的家庭。这种类型家庭通常生活在城市，与受教育程度有直接关系，是理智型购买。

（4）夫妻各自决策型　夫妻双方各有收入，经济上相对独立，双方能自主地做出决策。这种决策成因复杂，可能是双方都有高收入，购买随意性大；可能是双方的性格独立，个性鲜明，自尊心强；可能是关系恶化，貌合神离，各自为政；也可能是离异后重组，关系尚未融洽。

从所购商品的因素来看，对于不同的商品，家庭成员发挥的作用也不同。如家庭食品、日用杂品、儿童用品、装饰用品等，女性影响作用大；五金工具、家用电器、家具用具等，男性影响大；价格高昂、全家受益的大件耐用消费品，文娱、旅游方面的支出，往往共同协商；孩子可以在家庭购买特定类型产品的决定上产生某些影响，如对购买点心、糖果、玩具、文体用品等商品就有较大影响。在我国当今的城市家庭中，妻子与丈夫有平等的经济收入。她们又工作，又承担了很多的家务，家庭经济多为她们控制，家庭的大部分日用品及耐用消费品大多在她们的影响下购买。这在城市家庭中已成为很普遍的现象。

工商企业了解家庭消费中每一成员的不同作用，可以有针对性地进行促销宣传，制定相应的推销策略，减少促销的盲目性。为了更好地满足消费者的需要，促进企业产品的销售，工商企业必须认真研究一般家庭是怎样做出其购买决策的。

3. 家庭生命周期与消费变化

美国家庭的传统概念是十分简单的：人们在 20 出头结婚（1960 年，男子的平均结婚年龄是 22.8 岁，女子是 20.3 岁），然后生育几个孩子。等到孩子们长大成人开始建立自己的家庭时，最初的这对夫妇也到了退休的年龄。最后，男子先去世，女子也在几年以后去世。这就是家庭生命周期。

家庭生命周期对细分市场和制定营销策略来说，是一项非常有用的工具。家庭生命周期是由家庭发展的各个阶段构成的，通常依据家庭主人的婚姻状况来划分这些阶段，比起只按家庭结构等单一因素划分来研究家庭及其成员的消费行为更为透彻。一般来说，家庭生命周期划分为五个阶段。对家庭生命周期中的每一个大致阶段来说，都有着许多共同的、明显的消费行为特征，这样，就形成了潜在的细分市场。

（1）单身阶段　人到青年期以后由于就业等原因，逐步脱离家庭而单独生活。刚刚独立出来又没有结婚的这段时期属于家庭生命周期的第一阶段。大多数人将会恋爱结婚。但目前，在城市尤其是发达城市里有一群“不婚族”，那么这种家庭方式会保持下去。他们会尽可能地美化自己，并尽量参与广泛的社交活动，娱乐场所也成了他们常去的地方。如果恋爱并确定结婚，他们要准备结婚用品，从住宅、家具、服装、结婚仪式到蜜月旅行的用品都要购买。他们往往会得到双方父母和朋友们的援助，此时的购买能力达到了高峰。

（2）新婚阶段　指从结婚到第一个孩子出生这段期间。这一阶段和单身期间在很多方面是相似的。他们有充足的业余时间旅游和娱乐。在购买上，大件商品结婚时已经基本齐备，婚后就是进一步充实和美化了。但在城市中，有部分贷款买房的年轻人会有还款的负担。

（3）做父母阶段　孩子的出生，对家庭来说意味着新婚阶段的结束，二人世界被打破，开始了为人父母的新阶段。这个阶段在家庭生命周期里是最长的，因为孩子往往要长大就业了才能独立生活。反映在消费活动上，往往消费重心会转向孩子。他们必须购买孩子的用品，从食品、服装、玩具、药品到文化学习用品。过去要美化家庭环境、外出游玩、进饭馆吃饭，现在不仅因照料孩子没有时间，而且经济条件也会受到限制。

在做父母的这一阶段中，由于子女由小到大的需要在发展变化，满足他们需要的购买和他们对家庭生活状况的影响也在发展变化。为了把这一漫长的阶段分析得更清楚些，又可把它分为更小的阶段。例如，可以把孩子的不同发展阶段相应地分为婴幼儿期、少年期和青年期等。婴幼儿期里，父母主要是为孩子购买食品、衣服、药品、玩具及婴儿床、小推车等。到了少年期，孩子上学以后，要支付教育费用，但父母用在照料子女上的时间会相对少一些。

做父母阶段对西方国家家庭消费水平的影响更显著些。中国传统的三代人共同生活的家庭，年轻夫妇当父母，个人的消费水平降低了，但他们父母的收入可以用来减轻他们的负担。中国的多代人家庭以家庭为购买单位，这在一定程度上减轻了子女对家庭消费水平的影响。

（4）做父母之后的阶段　指子女已经独立生活或者可以不依靠父母的家庭阶段。这一阶段一般是家庭经济状况最好的时期。父母的收入由于业务技能的提高和从业时间的增加会比年轻时多，家里的大件商品也大多齐备了。所以，父母这时可以做他们过去没时间或没条件做的事情，如营养保健、锻炼身体，甚至外出旅游等。

（5）分解阶段　子女独立之后，父母又要过一段清闲的生活。但在此之后，到了家庭生活中的最后一个阶段，即分解阶段。这个阶段是从丧偶开始的，家庭收入明显减少。老年人渴望健康长寿，其消费支出大部分用于食品和医疗保健方面，穿用部分的比重逐渐下降，尤其是娱乐费、交通费及耐用家电支出下降。他们在进行购买决策时更缜密、更稳健。有调查表明，老年男子在烟、酒、洗理费等方面花的零用钱较多，老年女子在点心、水果和化妆品等方面花的钱较多。

有关家庭生命周期分类的方法给人们了解家庭生活的全过程提供了一个途径。但是它并没包括很多特殊的情况。例如，有些家庭没有子女，有些家庭中途破裂，有些则在生活早期阶段丧偶等。尽管如此，这种方法对市场细分和解释一些具体的消费行为还是非常有用的。

4. 家庭经济收入

消费者任何消费动机的实现，或是生理、心理需要的满足，都要有经济收入作基础。因此，家庭经济收入制约着家庭与个人的购买能力、购买方式、消费结构和生活习惯等。如果经济收入十分有限，其家庭成员的高层次需要和心理性动机就要受到抑制，就要先让位于低层次需要或生理性动机。

根据我国对城市职工收支抽样调查和市场实地调查可以看出，家庭经济收入状况的影响体现在以下几方面。

(1) 对消费支出结构的影响　从消费结构中生存、享受、发展三种属性进行分类，家庭类型划分为以下三种。

① 生存消费型家庭。这类家庭用于生存资料消费开支占绝大部分。他们所消费的消费品质量不高，以维持正常生活为标准；文化精神方面的消费比重小，家庭消费内容单调。

② 生活享受型家庭。这类家庭在物质生活方面向高、精方向发展，享受资料的消费在家庭消费资金中占相当大的比重；文化精神消费欲望强烈，家庭消费内容比较丰富。

③ 生活发展型家庭。这类家庭消费内容已达到相当丰富的程度，开始追求高质量、高品位的物质、文化精神方面的消费，发展型消费资料的消费在家庭消费基金中占比较大的比重。

(2) 对消费者购买动机的影响　收入高的家庭求新、求美、求名等动机强烈，而收入低的家庭求廉、求实、求利动机强烈。在市场上还发现，有些消费者对简便或不包装的零售食品，对削价、积压、滞销而处理的商品很感兴趣。由此可见，家庭经济状况对消费者选购商品的出发点及目标有影响。

(3) 对耐用品拥有量及更新商品的影响　一般讲，家庭实际人均收入水平越高，耐用消费品拥有量越多。我国居民素有“三大件”、“五大件”之类的俗称。此外，收入高的家庭商品更新快、使用周期短、“心理废弃”的现象较多。收入低的家庭商品更新较慢、使用周期长、延迟损耗性消费较多，如家用自行车、电器等，通过维修延长使用寿命，节省开支。

就我国目前家庭消费而言，具有均等性、稳定性和集约性等特点。所谓均等性，即家庭成员在消费生活方面是平等的。成年人基本上能够互相协商购买决策，全家共享商品的使用价值。所谓稳定性，是指我国家庭收入一般比较固定，因而用于消费支出及各项消费品之间的分配比较稳定和均衡。同时，正常的家庭生活受制度和法律保护，家庭成员之间的关系维系紧密，生活安定、和睦、幸福。所谓集约性，是指家庭通常集中较多的消费资金用于某一项或者某几项消费之上。但也由于每一家庭所属的民族文化、社会阶层、宗教信仰、职业性质及教育程度的制约，形成了各自的家庭消费风格、家庭消费习惯、家庭消费态度等。每个消费者一般都要在一个特定的家庭中生活一定的时间，老一辈家庭成员的消费行为会潜移默化地遗传给下一代家庭成员。同时，家庭成员在共同消费中的互相作用又不断改变着、革新着家庭消费意识及行动。从大家庭里分化出去的各个小家庭，乃至每一个家庭成员的消费行为都必然带着原有家庭消费特征的烙印。因此，工商企业在研究消费者行为时，绝不能忽视家庭的影响作用。

5. 家庭对消费的影响力

家庭不仅对消费行为有着直接的影响，而且在孩子社会化的过程中担当着重要的角色。家庭通过家庭的文化，将特定社会阶层的观念和行为方式传达给下一代，因此，除了购买和消费方式之外，家庭还强烈地影响着人们的生活态度和技能。

① 家庭决定了其成员的消费行为方式。从消费活动上看，子女的消费方式深受父母等长辈的消费习惯和方式的影响，在不自觉中会形成与他们相同的消费习惯。

② 家庭的消费价值观影响其成员的价值观。主要表现在对消费行为的价值和意义的认识上。

③ 家庭的消费决策方式也会对家庭成员的消费行为产生一定的影响。

四、小结

家庭是指以婚姻关系、血缘关系或收养关系为基础组成的一种社会生活组织或基本的社会单位，是社会生活的细胞。

家庭生命周期对细分市场和制定营销策略来说，是一项非常有用的工具。一般来说，家庭生命周期划分为五个阶段，它们是单身阶段、新婚阶段、做父母阶段、做父母之后的阶段、分解阶段。对家庭生命周期中的每一个大致阶段来说，都有着许多共同的、明显的消费行为特征。这样，就形成了潜在的细分市场。

家庭经济收入制约着家庭与个人的购买能力、购买方式、消费结构和生活习惯等。如果经济收入十分有限，其家庭成员的高层次需要和心理性动机就要受到抑制，就要先让位于低层次需要或生理性动机。

家庭不仅对消费行为有着直接的影响，而且在孩子社会化的过程中担当着重要的角色。家庭通过家庭的文化，将特定社会阶层的观念和行为方式传达给下一代。因此，除了购买和消费方式之外，家庭还强烈地影响着人们的生活态度和技能。

五、复习思考题

1. 什么是核心家庭？单亲家庭可以成为核心家庭吗？
2. 什么是复合家庭？
3. 什么是家庭消费决策？家庭消费决策的类型有哪些？
4. 家庭生命周期的含义是什么？
5. 描述家庭生命周期各个阶段的一般特点。
6. 家庭经济收入对消费有哪些影响？
7. 家庭对消费的影响力是什么？

六、实训

1. 案例分析

福里托-雷的低脂产品推广

1996 年 7 月，福里托-雷引入了一系列低脂产品，以配合它的低脂糕点、薄玉米饼和小吃“贝克雷”的销售。公司计划投入 3000 万美元引入低脂产品线，包括一项大型样品赠送活动。广告将不像“贝克雷”那样使用名人，而是重点强调产品的口味和低脂特点。低脂 Doritos 每份含 5 克脂肪，较普通 Doritos 每份少含 2 克脂肪，据公司介绍，低脂 Doritos 味道与烘烤食品截然不同。

（资料来源：http://share.yoao.com/download.asp?id=32296）

思考和训练

处于家庭生命周期哪一阶段的人是低脂 Doritos 的最佳市场？为什么？

2. 技能训练

访问一个初中生，确定并描述在为他或她购买下列产品时的家庭决策过程。

(1) 衣服；

(2) 早餐食品；

(3) 卧室家具；

(4) 昂贵的嗜好品如滑雪板或名牌手机。

模块9 影响消费者行为的市场营销因素

一、教学目标

1. 能力目标

能运用市场营销组合策略及相关资料，分析解决消费者心理和行为问题。

2. 知识目标

了解市场营销战略与消费者行为。掌握市场营销组合策略。

3. 素质目标

完成任务的态度；知识应用能力；信息搜集处理能力；理解、分析、表达能力；交流沟通能力；与人合作能力；自学能力；解决问题能力；应变能力；组织能力；敬业精神。

二、案例

1. 案例介绍

"中德"啤酒兵败营销城下

"中德"啤酒是中国和德国合资的武汉长江啤酒有限公司生产的产品（以下简称"中德"），曾有过一段辉煌的历史，产品打进上海、武汉、南京、长沙等大中城市市场，获得较高的声誉。然而，曾几何时，"中德"衰落了，最终于1995年被美国最大的啤酒公司"百威"收购。

审视"中德"从兴旺发达到衰败的历程，我们不难发现，"中德"在营销战略、策略上的某些"误区"是酿成今日这杯苦酒的主要根源。

"中德"的市场定位 "中德"啤酒作为中外合资的产物，主要是利用啤酒王国德国的技术和设备，生产出具有欧式风格的啤酒。这种啤酒的特点是：产品的内在质量好，风味独特。在当时国内市场上合资或外国啤酒产品较少的情况下，颇受一部分消费者的青睐。

针对产品的特点和当时国内啤酒市场的状况，"中德"把市场定位于大中城市的高档宾馆、饭店（特别突出涉外宾馆）和中高层次的消费者。这一定位从某种意义上讲是正确的，这是由当时的消费者的需求状况和啤酒市场的竞争状况所决定的。为此他们制定了一系列的营销策略，陆续打进了上海、南京、长沙、武汉等大中城市的涉外宾馆和高级饭店，获得较好的评价。然而，这种市场定位有其先天不足之处。首先，啤酒的消费群体主要是一般大众、中低收入阶层。对大中型宾馆、饭店而言，啤酒的消费毕竟是有限的，即使是涉外宾馆，尽管"老外"对其有所偏爱，但其消费结构多样化，消费水平也受到限制。其次，就一般消费市场而言，一般工薪阶层是啤酒的主要消费者，而他们对啤酒口味、价格、包装、质量等方面的要求都有与宾馆、饭店消费者不同之处。因此，“中德”在目标市场的选择和市场定位上就有其偏颇之处，但在当时国内市场同类产品竞争有限的情况下还是有利可图的。后来随着市场竞争的加剧，“中德”也考虑过进入一般大众市场，推出了“莱特”淡口味啤酒，最终却因竞争不过已占领武汉市场多年的东西湖啤酒而再次败走麦城。

“中德”的产品策略 “中德”啤酒作为中德合资的产物，其产品质量曾经相当好，在德国专家的技术指导下，产品质量达到德国公司的水准和要求。但是由于过分强调其独有的口味，难以满足一般中国大众的要求。“中德”啤酒主要是12°Beer，酒精度≥3.8%。这种口味的啤酒尽管入口时口感甚好，但对中国的一般消费者而言，尤其是习惯了淡口味的国人来讲，普遍反映难以接受。就武汉市场而言，东西湖啤酒厂生产的“行吟阁”啤酒主要是10° Beer，酒精度≥2.9%。面对“行吟阁”的竞争，普通大众对“中德”的排斥也就在情理之中了。

从产品的包装策略上讲，“中德”使用的是特制的“中德”啤酒瓶，并规定只有特制的“中德”啤酒瓶才能换购到“中德”啤酒。这种特制的包装可能一是为了突出“中德”啤酒的特色和形象，二是为了防止假冒。但对普通消费者而言，这种复杂和近于苛刻的要求，使竞争的天平一下子更有利于竞争者。

“中德”的价格策略 由于定位及质量、包装的特点，“中德”啤酒在价格上也就高于竞争品牌。在武汉市场上，“行吟阁”啤酒在1990～1991年期间为每瓶0.80元，同时“中德”为1.10元。后来调价后，“行吟阁”为1元左右，而“中德”则为1.40～1.50元。尽管每瓶啤酒价格似乎差别不大，但对工薪阶层而言，尤其是在炎热的夏季，每天喝2～3瓶啤酒，就要多花1元左右。这对当时月收入普遍在200～300元左右的人来讲，也不能不是一个值得考虑的问题。这样无疑也使“中德”在价格竞争中处于劣势。

“中德”的分销和促销策略 在分销渠道的选择上，“中德”主要通过大中型宾馆和饭店销售，也通过一些批发网点和零售店分销。这种销售渠道最初获得了一定的成效，尤其是大中型宾馆、饭店的销售。但对啤酒这样一种大众消费品而言，分销网络的过于狭窄恐怕于产品是十分有害的。相对来讲，东西湖啤酒厂则在武汉市场实行普遍分销，广泛设立分销中心或批发部，使整个武汉市场完全被“行吟阁”覆盖。

在促销手段上，“中德”啤酒的广告主要面向涉外宾馆和高中档饭店，广告主题也主要宣传其独特的口味和质量。因此，在媒体选择和广告主题方面和大众消费的要求也相去甚远，这也是构成“中德”衰败的重要原因之一。

当然，“中德”之所以从一个兴旺的中外合资企业演变成为一个被收购的对象，除了以上的“失误”外，地方政府对合资企业的政策、管理、技术引进方面的失误，以及企业管理、质量管理水平、意识的落后等，也都是重要的原因。这些值得我们在今后引进外资、合作经营中注意。

（资料来源：http://share.yoao.com/download.asp? id=18384）

2. 案例分析

① 目标市场营销中一个重要内容就是目标市场定位。一般来说，一个细分市场要能成为理想的市场，必须具备以下条件。第一，该市场应具有一定的购买力。第二，该市场有一定的尚未满足的需求，竞争对手不至于完全占领该市场。第三，本企业在某些方面具有一定的优势，有能力进入该市场。第四，企业进入后应有一定的盈利能力。选择目标市场应处理

好诸如市场面的多少与大小、重点市场和一般市场、国内市场和国外市场、当前市场和长远市场等几个关系。

② 营销组合是公司用来从目标市场寻求其营销目标的一套营销工具。美国著名咨询公司麦肯锡将营销组合的变量概括为4类，称之为“4P”，即产品、价格、渠道和促销。其中，产品为最基本的工具。

任何企业在运用市场营销策略组合时，都不可能对所有策略平均使用资源。它们往往是突出策略组合中某一个或两个因素，兼顾其他因素。

3. 思考·讨论·训练

① 请用你自己的观点评价“中德”公司营销的失败之处。

② 如果想重振“中德”昔日雄风，你认为公司应如何策划营销方案？

三、理论知识

1. 市场营销战略与消费者行为

BIC公司在超级市场和连锁店具有强大的分销优势。利用这一优势，它推出了标价5美元的小瓶香水。这种香水购买和使用均十分方便，然而销售结果却令人沮丧。开发这一产品所耗费的1100万美元的投资，几乎血本无归。诚如一位专家在评估这一亏损项目时所指出的：“香水属于情感性售卖品，并非方便品和效用品，新产品包装缺乏女性色彩和魅力，看起来像打火机。”

市场营销战略是企业用以实现其市场营销目标的基本方法，是企业可以遵循的营销活动的总纲领，包括目标市场、产品定位、市场营销组合和市场营销费用水平等主要内容。它是整个企业战略的一个有机组成部分。它必须能预见到企业的优势、劣势、实施战略的可能性和风险性。

制定选择最佳的市场营销策略组合（涉及产品、分销、促销、价格和服务等重要因素），是战略计划的核心内容。一个企业在制定市场营销战略过程中，市场营销策略组合必须服从于企业营销战略。需要指出的是，任何企业在运用市场营销策略组合时，都不可能对所有策略平均使用资源。它们往往是突出策略组合中某一个或两个因素，兼顾其他因素。例如，一家仪器制造厂可能特别强调它的产品技术先进，而主要是以定价策略作为自己的竞争手段。因此，一个企业在营销战略中突出什么策略，兼顾什么策略，要根据企业内外环境做出抉择，这就是营销战略需要讨论的核心内容。以此为核心，还要制定市场细分策略、目标市场策略、市场定位策略、进入市场方法策略和进入市场时机策略。

为了在竞争激烈的环境中求得生存，企业必须比竞争者更多地为目标客户提供价值。对顾客而言，价值是其从整体产品中获得的各项利益扣除各种获取费用后的余额。例如，拥有一辆汽车，会带来一系列的利益，这些利益包括交通上的便利和弹性、形象、地位、喜悦、舒适等。然而，为获得这些利益，需要支付购置费、汽油费、保险费、保养与停车费，还要承受由于车祸而受伤的风险，以及环境污染、交通堵塞等一系列困扰。

为消费者提供超额价值，要求企业在预测消费者需求和对消费者的反应上比竞争者做得更好。如图2-4所示，了解消费者是形成市场营销战略的基础。消费者对营销战略的反应决定了企业的成败。与此同时，这些反应也决定了消费者的需要是否得到了满足，并对整个社会产生极大影响。

市场营销战略就概念上看是相当简单的。它始于对市场的分析。为此，需要对企业的能

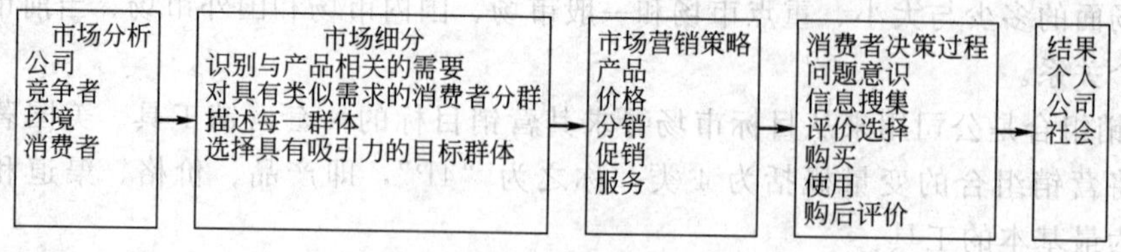

图 2-4 市场营销战略与消费者行为

力，竞争者的优势、劣势，影响市场的经济与技术力量，以及现在和潜在的消费者做深入、详尽的剖析。

依据对消费者的分析，企业得以识别具有类似需求的消费群体和对市场进行细分。然后，企业可按照人口的统计特征、媒体偏好、地域范围等对这些细分市场的特征予以描述。企业根据自身实力及其与竞争对手的比较，选定一个或几个目标市场。

接下来，再形成具体的营销策略。营销策略的核心是较竞争者提供更有价值的产品与服务，同时使公司获利。市场营销策略涉及众多方面，包括确定产品特征、定价、沟通、分销和服务。所有与之相关的特性组合起来，就构成了所谓的整体产品。整体产品被呈现给目标顾客，以提高其生活水准或工作绩效。

就公司而言，目标市场对整体产品的反应，会导致一种公司或产品形象的形成，会决定销售水平以及消费者满意水平。有效的营销人员追求满意的顾客而不仅仅是销售，因为从长期看，使顾客满意将获得更高的利润。从个人角度看，购买过程会导致某种程度的需要满足，还会引起财务支出、态度和行为的形成与改变。从社会角度看，市场营销过程所产生的累积效应，影响经济增长、环境变化，还将提供社会利益和带来社会问题。如吸烟、酗酒会导致疾病，改善营养和提高教育水准会增进社会利益。营销对个人和社会的影响并不总是正面的，因此，消费者行为知识的发展、运用有可能引发伦理问题。

应当强调的是，消费者行为分析是形成市场营销策略的基础，消费者对整体产品的反应决定这些策略的成败。

2. 市场营销组合策略

所有营销战略和战术都或明示或暗示地建立在某些消费者行为信念的基础上。建立在明确假设和坚实理论与研究基础上的决策，较之于单纯的直觉型决策，具有更大的成功可能性。深入了解消费者，对于确立竞争优势十分关键，因为它有助于减少一些决策性失误。

对每一选取的目标市场，都应分别制定营销战略。消费者价值在很大程度上是由营销战略所决定的。所以，公司在评估潜在目标市场时，应当发展一般的营销战略。

市场营销战略主要回答这样一个问题：我们如何为目标市场提供较竞争品优越的消费者价值？为此，需要企业形成一套一致的营销组合计划。所谓营销组合，是指产品、定价、分销、沟通、服务的相互搭配，是营销组合各因素的相互整合，决定企业提供的整体产品或服务在多大程度上满足消费者需要以及它们的价值大小。

(1) 产品　产品是消费者获得和用以满足其需要的任何东西。消费者所购买的或追求的是需要的满足，而不是具体形态的物质特性。消费者购买 1/4 英寸的电钻，并不是为了获得电钻及其部件本身，而是为了获得 1/4 英寸的孔眼。联邦快递公司丧失了很多当夜抵达的邮政业务，并不是由于其竞争对手做得更优越所致，而是传真机、互联网迅速发展引起的必然结果。因为传真机、互联网能以更快捷、便宜的方式满足同一类需要。

我们使用产品一词，专指物质产品或核心服务。例如，小汽车是一种产品。同样，将顾客从一地运送到另一个地方（如提供出租车服务），也是一种产品。每年，美国的超级市场中会增加 15000 种新的或改进型产品。很明显，其中很多产品将以失败告终。要获得成功，产品必须能较竞争品更好地满足目标市场的需要。

使产品较竞争品更优越，并不是一件容易的事情。为少数顾客提供专门化产品，将使产品特征更接近顾客的需要，然而这可能增加成本。因为一般来说，大规模生产一种型号的产品，成本将会低得多，所以，营销人员必须在为顾客提供多种多样的定制化产品和由此带来的成本增加之间做出平衡取舍。

（2）定价　价格是消费者为获得拥有、使用产品的权利而必须支付的金钱数量。消费者可以拥有一件产品，也可以仅仅拥有产品的使用权，如租用一件产品。经济学家常常假定，同一产品价格较低时较价格较高时销售更多。然而，价格有时被作为品质信号，产品定价太低，会被认为品质一般或品质很低。高价位产品还提供关于购买者的信息，即表明购买者有能力消费价格昂贵的产品。对于某些消费者，这是一种希望拥有的产品特征。所以，确定产品价格，必须了解价格所起的象征性作用。

应当指出，产品价格并不等于消费者为拥有产品所付出的成本。后者是指消费者为拥有和使用产品所带来的全部利益而发生的所有支出。如拥有一辆小汽车，除了购买时支付的购置费外，还有很多其他的费用，如保险费、燃料费、保养费、牌照费、停车费，以及购车所付出的时间、精力等。要在企业收益不变的条件下，使产品对消费者具有更大价值，途径之一是降低产品的“非价格”成本。

（3）分销　分销实际上是让顾客在需要的时候能买到产品，它对企业的经营成败至关重要。绝大多数情况下，消费者不愿为获得某一特定品牌而伤神费力。很明显，有效的渠道决策应建立在掌握消费者在何处购买的知识的基础上。

（4）沟通　包括广告、人员分销、公共关系、包装以及企业提供的关于它自身及其产品的其他信号。有效的沟通战略需要回答如下一系列问题。

① 与谁沟通？虽然大多数情况下，信息传播主要面向目标顾客，但也有一些信息是面向渠道成员，或面向那些对目标顾客购买行为有影响的人员。例如，在购买婴儿尿布和其他婴儿护理品时，很多消费者从儿科护士那里寻求建议。营销这一类产品的企业直接与这些护士沟通可能是一种明智之举。

通常，企业还需要决定在目标市场内谁应当获得所传递的信息。对于小孩食用的早餐麦片，沟通对象到底是小孩，还是其父母，或者两者都应作为沟通对象？此问题的答案，恐怕会因市场、国别不同而异。

② 我们希望沟通对目标受众产生何种影响？经理们常常认为，广告和其他营销沟通的目的就是为了增加销售。虽然这是最终的目标，但对于大多数沟通活动，其行动目标可能并不局限于此。比如，沟通的目标可能是让受众了解产品，刺激受众搜寻更多与产品有关的信息，让其喜欢该产品，或者让其向他人推荐该产品，在购买该产品后对产品产生好感等。

③ 什么样的信息更有助于获得企业所希望的沟通效果？信息沟通中应使用哪些词句、图片或符号，以吸引受众的注意并产生希望的结果？传播的营销信息可以是纯粹的事实陈述，也可以是完全象征性的内容。决定用何种方式表达信息内容应因时因地制宜。发展起有

效的信息，一方面应深入了解目标受众对信息载体（即词句、符号）所赋予的含义，也就是受众如何理解这些词句和符号，另一方面还应把握受众的感知过程。

④ 采用何种沟通方式和媒体？是否使用人员推销方式传递信息？能否依赖包装传递信息，或者仅仅借助互联网由顾客主动找到我们？如果在大众媒体上做广告，应采用何种具体的媒体工具并在何种节目时段播出广告内容？回答这些问题，需要对媒体本身及消费者媒体使用习惯进行了解，同时还要了解不同媒体对产品形象所产生的影响。

⑤ 什么时候与受众沟通？我们应集中在购买决策即将做出之前进行营销沟通，抑或按周、月、年平均分配沟通力量？消费者会在购买前的短时期内主动搜集信息吗？如果是，从哪里搜集呢？回答这类问题，则需要掌握消费者购买特定产品所采用的具体程序。

（5）服务 这里的"服务"主要是指为主产品或核心服务配套的一些辅助活动。这些辅助活动有助于提高主产品或核心服务的价值。比如，我们把修车看成是一种主产品或核心服务，而将修好的车送到顾客家里则是一种辅助服务。

很多教科书没有将服务列入营销组合之内，本书则将其视为其中一个有机部分，原因在于服务在决定产品市场份额和产品相对价格方面具有关键作用。企业如果不能提供有效的辅助服务，在竞争中会处于劣势。

提供辅助服务需要消费者为此付费。关键之处是企业应提供哪些确实能为目标顾客带来价值的辅助服务。如果辅助服务不为消费者所看重，那么只会徒增成本，最终导致销售额的下降。

四、小结

市场营销战略是企业用以实现其市场营销目标的基本方法，是企业可以遵循的营销活动的总纲领，包括目标市场、产品定位、市场营销组合和市场营销费用水平等主要内容。它是整个企业战略的一个有机组成部分。其中，制定选择最佳的市场营销策略组合（涉及产品、分销、促销、价格和服务等重要因素），是战略计划的核心内容。营销策略组合的核心是较竞争者提供更有价值的产品与服务，同时使公司获利。消费者行为分析是形成市场营销策略的基础。消费者对整体产品的反应，决定这些策略的成败。

五、复习思考题

1. 什么是市场营销战略？
2. 什么是整体产品？
3. 什么是市场营销组合？
4. 有效的沟通策略有哪些要求？
5. 什么是价格？对消费者而言，产品价格与产品成本有何不同？
6. 课文中服务是如何界定的？

六、实训

1. 案例分析

Miss Li 的圣诞营销术

圣诞节和元旦快到了，许多商家自然不会放过节日促销的机会，特别是圣诞节，由于该节日在国内开始焕发青春，对青少年消费群越来越有吸引力，与圣诞及爱情有关的商品、餐饮特别好销，于是随着圣诞节日子临近，市面上圣诞气氛也一天比一天浓。李小姐去年圣诞节期间在自己那间地处闹市的小小精品店专门摆卖圣诞礼品，但收益平平，许多顾客随便看看就转到附近的大型超市去买了，因为超市同类的货品更多，选择的余地更大。今年，李小姐决定改变策略。

首先，在进货上专挑新奇、另类的，力求人无我有，其中不少是请人按自己的设计理念用手工做的，如圣诞挂件、小摆设、圣诞画、贺卡、圣诞真树盆景、唐装圣诞老人和本地校服雪人公仔等，甚至一些T恤、童服、帽子都打上自己的圣诞“烙印”，而且所有的货品都是限量版，不求卖得多，只求回报高。

其次，可以拿包括在其他地方买的圣诞商品加一点钱来换购店里任何一种货品，无论节前节后都可以。许多商店都不搞圣诞商品回收，李小姐这样做等于变相拉客，因为她赚的利润大都已包含在加的那点钱里面了。譬如拿一件回购价10元的旧圣诞商品换购李小姐标价20元的新货品，顾客只需付10元，也不好意思怎样讨价还价了。而实际上，平时牙尖嘴利的顾客哪怕将价打到10元李小姐仍有钱赚，因为它的进价只是8元。而回购进来的东西，清洁一下，优化组合一下，再标个低价，又是一件颇具吸引力的商品。实在不行，打包卖给收破烂的也有利可图，送给姐姐开的幼儿园亦是善举。

眼下李小姐已开始实施她的圣诞营销策略，从店里比平时热闹的场面和她自信的笑容上看，她今年圣诞的收益一定会比去年好得多。

（资料来源：http://www.3000mw.com/duanpianwenxue/9427.html）

思考和训练

① 李小姐采用了哪种促销手段与大商场竞争？

② 李小姐将来的营销需要注意什么？

（参考答案 李小姐主要采取了换购方式进行促销，来与大商场竞争，增加知名度，吸引更多客人。李小姐将来只要注意做好顾客忠诚度的培养，小店的生意便会越来越好，小店做成大店大公司也不出奇。）

2. 技能训练

访问一家家庭或个人用品公司的市场营销经理，弄清该经理是如何制定市场营销战略的。将其战略制定过程与课文中描述的方法作比较。

项目3 影响消费者行为的内部因素

模块10 影响消费者行为的知觉因素

一、教学目标

1. 能力目标

能运用知觉及其在市场营销中的应用等相关资料，分析解决消费者心理和行为问题。

2. 知识目标

了解知觉的概念、知觉的种类。掌握知觉的特征、知觉在市场营销中的应用。

3. 素质目标

完成任务的态度；知识应用能力；信息搜集处理能力；理解、分析、表达能力；交流沟通能力；与人合作能力；自学能力；解决问题能力；应变能力；组织能力；敬业精神。

二、案例

1. 案例介绍

品牌名与标识发展

虽然莎士比亚说过“玫瑰换个名字花香依旧”，但营销人员并不这么认为。如一种饮料中放的是 Nutra Sweet，另一种饮料中放的是 aspartame（后者是前者的学名），你更愿意喝哪一种？对消费者来说，同样的食物换一个品牌或叫法口味可能并不一样。

品牌名对消费产品和工业产品同样重要。毫无生气的“RC601”被更名为含义丰富的“速成金属”。结果，这种在旧的营销方法下预计销售额仅为 32 万美元的商品，骤然跃升到 220 万美元。

诸如“起名实验室”（Name Lab）之类的公司聘请语言学家或运用计算机为产品创造具有合适含义的名字。例如，“起名实验室”为一种原先叫“盖特威”（Gateway）的便携式电脑起名叫“康柏”（Compaq）。“起名实验室”为公司或产品命名时重点关注构成名字的各部分相互作用所产生的整体含义。例如 Compaq（康柏），com 指电脑（computer）、交流（communications），而 paq 则是小巧的意思。这一别出心裁的名字立即吸引了人们的注意并给人以“科学”的印象。通常，具有相关和确定形象的具体词汇如 Mustang、Apple、或者 Cup-a-Soup 相对于抽象的词容易被识别和记忆。然而，字母与数字的组合构成的品牌名对于诸如技术和化工之类产品则是非常有效的。

（资料来源：http：//share. yoao. com/download. asp? id＝32296）

2. 案例分析

研究表明，语言会影响人们对书面信息的理解和记忆。消费者往往根据以往的知识经验来理解它们，对感知到的刺激物进行加工处理，归入一定的对象类别中，并形成一定的概念。知觉的这种特性就是知觉的理解性。

知觉的理解性不仅受知识经验的影响，而且也受言语的制约。在知觉刺激物的特征不大明显时，品牌名与标识能起到画龙点睛的作用。

因此，商品的品牌名会影响消费者如何理解商品特征，可以加深对商品的理解和记忆。

3. 思考·讨论·训练

你对“语言会影响人们对书面信息的理解和记忆”是怎样理解的？

三、理论知识

1. 知觉的性质

可以使用一种目光跟踪仪器来检测对广告的注意程度。通过这种方法，研究人员可以发现刺激物被观看的时间、观看的先后顺序以及个体在每一组成部分所花费的时间。

RCA在为其“Colortrack”牌电视机做的电视广告中用了一位漂亮模特。这一模特衣着保守。目光跟踪仪显示观众注视这个广告的时间相当长。72小时以后，仍有36%的观众记住了这一品牌。与此对照的是一则相似产品的广告。广告中使用了一位衣着暴露的性感女郎。目光跟踪仪器显示此广告也相当引人注意，但观众只顾看那位性感模特了，72小时以后的品牌记忆率只有9%。

(1) 知觉的概念　知觉是人脑对直接作用于人的感官的客观事物整体属性的反映。它是在感觉的基础上，把感觉的材料加以综合整理，从而形成对事物的完整映像和观念。知觉不是感觉在数量上的简单相加，而是建立在各个个别属性内在联系基础上的对事物的完整映像。

例如，有某一物体，人用眼睛看，有一定大小和圆圆的形状，绿中透点红的颜色；用手触摸，其表皮光滑，有一定的硬度；用鼻子嗅闻，有清香的水果气味；用嘴舌品尝是酸甜的滋味……于是，人脑便把这些属性综合起来，形成对该事物整体的形象，并知道它是“苹果”。这种对苹果的反映就是知觉。在正常的成人身上，纯粹的感觉形式是少见的，多数是以感知的形式出现的。

感觉和知觉的关系。①两者的联系。知觉是在感觉的基础上产生的，它们都是人脑对客观事物的直接反映，即感性认识，而且常常交织在一起。②两者的区别。感觉是人脑对客观事物个别属性的反映，知觉是人脑对客观事物整体属性的反映；经验在感觉与知觉活动中起的作用不同。人的感觉有无经验作用均能产生，只要客观事物直接作用于人脑，有经验作用能使感受性更加敏锐。而经验是产生知觉不可缺少的条件。知觉不是感觉数量上的简单相加。它是以感觉为基础，在知识经验的参与下，经过人脑加工，对事物加以感性理解和解释的过程。如果没有知识经验的作用，就不可能有对客观事物整体形象的知觉。如前面讲过人凭经验能判断是苹果。再如，人凭借经验用鼻子嗅，就能把汽油、煤油、酒精等区别开来，并能判断它是什么液体。盲人摸象没有经验，只能产生感觉。所以，经验是产生知觉必不可少的条件。它能帮助人区别不同事物和事物的不同属性，从而能正确地认识和理解事物。

知觉是在知识经验的参与下，对感觉到的信息加以加工解释的过程。

信息处理是刺激物被感知、被转化成信息并被存储的一系列活动。图3-1说明了一个由四个阶段构成的常见信息处理模型。这四个阶段分别为：展露、关注、解释和记忆，其中前

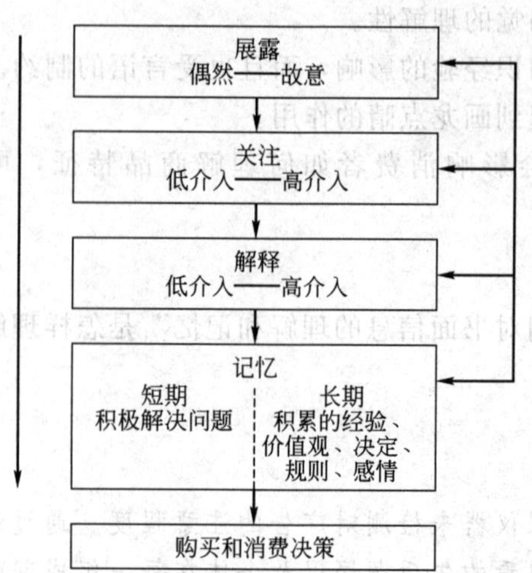

图 3-1 消费者决策过程中的信息处理模型

三个阶段即构成了感知过程。

展露（exposure）发生在刺激物（如广告牌）出现在人的感官接收神经（如视觉神经）范围内时。关注（attention）是接收神经将感觉信息传递到大脑进行处理的过程。解释（interpretation）是对接收到的感觉赋予意思或意义。记忆（memory）是对刺激物的意思在短期内予以运用（如立即做出决定）或将其长期保留。

图 3-1 及以上的讨论展示了展露到记忆的线性流程。然而，这些步骤实际上是同时进行的，并相互作用。也就是说，我们的记忆会作用于展现在我们面前的信息，也会对我们的注意力以及我们如何解释这些信息产生影响。同时，在接收信息过程中记忆也逐步形成。

（2）知觉的种类

① 根据知觉反映的客观事物的特性不同，可分为空间知觉、时间知觉和运动知觉。

空间知觉即指物体的空间特性在人脑中的反映，包括形状知觉（物体的形状）、大小知觉（能知觉物体的大小）、深度知觉（物体的厚度及物体与我们的距离）、方位知觉（是对物体所处方向位置的知觉，如东西方向以日出和日落来判断，左右以人体为参照系来判断，南北以地磁两极来判断等）等。

时间知觉是对客观事物时间关系，即事物运动的速度、延续和顺序性的反映。时间知觉受许多心理因素的影响，如情绪因素的影响。未来将要发生的事件，如果是愉快的事情，则觉得时间过得慢，而不愉快的事情则觉得时间过得快。正在经历的事件，愉快有趣过得快，无趣过得慢。

运动知觉指对物体空间位移的知觉。例如，人走动；静止的物体，因周围其他物体的运动，而看上去好像也在运动。

② 根据分析器不同，简单地可分为视知觉、听知觉、触摸知觉、味知觉、嗅知觉等。（反射弧包括感受器、传入神经、神经中枢、传出神经、效应器。其中，感受器、传入神经和神经中枢叫分析器。知觉的生理机制是多种分析器的协同活动。）

（3）知觉的特征

① 知觉的整体性。人总是把每一对象的各个部分、各种属性作为一个统一的整体来进行知觉的，这种特性叫知觉的整体性。如消费者总是把商品的商标、价格、质量、款式、包

装等综合在一起，构成对商品的整体印象，并对消费者的购买行为产生直接影响。人的知觉活动有时先知觉整体，后反映个别部分。如顾客选购商品时，先整体知觉它，然后再反映细节。整体与部分是相互依存、辩证统一的关系。

② 知觉的理解性。人在知觉时，总是力求用已有的知识经验来理解当前知觉的对象，并用词（概念）的形式把它表示出来。知觉的这种特性叫做知觉的理解性。理解有助于人们整体地知觉事物，反映在消费者购买行为上是对各种感觉到的信息加以选择地理解，即理解也有利于知觉的选择性。

这一特征是通过人们在知觉过程中的思维活动而实现的。在知觉的时候，客观事物的各种属性和各个部分不一定同时产生影响，只是由于过去经验的帮助，人们根据知觉对象提供的线索，提出假设，检验假设，最后做出合理的解释。当知觉的对象是我们熟悉的事物时，人们对对象的理解往往采取压缩的形式，知觉者给对象命名，把它纳入一定的范畴之内。比如这是奥迪 A6，那是三角形等。

③ 知觉的选择性。人在知觉时，只能把少数对象优先地区分出来，知觉的比较清晰完整，而对其周围环境事物只是当成背景形成模糊的感觉，知觉的这种特性叫做知觉的选择性。如消防车、救护车的灯一闪一闪，就是利用知觉的选择性原理。再如，消费者购物只重视款式，忽略质量和价格。又如，商品陈列、店堂设计时突出某一商品和部位会使消费者清楚感知。这些都是利用知觉的选择性原理。

④ 知觉的恒常性。当知觉的对象没有发生变化，而知觉的条件在一定范围内有所改变时，人的知觉映像仍然保持相对不变，知觉的这种特性叫做知觉的恒常性。如强光照射煤块的亮度远远大于黄昏时粉笔的亮度，但我们仍然把强光下的煤块知觉为黑色，把黄昏时的粉笔知觉为白色。又如，远处站着一个熟人，虽然距离较远，但你仍然知道他的高矮。再如，有些传统商品、名牌商品之所以能长期受到顾客的欢迎，就是知觉恒常性在起作用。知觉恒常性像定势一样有时对新产品的推广起着阻碍作用，但是可以利用名品商品带动其他商品销售或以老商品的销售带动新产品的销售（放在一个包装内或在一起陈列）。

⑤ 知觉的误差性（错觉）。错觉是人对客观事物的不正确的知觉或对客观事物产生歪曲反映的知觉。即知觉的对象与客观事物不相符。如有的人在线段长短上产生错觉。错觉反映在消费者购买行为上是不能准确无误地认知商品，看商品花了眼，但是如果商家巧妙地运用错觉，是可以促销的。此外，还有军事伪装、建筑设计、商品装潢、服装设计等，方方面面都要利用错觉原理。日常生活中，体型矮胖的人穿竖条的服装就是利用错觉来弥补自己的先天不足。

2. 知觉在市场营销中的应用

一项对商业性和非商业性电视传播的研究得出以下结论：

① 有相当比例的受众不能正确理解电视广告；

② 任何传播，无论是播送电视节目还是播放广告，均无法避免误解；

③ 总体信息平均有30%的部分被误解；

④ 非广告节目被误解程度比广告信息高；

⑤ 某些人口统计变量与误解有一定的关系。

营销经理和公关人员都希望消费者能正确理解广告信息，即按他人或专家认为何谓该信息的真实含义那样来理解信息。你可能会产生这样的疑惑：公众很难对大众传播信息产生一致认识或正确理解。多项研究表明你的担心是有道理的。

（1）知觉的选择性帮助消费者确定购买目标　消费者进入商店，面对琳琅满目的商品，会注意到一部分商品而对另一部分商品视而不见。这是知觉的选择性在起作用。知觉的选择性特征可以运用于商业设计。比如，在柜台布置中，为了突出名贵商品的价值，可以将商品背景衬以特殊的包装，强化顾客对商品的注意。

（2）利用知觉的整体性与理解性特征进行广告制作　知觉的整体性特征表明，具有整体形象的事物比局部的、支离破碎的事物更具吸引力和艺术性。因此，在图画广告中，把着眼点放在与商品有关的整体上比单纯把注意力集中在商品上，效果更为突出。例如，一幅宣传微型录放机的路牌图画广告，画面是一位健美的年轻姑娘，身着运动衫和牛仔裤，头戴耳机，腰间跨着小型录放机，骑在自行车上，两旁绿叶清风，微笑前行。这幅画面说明录放机与消费者生活密切联系，可减轻旅途疲劳，提高情趣，高雅不俗。这幅广告运用了知觉的理解性和整体性原理，比画上一个录放机，配上死板的文字说明效果好得多。

（3）通过错觉原理制定商品促销策略　商业企业在店堂装潢、橱窗设计、广告图案、商品包装、商品陈列、器具使用等方面，适当地利用消费者发生的错觉，进行巧妙的艺术设计，往往能达到一定的心理效果。比如，有人曾做过这样一个实验：他请 30 位被试者喝咖啡，每人都喝 4 杯，各杯浓度一样，只是 4 个杯子的颜色不同，分别为咖啡色、青色、黄色和红色。喝完咖啡后，要求被试者对咖啡的浓淡做出各自的评判。结果，有 2/3 的被试者都说红色、咖啡色杯子中的咖啡太浓，青色杯子中的太淡，只有黄色杯子中的咖啡浓度适中。据此，销售商便把咖啡店里的全部杯子改用黄色，以便更好地发挥颜色视觉的作用。又如，水果店货架背部安上镜子，使顾客对陈列的水果产生非常丰满的视错觉，从而诱发购买欲望。

（4）利用错觉原理提高营业员的商品推荐艺术　由错觉原理可知，明度高的色彩（如红色、黄色）有扩张感，而明度低的色彩（如灰色、蓝色和绿色）则有收缩感，两极相反的物体放在一起会相互突出。营业员在向消费者推荐服装类商品时，应学会运用人们产生错觉的心理状态，合理、科学地推荐，提高服务艺术。例如，向身材较矮胖的顾客推荐深色、竖条纹的服装，劝说脸型大而圆的顾客不要穿圆领口的服装，脖子长的顾客不要穿鸡心领或 V 字领服装等。这样，可获得顾客的信任和产生满意感。

四、小结

知觉是人脑对直接作用于人的感官的客观事物整体属性的反映。它是在感觉的基础上，把感觉的材料加以综合整理，从而形成对事物的完整映像和观念。知觉不是感觉在数量上的简单相加，而是建立在各个个别属性内在联系基础上的对事物的完整映像。

知觉是在知识经验的参与下，对感觉到的信息加以加工解释的过程。知觉从展露开始。展露发生于刺激物进入我们某个主要感觉接收系统之时。展现于我们感觉器官下的刺激物仅仅是所有刺激物中的一小部分，哪些刺激物被展露往往是“自我选择”的结果。

知觉有五个特征，即知觉的整体性、知觉的理解性、知觉的选择性、知觉的恒常性、知觉的误差性。营销者可以利用知觉的特征进行市场营销。

五、复习思考题

1. 什么是知觉？感觉和知觉的关系如何？
2. 知觉的特征？

3. 举例说明知觉在市场营销工作中的应用。

六、实训

1. 案例分析

古希腊艺妓弗丽娜

在古代希腊的传说和诗歌中，曾写到雅典执政官审判艺妓弗丽娜的场面。当弗丽娜披着长衣被带进大厅时，激愤的人群大嚷大叫："处死她！处死她！"严厉的法官已决定判她死刑。就在这时，弗丽娜的辩护人从她身上取下紫红色的长衣，法官和人群都惊呆了。在他们的眼前，是一位美妙绝伦的艺妓。于是，"神圣的形体发射出＼静谧清丽的光彩＼人群，一刹那前还在怒吼：'将这冷傲的艺妓处死！'＼倏忽间＼全都哑口无言＼沉醉于阿佛罗狄忒的庙宇"。

弗丽娜给人的第一印象，竟产生如此大的力量。它不但改变人的思想，而且还使人们超越了传统的准则，做出了出乎意料的决定。一个人到底美不美？陌生人和熟人可能会有不同的看法。麦迪逊威斯康星大学人类学系名誉研究员、伯明翰大学副教授凯文·尼芬与伯明翰大学的进化生物学家斯隆·威尔逊合写的一篇论文证明了这一点。

过去的研究确实表明，有些外形特征会一下子吸引陌生人。但是，这些研究却忽视了非外形因素，而恰恰是那些因素可能会随着时间的推移影响一个人在旁观者眼中的形象。

威尔逊说："在各种情况下，只有熟人才了解的非外形因素，比如这个人受大家爱戴和尊敬的程度以及他对集体目标的贡献等，对他在别人眼中是否有吸引力起到了很大的作用。"比如，运动队的队员在给彼此评分时，大家都认为一名平时总爱偷懒的队员很丑，而队长却很英俊，但陌生人从照片上看却认为这两个人同样英俊。而参加考古挖掘课的学生对彼此外在吸引力的看法也随着时间的推移发生了变化。

在这个杂志、电视和广告不停地以各种有关外在美的信息向人们"轰击"的世界，尼芬和威尔逊的研究指明了影响旁观者感知外在美的其他因素。尼芬说，他希望这些研究成果或许能帮助一些消费者重新考虑做美容手术的价值，特别是在这种手术有风险的情况下。在论文的结尾，这两位研究人员给出了这样一条"美丽"的提示："如果你想提高自己的外在吸引力，那就成为一名有价值的交往伙伴吧。"亚伯拉罕·林肯就是例子。

（资料来源：薛群慧主编. 旅游心理学. 天津：南开大学出版社，2008）

思考和训练　这个案例对市场营销有什么启示？

（参考答案　①案例中的艺妓弗丽娜有着"闭月羞花、沉鱼落雁"的美貌。这一美貌成为人们认知她的重要线索。于是，人们按照人际吸引规律"美的即好的"进行人际知觉判断，她不可能是罪孽深重的人，一定是误会。所以，出现了"人群，一刹那前还在怒吼：'将这冷傲的艺妓处死！'＼倏忽间＼全都哑口无言＼沉醉于阿佛罗狄忒的庙宇"的一幕。②在人际知觉中，素不相识的人见面时，人们互相间都是从外在形象的线索来认知对方的。一个人的服饰、容貌、举止等因素是双方评价对方的依据。这时，人们往往具有这样的心理倾向性，即"美的即好的”。然而，随着交往的深入，一个人美好的品质：善良、智慧、真诚、热情、乐于助人的特质，会让与他相识的人受益。相反，外表美好而具有恶毒、虚伪、自私、冷酷、懒惰等特质的人，会让他周围的人受到伤害。此时，“美的即好的”原则变为了“好的即美的”。内在美是更持久、更有吸引力的特质。③作为营销人员，不但要外在是美好的，而且内在的美好更重要。外在美与内在美兼具的营销人员最受人欢迎。④消除信息传播中误解的最好办法是让商品的内外品质相一致，让消费者体验。）

2. 技能训练

访问几家公司网址，找出一家较好地运用了知觉理论和一家违背了知觉理论的网站。说明你的选择理由。

模块 11　影响消费者行为的记忆因素

一、教学目标

1. 能力目标

能运用记忆和学习及其在市场营销中的应用等相关资料，分析解决消费者心理和行为问题。

2. 知识目标

掌握记忆和学习的性质及其在市场营销中的应用。

3. 素质目标

完成任务的态度；知识应用能力；信息搜集处理能力；理解、分析、表达能力；交流沟通能力；与人合作能力；自学能力；解决问题能力；应变能力；组织能力；敬业精神。

二、案例

1. 案例介绍

制冷市场假冒伪劣无孔不入

制冷315活动热火朝天的开展起来，一批批假冒伪劣产品被曝光。通过记者的调查采访发现，在制冷领域内遭遇假冒伪劣产品毒害的不仅仅只是终端消费者，其实部分经销商也遭遇过假冒伪劣的毒手。在采访中，湖南一知名制冷经销商告诉记者：在制冷领域内，假冒伪劣让很多人深恶痛绝。从事制冷产品经销多年，自己就遭受过浙江一家企业伪劣制冷剂产品的侵害。一般情况下，一些制冷剂企业为了谋取更多的利益，通常在分装产品上做文章。不管是消费者或者是经销商在选购相关制冷产品的时候，一定要擦亮眼睛采购合适的产品。

知名品牌和销量好的产品易遭遇假冒伪劣。制冷市场上假冒伪劣产品有很多，那么到底哪些产品和哪些品牌容易被假冒伪劣？通过制冷快报记者整理的数据发现，在制冷配件产品中假冒伪劣丹佛斯、艾柯等知名进口品牌的特别多，还有一些厂家会假冒国内知名制冷配件品牌的产品。而在制冷配件产品市场上电磁阀、四通阀等畅销种类被假冒伪劣最多。在制冷剂产品中杜邦、巨化等知名品牌被假冒伪劣多，至于种类上属于鱼目混杂，比如说：有的明明不是环保制冷，一定说是环保制冷剂；有的在产品分装时匹配的成分和正规厂家不一样；有的产品在分装时候重量有所减少；有的制冷剂产品在纯度上更是不达标等。在压缩机产品上比泽尔、艾默生谷轮产品的假冒伪劣产品最多，主要种类则集中在半封闭活塞式压缩机产品。通过调查记者发现，一般容易出现假冒伪劣的制冷产品，主要是知名品牌的产品，而市场上销量大的产品则是被假冒伪劣最猖獗的。因此消费者在采购这些产品的时候一定要留个心眼，仔细辨别真伪。

（资料来源：http://www.ntzlw.com/new_view.asp?id=3193）

2. 案例分析

刺激泛化是对相似的刺激做出相同的反应的一种学习方法。

刺激泛化还解释了为什么模仿的产品在市场上会成功，因为消费者将他们与在广告中见到的正宗产品混淆了。一些地方厂商尽量使产品的包装与国际名牌类似，他们希望消费者将他们的包装与国际大品牌的包装混淆，这样就会购买他们的产品。一些品牌名称非常有价值，因此，假冒相似包装的产品或以相似的分销方式销售的产品都导致真正名牌产品巨额销量的损失。

打击假冒伪劣并不是仅仅靠一方面的力量就可以的，需要多方面采取措施互相配合，才能够逐渐遏止假冒伪劣产品蔓延的趋势。主要可以从以下几个方面考虑：一是品牌厂家应该加大宣传力度，在产品的防伪上多下工夫，告知消费者如何辨别真伪；二是品牌厂家还应该告诉消费者使用正规产品的优势和好处以及使用劣质产品的危害，提高消费者的去伪存真意识；三是相关部门出台相关制冷市场规则，尤其在生产厂家以及经销商和分销商的管理上要加大规范力度，因为很多时候并不是终端消费者想购买假冒伪劣产品，而是消费者不知道哪个产品是真的；四是相关媒体可以多做相关辨别真伪宣传；五是消费者一定要多提升自己的辨别能力。

3. 思考·讨论·训练

① 假冒制冷产品冲击市场的成功是利用了消费者学习的什么特点？

② 如何打击假冒伪劣产品？

三、理论知识

1. 记忆的性质

短时记忆只有有限的信息与感觉存储能力。事实上，它并不像通常意义上的记忆，而更像计算机系统中的当前文件，是用来临时保存所分析、添加、改变的信息的。一旦信息处理完毕，重组形成的信息便被转移到其他的地方（如打印出来），或以更持久的方式被保存起来（如存入硬盘或软盘）。短时记忆与这一过程类似。个体在分析和解释信息时将信息暂时放在短时记忆中，然后可能把这些信息转移到别处（写到纸上或打印出来），也可能使这些信息进入长期记忆。

（1）记忆的概念　记忆是人脑对过去经历过的事物的反映。如过去感知过、体验过的事物在大脑中的反映就是记忆。具体地说，记忆就是人脑对感知过的事物、思考过的问题、体验过的情绪或情感、操作过的动作的反映。例如，从前见过的人，现在不在面前，我们仍能想起他的音容笑貌、言谈举止，当以后再见到他时，还能认出他来；我们在商店里反复感知过的某种商品，回家后能把它的形状、色彩、性能等描述出来，这些都是通过记忆来实现的。从信息加工的观点来看，记忆就是人脑对外界输入的信息（刺激过程）进行编码、储存和提取的过程。其中，信息的输入是刺激过程，编码和储存是记忆过程，提取（或叫放映）

是信息的输出过程。所以说，记忆在人的心理活动中起着极其重要的作用。有了记忆，人的感觉、知觉、思维等各种心理活动才能成为一个统一的过程。

记忆中所保留的映像就是人的经验。记忆主要以回忆和再认的方式表现出来。当你从商场回来向别人介绍所见所闻的商品或复诵曾听过的商业广告，就是回忆。在购物中，你从许多营业员中认出一个曾是过去相识的熟人，就是再认。人的记忆力十分惊人。据专家估计，人脑可容纳 10 的 15 次方比特的记忆单位。

（2）记忆的心理过程　也叫记忆的过程或记忆的基本环节。记忆一词，汉语准确揭示了其内涵，即先记后忆的过程。“记”指的是识记和保持。“忆”指的是回忆和再认。所以说，记忆的过程包括识记、保持、回忆和再认。其中，识记是基础和前提，保持是条件，回忆和再认是实现（记忆结果的表现），能进一步巩固和加强识记和保持。这四个环节是密切联系、相互制约的。没有识记，就没有经验的保持，也就不可能有经验过的事物的回忆和再认。

① 识记。识记是人脑识别客观事物并留下痕迹的过程。具体讲，识记就是反复感知和认识客观事物，并在头脑中留下印象。如顾客购买商品时，多方收集商品的信息，并反复查看商品，这就是识记。

② 保持。保持是把识记的事物存储在大脑中的过程。例如，顾客将在识记过程中了解到的有关商品的信息作为经验存储在头脑中即为保持。但是，随着时间的推移，存储的商品信息量有所减少，这就是遗忘。所以，与保持相对应的是遗忘。1885 年，德国心理学家艾宾浩斯（Ebbinghaus）发现了识记的规律，即遗忘规律：先快后慢。遗忘是对识记过的事物不能再认或回忆，或者表现出错误的再认或回忆。遗忘又分永久遗忘和暂时遗忘。如考试时暂时回忆不起来后又回忆起来了就是暂时遗忘。

③ 回忆。回忆是指识记过的事物不在面前时能把它重新呈现出来或回想起来。例如，顾客在选购商品时，往往将眼前的商品与自己曾经见过的商品或使用过的商品在头脑中进行比较，这就是回忆。

④ 再认。再认是指识记过的事物重新出现在面前时，能把它识别出来，再度出现时，能把它认出来。例如，多年不见的老朋友再度出现时，一眼就认出来；顾客在某商店见过某商品，当他到别的商店再见到该商品时，能很快地辨认出来。

（3）记忆的种类

① 根据记忆的内容不同，可分为形象记忆、逻辑记忆、情绪记忆和运动记忆。形象记忆是指以感知过的事物形象为内容的记忆。保持的是事物的特征。如看电影后对每一个人物言行的记忆；看见一辆新车，以后能想起该新车的样子等就是形象记忆。逻辑记忆是指以概念、判断、推理和逻辑思维过程为内容的记忆。保持的不是具体形象，而是事物的本质和意义。如对数学公式的记忆；对生命本质是什么的记忆；对广告内容的记忆等。逻辑记忆是通过语词进行的，具有高度的抽象性。情绪记忆是指以体验过的某种情绪或情感为内容的记忆。如我们对第一天上学时愉快心情的记忆；对第一次登上讲台时紧张情绪的记忆；对以前购买某种商品心情的记忆。情绪记忆往往是一次形成的，而且深刻，经久不忘。运动记忆是指以过去做过的运动或动作为内容的记忆。如对儿时打鸟和上树偷桃吃的记忆；对游泳时手脚配合方式的记忆；对做体操时一节连一节的衔接动作的记忆；对使用商品时先按那个钮后按那个钮的记忆。运动记忆一旦形成，保持的时间比较长。

② 根据记忆保持时间的长短可分为瞬时记忆、短时记忆和长时记忆。瞬时记忆：信息在头脑中保持的时间最多不超过 2 秒钟；信息容量小；信息存储是形象的，如果不注意很快

就消失，如果受到注意，就转到短时记忆。短时记忆：信息保持时间不超过1分钟；短时记忆内容经过复述，会转入长时记忆。长时记忆：信息保持时间在1分钟以上到若干年，甚至终生；信息容量很大，一般由短时记忆转来，也有一次获得的，如受到重大打击、受到强烈的刺激等。商业企业利用广告重复向消费者转播企业及商品信息，可以使消费者形成对企业形象及商品品牌的长时记忆。

信息由瞬时记忆进入短时记忆需要注意，由短时记忆进入长时记忆需要复述（复习）。

2. 记忆在市场营销中的应用

营销者对语义记忆（semantic memory）特别感兴趣，因为它代表我们对事物理解的最简单水平。

营销者感兴趣的另一类记忆是插曲式记忆（episodic memory）。它是对个人所参与事件的次序记忆，诸如第一次约会、毕业、学开车。对这些事件的记忆非常深刻，而且常常激发意象和情感。营销者经常试图激起消费者的插曲式记忆，有时是因为他们的产品与插曲中的事件有关，有时则是为了使事件记忆所激发的美好情感与其产品或品牌相联系。

（1）帮助顾客明确购买目的，促成顾客有意记忆　顾客的有意记忆是指顾客有明确的购买目的，主动收集商品的信息，运用一定方法记住这些信息的内容，当商品不在时，能比较清楚地回忆出来这些信息的内容。无意记忆是指顾客事先没有明确的购买目的，也不用任何有助于记忆的方法的记忆。实验证明，有意记忆比无意记忆效果好很多。根据这一规律，经营者应主动介绍宣传商品，帮助顾客明确购买目的，以形成顾客的有意记忆，促成购买。

（2）使信息内容通俗易懂，形成喜闻乐见的形式，增强顾客的记忆　实验表明，建立在理解基础上的意义识记记忆效果好，机械识记记忆效果差（高中阶段由机械识记向意义识记过渡）。因此，经营者应注意通过喜闻乐见的形式将信息传递出去，使顾客易于接受和理解，增强记忆，提高信息传递效果。

（3）吸引顾客积极参与各种活动，增强顾客记忆　运动记忆保持的时间比较长，记忆效果好。因此，经营者应注意采取一些措施吸引顾客积极地参与商品的使用活动，调动其积极性，以增强对商品的记忆。如让顾客进行实际操作（健身器）；让顾客品尝食品等。

（4）利用不同系列位置增强顾客的记忆　实验表明，识记对象在材料中的位置不同，记忆效果也不同或遗忘的情况有所不同。一般来讲，材料的中间部分容易忘记，首尾部分容易记住。因此，陈列商品时，广告播放时，报纸刊登信息时……都要利用不同系列位置增强顾客的记忆。

（5）增进与顾客的感情，增强顾客的记忆　情绪与情感是影响顾客记忆的因素之一。情绪处于愉快、兴奋、激动的状态中，记忆效果好，保持时间长。因此，经营者应为顾客提供积极、主动、热情、耐心、周到的服务，调动顾客的积极情感体验，增强顾客的记忆。

3. 学习的性质

下水道淤泥是市政当局通过向江海倾倒污水、处理下水道污物后存留下来的固体沉积物。随着人口的增加和反污染法规的强化，下水道淤泥的数量每年都在飞快地增长。

这种沉积物可以用做土壤改良剂、肥料和堆肥，经过一定的设备处理后，它就不会像过去那样对人体健康造成危害了。然而，市民仍频繁地反对将这种沉积物应用于耕地或其他土地。在一个民众团体阻止将下水道淤泥置于其镇子附近6000公顷土地的计划后，一位政府官员指出："我们似乎步入了一个盲区。看来，民众对下水道淤泥及其处理缺乏了解。"

为了应对由民众团体提出的此类问题，公用事业部门发起了公共关系活动，对公众进行下水道沉积物知识的教育。也就是说，由于他们相信有关的学习能导致行为上的改变，所以他们急切希望让公众获得更多关于下水道淤泥方面的信息。

消费者必须学习与作为消费者有关的所有方面——产品的存在、表现、可获性、价值、偏好等。营销管理者对消费者的学习很感兴趣。

在项目10中，我们将信息处理过程描述成刺激被感知、被转化为信息并被存储在头脑中的一系列活动。它包括暴露或展露、关注、解释和记忆。“学习”是用来描述有意识或无意识的信息处理导致记忆和行为改变这一过程。

学习是消费过程中不可缺少的一个环节。事实上，消费者的行为很大程度是后天习得的。人们通过学习而获得绝大部分的态度、价值观、品味、行为偏好、象征意义和感受力。诸如学校、宗教组织、家庭这样的社会组织以及文化与社会阶层，为人们提供各种学习体验。这些体验极大地影响着人们所追求的生活方式和所消费的产品。

一大批社会组织试图帮助消费者学习对待诸如种族歧视、环境保护、约会之类问题的“正确”态度和做法。营销人员花费相当大的力气确保消费者知晓其产品的存在及性质。事例证明，用有效的方式帮助消费者认识其产品的企业能够获得长期的竞争优势。

学习是指长期记忆和行为在内容或结构上的变化。学习是信息处理的结果。信息处理可能是在高介入状态下的有意识、有目的的活动，也可能是在低介入状态下的不集中的，甚至无意识的活动。

（1）高介入状态和低介入状态下的学习　学习可以发生在高介入或低介入状态下。高介入状态的学习是消费者有目的地、主动地处理和学习信息。例如，一个在购买计算机之前阅读《笔记本电脑指南》的人，可能有很大的驱策力去学习与各种品牌计算机有关的材料。低介入状态下的学习则是消费者没有多少推动力去主动处理和学习信息。如果在电视节目中插播消费者不常使用的产品广告，消费者就没有动力去学习广告中的信息。即使不是大多数，也有相当多消费者是在介入程度相对较低的状态下进行学习。遗憾的是，我们大多数的研究是在高介入状态的实验室环境下进行的，对于低介入状态的学习还缺乏全面的理解。

介入程度是个体、刺激和环境相互作用的结果。例如，一个对服装不感兴趣的人对服装广告也许只是一扫而过。然而，为了了解名人的穿着，消费者对某个名人做的服装广告也许会极感兴趣，对广告内容进行认真研究（高介入状态）。同样地，那些通常并不注意服装广告的消费者在准备购买新衣服时更关注有关服装方面的信息。

我们看到传播的内容与方式应视受众介入程度的不同而异。

介入程度的高低是决定信息如何被学习的主要因素。研究表明，操作条件反射、替代式学习与模仿和推理是高介入状态下常用的学习过程。而经典的条件反射、机械学习、替代式学习与模仿则更多地发生在低介入状态下。

（2）学习的类型　学习可分为两种基本类型：条件作用和认知学习。它涉及五种学习理论。

① 条件作用。条件作用是指建立在刺激（信息）和反应（行为或感觉）的联系基础上的学习。条件作用有两种形式——经典性条件反射和操作性条件反射。

a. 经典性条件反射。运用刺激和反应之间某种既定的关系，使人学会对不同刺激做出相同反应的过程叫经典性条件反射。图3-2说明了这种学习方式。

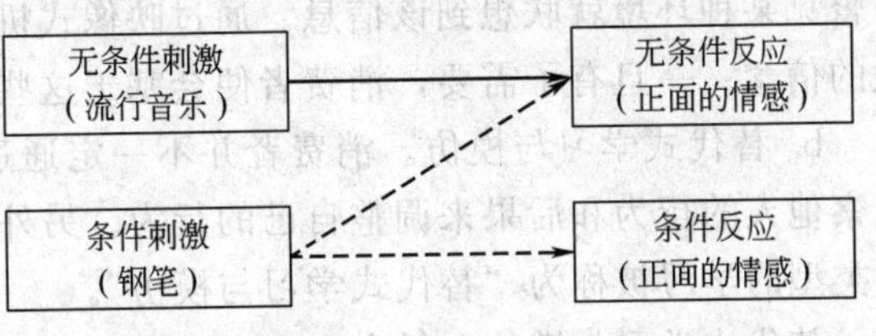

图 3-2 经典性作用条件下的消费者学习

流行音乐（无条件刺激）能引发许多人的正面情感（无条件反应）。如果这种音乐总是与某种品牌的钢笔或其他产品（条件刺激）同时出现，这种品牌本身也变得能引发正面情感（条件反应）了。

b. 操作性条件反射。操作性条件反射主要在强化物的功能和强化时间上与经典性条件反射相区别。

假设你是太平洋斯耐克斯爆米花小食品公司的产品经理。你深信你的产品口味清淡、松脆，消费者会喜欢。那么，你怎样影响他们，使他们“学习”并购买你的产品呢？有一个办法就是通过邮寄或在商业大街、商店里大量派发免费的试用品。

许多消费者会尝试这些免费试用品（期望的反应）。如果爆米花的味道确实不错（强化），消费者进一步购买的可能性便会增大。这一过程可从图 3-3 中显示出来。

应当指出，强化这一环节在操作性条件反射中要比在经典性条件反射中重要得多。因为在操作性条件反射中，没有自发的“刺激-反应”关系，必须先诱导主体（消费者）做出所期望的反应，再对这种诱致的反应进行强化。

正强化能增加再购买的可能性，负强化（惩罚）则会产生相反的效果。因此，对产品的一次不满意的购买经历会极大地减少再购买的可能性。这一点强调了保持产品质量稳定的重要性。

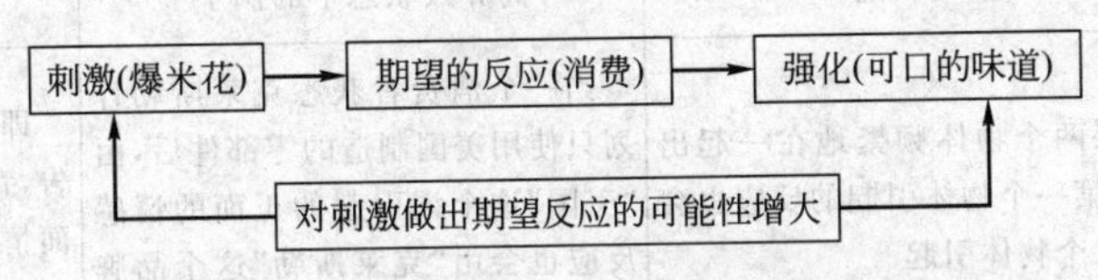

图 3-3 操作性条件作用下的消费者学习

中西部一家保险公司所做的一个试验显示了操作性条件反射的威力。将按月购买人寿保险的 2000 多名消费者随机分成 3 个组。其中两组在每月购买保险后收到公司感谢信或致谢电话的强化，另一组没有收到类似强化。6 个月后，前两组中只有 10% 的人终止购买保险，而后一组中有 23% 的人终止购买保险。强化（被感谢）导致了行为的继续（每月继续交保险费）。

② 认知学习。包括人们为解决问题或适应环境所进行的一切脑力活动。它涉及诸如观念、概念、态度、事实等方面的学习。这类学习有助于人们在没有直接经历和强化的条件下形成推理、解决问题和理解事物之间的各种关系。认知学习的范围从很简单的信息获取到复杂、创造性的解决问题。有三种认知学习形态对营销者很重要，包括映像式机械学习（即在没有条件作用和激励强化的情况下在无条件刺激之间形成联想）、替代式学习与模仿（通过想象结果或观察他人来学习）和推理。

a. 映像式机械学习。在没有条件作用的情况下，学习在两个或多个概念之间建立联想，叫做“映像式机械学习”。例如，一个人看到一则广告写着“Ketoprofin”是治头痛的药，并把“Ketoprofin”这个新概念与已有的“头痛药”联系起来。在这一过程中，既没有条件刺激，也没有直接的强化作为回报。

许多低介入主体的学习是映像式机械学习。一个简单信息的无数次重复可以导致消费者一瞥见某种环境就联想到该信息。通过映像式机械学习，消费者可以形成关于产品特征和属性的信念。一旦有了需要，消费者便会基于这些信念购买产品。

b. 替代式学习与模仿。消费者并不一定通过体验直接奖赏或惩罚来学习，而可以通过观察他人的行为和后果来调整自己的行为。另外，还可以运用想象预期行为的不同后果。这种类型的学习被称为“替代式学习与模仿”。

替代式学习与模仿在低介入和高介入状态下都经常发生。在诸如获得工作后购买新衣这类高介入状态下，消费者可能特意观察其他员工上班时的穿着，或观察其他环境下包括广告中的“榜样角色”的穿着。

在低介入状态下，模仿也大量发生。在整个生活过程中，我们都在观察别人如何使用产品、在各种具体情境下做出何种行为。多数情况下我们对这些行为不太在意。然而，随着时间的推移，我们会了解在特定情境下哪些行为和产品是合适的，哪些是不合适的。

c. 推理。认知学习最复杂的形式是推理。在推理中，个体对已有的信息和新信息进行重新构造和组合，以进行创造性思考。

学习理论有助我们理解消费者在各种情境下是如何学习的。我们已经考察了 5 种具体的学习理论：操作性条件反射、经典性条件反射、映像式机械学习、替代式学习与模仿、推理。这些学习方式无论在高介入还是低介入状态下，均能运用。表 3-1 总结了上述理论，并提供了高、低介入状态下的具体实例。

表 3-1　学习理论概览

理　论	描　述	高介入状态下的例子	低介入状态下的例子
经典性条件反射	如果两个物体频繁地在一起出现，由第一个物体引起的反应也会由第二个物体引起	当一个消费者获悉克莱斯勒计划只使用美国制造的零部件后，由“美国”这个词引起的正面的情感反应也会由“克莱斯勒”这个品牌名称引起	即使消费者并不注意某个广告，背景广告歌曲所引起的正面情感反应也会由广告的品牌名称引起
操作性条件反射	如果一种反应被给予强化，人会倾向于在以后遇到相同情况时重复做出这种反应	一个消费者买了一套西装，发现它不打皱，并因此受到周围人的称赞。于是，他在下一次购买运动服时也选择这一品牌	消费者未加思索就购买了一种较熟悉的豌豆，吃起来觉得“不错”。以后他就继续购买这种品牌的豌豆
映像式机械学习	在没有条件作用的情况下将两个或多个概念联系起来	一个慢跑爱好者仔细阅读了许多他所喜欢的鞋类广告，了解了各种品牌的跑步鞋	在从未真正“考虑”过苹果公司的广告或产品的情况下，一个消费者知道了苹果公司生产家用电脑
替代式学习与模仿	通过观察他人行为的结果或想象某种行为的结果来学习如何行动	在一个消费者准备买一件超短裙时，她先观察人们对她朋友穿的超短裙有什么反应	在从未真正“考虑”过的情况下，一个小孩知道了男人不穿裙子
推理	个体通过思考、重新构造和组合已有的信息，从而形成新的联想或概念	一个消费者认为碳酸氢钠可以除去冰箱里的异味。当他发现地毯有异味时，决定在地毯里放一些碳酸氢钠	消费者发现商店里没有黑胡椒了，决定买白胡椒代替

（3）学习的一般特点　学习的几个一般特点是与营销管理者有关并可能引起他们兴趣的。其中最重要的是学习强度、消退（或遗忘）、刺激泛化、刺激辨别和反应环境。

① 学习强度取决于四个因素：重要性、强化、重复和意象。重要性是消费者认为所学信息的价值。重要性越强，学习越有劲。强化是任何能增加某种反应在将来重复发生的事物。强化越多，学习越有力。重复是人们与信息相接触或对行为进行练习的次数。重复能增加学习的强度和速度。意象是概念激发清晰的心理形象的程度。高度形象化的概念更易于学习。

② 刺激泛化是指由某种刺激引起的反应可经由另一种不同但类似的刺激引起。例如，一个消费者知道纳贝斯克公司的奥利奥夹心饼干很好吃，便以为它的新产品奥利奥巧克力也很好吃，这种情况就是刺激泛化。营销者经常运用这一原理来进行品牌延伸。刺激泛化是对相似的刺激做出相同反应的一种学习方法。

③ 刺激辨别是与刺激泛化相对应的一种学习方法，是指对相似的刺激做出不同的反应。在某一点上，刺激泛化机能开始失灵，因为相似性越来越小的刺激都被同样对待。这时，必须对刺激做出区分，以使消费者对它们做出不同的反应。例如，拜耳（Bayer）阿司匹林与其他品牌的阿司匹林不同，为了发展品牌忠诚型消费者，必须教会消费者区分拜耳阿司匹林与其他品牌的阿司匹林。

④ 反应环境。影响信息提取能力的第一个因素是最初的学习强度。最初学习的强度越大，在需要的时候，提取相关信息的可能性就越大。第二个影响因素是回忆时所处的环境是否与最初的学习环境具有相似性。因此，在回忆时提供越多与当初学习该信息时相似的环境线索，回忆就越有效。

⑤ 消退，或称遗忘，也是营销管理者所感兴趣的。消退与最初学习的强度直接有关，同时也受持续重复的影响。

4. 学习在市场营销中的应用

李格特和梅尔斯（Liggett & Myers）的香烟市场份额从20%降到4%，这种下降看来主要是营销活动不足所导致的。正如一位主管所说的："自从公司远离广告和营销以来，很明显，人们很快便忘记了我们的产品。"

（1）利用经典性条件反射进行市场营销　例如，出现在杂志上的万塔基（Vantage）香烟广告多年以来便是一幅美丽的冬日雪景、品牌名称和香烟的包装盒。该广告的部分目的就是想将人们对户外风景的正面情感与该香烟品牌联系起来，以便增加人们喜爱该品牌的可能性。其他的市场营销应用包括：

① 不断地在令人兴奋的体育节目中宣传某种产品会使该产品本身令人兴奋；

② 一个不知名的政界候选人可以通过不断地在他或她的竞选广告或露面中现场播放具有爱国内容的背景音乐，激发人们的爱国激情；

③ 商店内播放圣诞音乐会激发给予和共享的情感反应，从而增加消费者的购买倾向。

（2）利用操作性条件反射进行市场营销　操作性条件反射经常需要实际试用产品。因此，营销策略的重点在于确保消费者对产品进行第一次尝试。免费试用（在商店派发或送上门）、新产品特别折价、有奖活动都是鼓励消费者试用某种产品或品牌的措施。一旦消费者试用了你的产品并喜爱它（强化），他们就很有可能在今后继续购买它。这种由部分反应到所期望的最终反应的过程（消费免费试用品、折价购买、全价购买）叫做"塑型"或"行为塑造"。

操作性条件反射被营销者广泛运用。最普遍的一种运用便是使产品质量保持一致，从而使消费者从产品使用中得到强化。其他运用包括：

① 在销售之后，通过信函、人员回访等形式祝贺购买者做出了明智的选择；

② 对光顾某一商店的购买者给予诸如商品赠券、折扣、奖励之类的“额外”强化；

③ 对购买特定品牌的消费者给予诸如折扣、小玩具、优惠券之类的“额外”强化；

④ 免费派送试用品或优惠券鼓励消费者试用产品；

⑤ 通过提供娱乐场所、空调设施、精美布置，使购物场所令人愉快（强化）。

（3）利用学习的一般特点进行市场营销　营销者要精确地确定“什么才能强化消费者的具体购买行为”。一是要让消费者重复购买，产品必须满足消费者所追求的目标；二是要诱导消费者做出第一次购买，促销信息必须保证恰当的强化，也就是保证产品会满足消费者的目标。

一家企业怎样在有限的预算范围内设置广告？回答取决于任务。在任何能够迅速传播产品知识的重要时期（如新产品推出时期），应该使用高频率（紧挨着）的重复。这被称为“脉冲”（Pulsing）。例如，政治候选人通常保留很大一块媒体预算，直到选举临近时才使用，通过最后阶段的“轰炸式”宣传以确保自己的优点广为人知。持续时间长一些的活动，如商店或品牌形象塑造，重复的间隔应该大一点。同样，为了强化和巩固现有品牌地位，所做的提醒性广告一般应该在整个年度或购买季内合理分布。在以上每种情况中，如果同时使用不同形式的广告，效果会更好。消费者经常抱怨广告重复，有些人甚至由于厌倦广告的过度重复而决定再也不买那个品牌的产品了。因此，营销者应该注意重复的度，在重复而同时避免在消费者中产生负面情绪之间保持微妙的平衡。过多的重复会导致人们拒绝接受该信息、对其做出负面评价或对其熟视无睹。

营销者可以采用多种刺激辨别方法，其中最显而易见的一种就是在广告中具体指出各种品牌的差别。这种差别可以是现实存在的，也可以是象征意义上的。产品本身也应在造型或设计上经常改变，以增加产品差别。例如，“柳普林”止痛药广告声称，两片“柳普林”疗效胜过“超强泰鲁诺”，但这一广告并没有为“柳普林”赢得市场份额。后来，“柳普林”广告强调药片的颜色（“小小的、黄黄的、不一样的、更好的”），从而使其迅速成为市场上增长最快的品牌。它的广告总监指出：“柳普林的黄色药品使它的优越性外在化，使人们注意到它的不同。”

根据实际情况，营销者可以做出两种选择：使学习环境接近回忆环境；使回忆环境接近学习环境。假设某企业在其口香糖电视广告中将一幅有趣的画面与该口香糖品牌的发音配对出现，以使消费者对该品牌产生正面情感（经典性条件反射），但是广告中没有清楚地显示该口香糖的包装和品牌字样。在购买环境中消费者面对的是满货架的各种口香糖包装盒，却听不到品牌名称的声音。此时，回忆环境很难激起消费者对产品的正面情感。因此，更好的广告策略是显示产品的包装画面，因为这恰好是消费者在做出购买决定时会遇到的场面。

四、小结

记忆是人脑对过去经历过的事物的反映。有了记忆，人的感觉、知觉、思维等各种心理活动才能成为一个统一的过程。记忆的基本环节包括识记、保持、回忆和再认。没有识记，就没有经验的保持，也就不可能有经验过的事物的回忆和再认。

运动记忆和情绪记忆比逻辑记忆效果好；信息由瞬时记忆进入短时记忆需要注意，由短时记忆进入长时记忆需要复述（复习）。营销者可利用此规律进行市场营销。

学习是指长期记忆和行为在内容或结构上的变化。学习是信息处理的结果。信息处理可能是在高介入状态下的有意识、有目的的活动，也可能是在低介入状态下的不集中的，甚至无意识的活动。学习可分为两种基本类型：条件作用和认知学习。

条件作用有两种形式——经典性条件反射和操作性条件反射。经典性条件反射是指运用某一刺激与某一反应之间的既有联系导致对别的刺激也做出同样反应的学习过程。

在操作性条件反射中，强化起着至关重要的作用。由于刺激和反应之间不存在自发的联系，主体必须被诱导做出期望的反应行为并被给予强化。

学习的认知方法包括个体为了解决问题、应对复杂情况或环境所进行的一切精神活动。它包括映像式机械学习（即在没有条件作用和激励强化的情况下在无条件刺激之间形成联想）、替代式学习与模仿（通过想象结果或观察他人来学习）和推理。

学习的强度取决于四个因素：重要性、强化、重复和意象。重要性是消费者认为所学信息的价值。重要性越强，学习越有劲。强化是任何能增加某种反应在将来重复发生的事物。强化越多，学习越有力。重复是人们与信息相接触或对行为进行练习的次数。重复能增加学习的强度和速度。意象是概念激发清晰的心理形象的程度。高度形象化的概念更易于学习。

刺激泛化是对相似的刺激做出相同反应的一种学习方法。刺激辨别是与刺激泛化相对应的一种学习方法，是指对相似的刺激做出不同的反应。消退，或称遗忘，也是营销管理者感兴趣的。消退与最初学习的强度直接有关，同时也受持续重复的影响。营销者可利用学习规律进行市场营销。

五、复习思考题

1. 什么是记忆？
2. 给出瞬时记忆、短时记忆和长时记忆的定义。
3. 记忆的心理过程是什么？
4. 什么是学习？
5. 认知学习是什么意思？它与条件作用这种学习方法有什么不同？
6. 区别经典性条件反射下的学习和操作性条件反射下的学习。
7. 什么是映像式机械学习？它与经典性条件反射有什么区别？与操作性条件反射呢？
8. 给出模仿的定义。
9. 哪些因素影响学习的强度？
10. 刺激泛化是什么意思？营销者什么时候运用它？

六、实训

1. 案例分析

艾宾浩斯曲线

德国心理学家艾宾浩斯（Hermann Ebbinghaus，1850～1909 年）让实验者记忆 100 个陌生单词。经过测试，得出了时间间隔与记忆量的关系，如表 3-2 所示。然后，艾宾浩斯又根据这些数据描绘出了一条曲线，这就是非常有名的揭示记忆规律的曲线——艾宾浩斯记忆曲线，如图 3-4 所示。这条曲线告诉人们学习中的记忆是有规律的，遗忘的进程很快，并且先快后慢。观察曲线，你会发现，学得的知识在一天后，如不抓紧复习，就只剩下原来的 25%。随着时间的推移，遗忘的速度减慢，遗忘的数量也就减少。

表 3-2 时间间隔与记忆量的关系

时间间隔	记忆量/%
刚刚记忆完毕	100
20min 后	58.2
1h 后	44.2
8～9h 后	35.8
1d 后	33.7
2d 后	27.8
6d 后	25.4
1 个月后	21.1

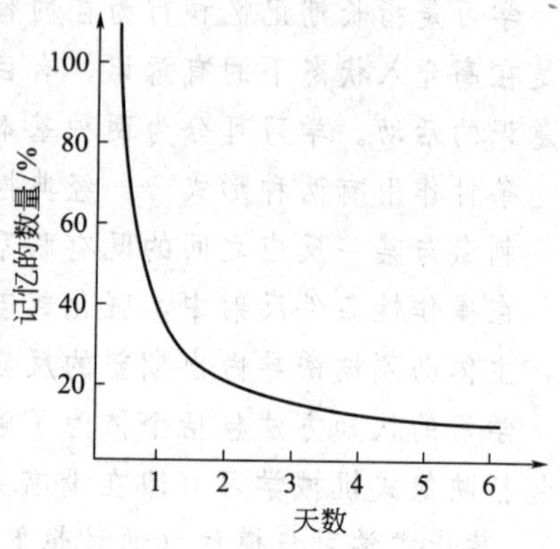

图 3-4 艾宾浩斯记忆曲线

（资料来源：臧良运主编．消费心理学．北京：电子工业出版社，2007）

思考和训练 艾宾浩斯记忆曲线对市场营销有何意义？

（参考答案 ①1885 年德国心理学家艾宾浩斯（Ebbinghaus）发现了识记的规律，即遗忘规律：先快后慢。为了防止遗忘，就需要及时复习（复述）。遗忘与最初学习的强度直接有关，同时也受持续重复的影响。②企业在有限的预算范围内设置广告，在任何能够迅速传播产品知识的重要时期（如新产品推出时期），应该使用高频率（紧挨着）的重复。这被称为“脉冲”（Pulsing）。例如，持续时间长一些的活动，如商店或品牌形象塑造，重复的间隔应该大一点。同样，为了强化和巩固现有品牌地位，所做的提醒性广告一般应该在整个年度或购买季内合理分布。在以上每种情况中，如果同时使用不同形式的广告，效果会更好。消费者经常抱怨广告重复，有些人甚至由于厌倦广告的过度重复而决定再也不买那个品牌的产品了。因此，营销者应该注意重复的度，在重复和避免在消费者中产生负面情绪之间保持微妙的平衡。过多的重复会导致人们拒绝接受该信息、对其做出负面评价或对其熟视无睹。）

2. 技能训练

找出 3 则广告，其中一则基于认知学习，一则基于操作性条件反射，一则基于经典性条件反射。讨论每则广告的特点以及广告是如何运用那种类型的学习原理的。

模块 12 影响消费者行为的情绪因素

一、教学目标

1. 能力目标

能运用消费者情绪及其在市场营销中的应用等相关资料，分析解决消费者心理和行为问题。

2. 知识目标

理解情绪的本质。掌握消费者情绪及其在市场营销中的应用。

3. 素质目标

完成任务的态度；知识应用能力；信息搜集处理能力；理解、分析、表达能力；交流沟通能力；与人合作能力；自学能力；解决问题能力；应变能力；组织能力；敬业精神。

二、案例

1. 案例介绍

人的感情规律

有这样一个实验，科研人员把一个电极安装在小老鼠的大脑中，电极的连接点可刺激鼠脑产生“愉快”的情绪。电极由一个小老鼠够得着的踏板所启动。偶然之中。小老鼠踩到了踏板，体会到了一次“愉快”情绪。只要一次这样的刺激，小老鼠就变得一发而不可收。它不停地去踩踏板，一天要踩几千次。

寻找愉快情感是一种强劲的动力，鼠如此，人更是如此。人的情感丰富复杂、时时存在，所以，人的情感对人行为的控制力更大。人的情感通过人的潜意识左右人的行为，在不知不觉中，人的潜意识总是推动人去寻找愉快的情感和避免痛苦的情感。这是情感把握行为的一个普遍规律。这个规律的发现使人类对自己的行为有了更多的理解。

广告商想让家庭主妇买一种洗衣粉，便先描绘一个和睦、幸福、其乐融融的家庭，然后，推出洗衣粉的牌子。模模糊糊中，人们感到这幸福生活同使用这种洗衣粉相关。主妇去买东西，眼前几种洗衣粉，想也没想，就拿了广告上的洗衣粉。啤酒商想卖啤酒给男士们。商人们先让身材婀娜的女模特儿出场，在男人们正感到兴高采烈、津津有味的时候，推出要卖的啤酒。就这样，移花接木发生了，男士们兴高采烈、津津有味的感觉就“接”到了啤酒上。广告之所以有效，是因为它利用了人的情感规律。所以，愉快情感＋要卖出的商品＝广告心理学。政治家的妙智并不逊色于商人。政治家们要推销的是他们自己，所以他们要把能引起公众好感的事件同自己相联系。公众热爱国旗，政客们就争相站在国旗下照相，按国旗的颜色穿戴。人们感到孩子可爱，大选中的各国政客们就要寻找机会拥抱孩子、亲吻孩子。振奋人心的英勇举动发生了，政客们一定要到场与英雄照相。做得像，好感就移花接木地搬到自己身上。所以，热爱和振奋的情感＋政客＝政治心理学。

人的潜意识推动人寻找愉快情感和躲避痛苦情感，这是现代心理学和行为学普遍承认的一个规律。商人和政治家能利用这个规律去影响和改变人们的行为，生活中的每个人也同样能利用这个规律来调节周围人的行为。

利用情感规律可以创造自己期望的结果。想要孩子成年后多回家，最好的办法是给孩子足够的爱、温暖、接受、肯定和尽可能多的快乐。这些美好情感留下的记忆是一个永久的、不可抗拒的吸引力。无论是散落到了天涯，还是漂流到了海角，成年的孩子都会被家这块磁铁不断地吸回去。

潜意识推动人寻找愉快情感和躲避痛苦情感是所有人的行为规律。学会应用这个规律，人会发现生活总在变，而且越变心中越满意。

（资料来源：薛群慧主编．旅游心理学．天津：南开大学出版社，2008）

2. 案例分析

人类就其本性而言，都是趋利避害的。总是趋向快乐和幸福的事，而逃避痛苦和伤害。所以，在市场营销中要善于利用“人的感情规律”对消费者进行情感激发和广告设计，要从是否给人带来了愉悦的享受，是否让人得到了心理上和生理上的满足这一基本点出发来设计营销策略。

3. 思考·讨论·训练

“人的感情规律”对市场营销有何启发？

三、理论知识

1. 情绪的本质

如果被问及，你可以毫不迟疑地举出很多种情绪。20人左右的小组通常能举出或描述出几百种情绪。普拉契克（Plutchik）列出了8种基本的情绪类别：①恐惧；②愤怒；③喜悦；④悲哀；⑤接受；⑥厌恶；⑦期待；⑧惊奇。

我们每个人都体验过一系列的情绪。想一想最近的一次情绪经历，这次经历有什么特点？

（1）情绪的概念　广义的情绪包括情感。情绪与情感是人们对客观事物需求态度的主观体验。消费者在从事消费活动时，不仅通过感觉、知觉、注意、记忆等认识消费对象，而且对它们表现出一定的态度。根据其是否符合消费主体的需要，消费者可能对其采取肯定的态度，也可能采取否定的态度。情绪与情感是人对客观事物的一种特殊反应形式，它的发生与认识过程一样，源于客观事物的刺激。当刺激达到一定强度时，便会引起人的相应体验，从而产生各种情绪反应。这些情绪反应不具有具体的现象形态，但可以通过人的动作、语气、表情等方式表现出来。例如，某消费者终于买到盼望已久的新型笔记本电脑时的面部表情和语气会表现出欣喜的特点；当他发现买回的商品存在质量问题时，又会表现出懊丧、气愤等表情。

从严格意义上讲，情绪与情感是既有区别又有联系的两种心理体验。情绪一般是指与生理的需要和较低的心理过程（如感觉、知觉）相联系的内心体验。例如，消费者选购某品牌的香水时，会对它的颜色、香型、造型等可以感知的外部特征产生积极的情绪体验，如喜形于色、手舞足蹈等。情绪一般由当时特定的条件所引起，并随着条件的变化而变化。所以，情绪表现的形式是比较短暂和不稳定的，具有较大的情景性和冲动性。某种情景一旦消失，与之有关的情绪立即消失或减弱。情感是指与人的社会性需要和意识紧密联系的内心体验，如理智感、荣誉感、道德感、美感等。情感是人们在长期的社会实践中受到客观事物的反复刺激而形成的内心体验。因此，与情绪相比，情感具有较强的稳定性和深刻性。在消费活动中，情感对消费者心理和行为的影响相对长久和深远。例如，对美感的评价标准和追求，会驱使消费者重复选择和购买符合其审美观念的某一品牌商品。

情绪与情感之间又有着密切的内在联系。情绪的变化一般受到早期形成的情感的制约，而离开具体的情绪过程，情感及其特点则无从表现和存在。因此，从某种意义上可以说，情绪是情感的外在表现，情感是情绪的本质内容。在实践中两者经常被作为同义词使用。

（2）情绪的特征　所有的情绪体验都有一些共同的方面。

① 情绪通常是由环境中的事件引发的。愤怒、愉快、悲哀往往是对一系列外在事件的反应。不过，诸如“意象”这样的内在过程也能引发人们的情绪性反应。运动员经常使用意象方法使自己进入所期望的情绪状态。

② 情绪还伴随有生理变化，如瞳孔扩大、流汗增加、呼吸加速、心率和血压的增高，以及血糖水平增高。

③ 情绪体验的另一个特点是“认知性思考”。情绪往往（尽管并非必然）伴随着思考。思考的类型以及人们“理智地”进行思考的能力，会随着情绪的类型和程度而变化。对于不合适的想法或行动，人们常常用一种极端的情绪反应作为解释，那便是：“我当时简直疯了，以至于完全不能正常思考了。”

④ 情绪也与某些相关行为相伴随或相联系。尽管这些行为同一个体在不同时间和情境下均存在差异，以及各种情绪仍然与一定的行为形影相随：恐惧引发颤抖反应，愤怒导致奋起，悲伤引起哭泣等。

⑤ 情绪包含主观情感。事实上，当人们提到情绪时，往往指的就是这种情感成分。悲痛、喜悦、愤怒、嫉妒、恐惧给人们的感觉不同，这些主观确定的感觉正是情绪的核心。这些感觉有某种特定的成分，被人们标记为诸如喜或悲的情绪。此外，情绪还带有评价或者喜欢或者厌恶的成分。虽然在文学中存在不一致的用法，但人们通常还是用“情绪”这个词来指某种可辨认的、特定的感觉，用“感情”这个词来指某种特定感觉的使人喜欢或使人不喜欢的方面。尽管情绪通常被人以一致或一贯的方式来评价（人们通常喜欢某种情绪，不喜欢某种情绪），有些个体或有些情况下也有例外。例如，我们中通常很少有人喜欢悲哀或恐惧，但我们偶尔也会喜欢一部让我们害怕或悲伤的电影。

（3）情绪的基本类型　根据情绪的不同来源，可以分为五大类别。

① 基本情绪。主要指喜怒哀乐等经常出现的情绪。

② 感官刺激引起的情绪。指痛楚、压迫感等纯粹由感官刺激引起的。

③ 自我评价有关的情绪。如对事业的自信，失败时的羞辱等情绪。

④ 与审美有关的情绪。如快活感、轻松感、幽默感等情绪。

⑤ 与他人有关的情绪。如爱、憎等情绪。

以上各种类别在消费者的情绪过程中都有不同形式的表现。

2. 消费者的情绪

四川汶川大地震发生后，川渝地区车市经历了一段短暂的滑落。在灾后重建的利好促动下，车市最近又出现快速反弹的迹象。但距离川渝千里之外的北京、上海、广州车市，却在地震灾害的牵动下，依旧没有走出低谷，消费者观望情绪浓重。

（1）消费者在购买过程中的情绪　消费者在购买过程中的情绪是多种多样，很复杂的；各种情绪表现的程度有着明显的、较大的差异。但归结起来，主要有以下三种。

① 积极的情绪。这种情绪能增强购买欲望，促成购买行为。如有位顾客看到市场上新露面的一种面料，花色新颖，令他喜爱。尽管他暂时不需添置衣服，但还是买了。

② 消极的情绪。这种情绪抑制购买欲望。如一种猫头鹰造型的发条玩具，使小朋友望而生畏，甚至哭起来，很难销售出去。

③ 双重的情绪。如高兴又怀疑，基本满意又不完全称心等。一位消费者走了好多家商店，终于找到了他所需的商品，非常高兴。但这种商品已快卖完，剩下的几件都有一些不影响使用的小毛病。因急需它，不得不买，可总有些不那么称心。

（2）消费者对商品的具体情绪过程　消费者从对某商品产生需要到最终决定购买的情绪过程，大致可分为以下五个阶段。

① 悬念阶段。消费者产生了购买的需要，但还未采取行动到商店去寻求这种商品。消费者这时处在一种悬念状态中，其情绪特点是不安。如果他的需要是强烈的，那么他就会体验到一种急切感。

② 定向阶段。消费者这时已面对他所需求的那种商品，但他对商品的观察还是初步的、笼统的。这时的情绪已获得定向，亦即趋向喜欢或不喜欢，趋向满意或不满意。

③ 强化阶段。强烈的购买欲望迅速形成。有些消费者在强烈的购买欲望的推动下，立即完成购买行动，而有些消费者比较冷静，他们还想再推敲一下。此时，对大多数消费者来说，情绪过程还没有完成。

④ 冲突阶段。这时，消费者将对商品进行较为全面的评价。如价格是否合理，质量是否可靠，造型是否新颖，社会上是否流行，是否假冒等。由于十全十美的商品很少，大多数商品都会在某些方面使人不满意，因此，消费者往往要体验不同情绪之间的矛盾和冲突。如基本满意而又不完全称心，比较喜欢而又略感遗憾等。如果积极的情绪占了主导地位，那么一个购买决定就做出了。这时，情绪过程大大增加了理智的成分，通过评价，感情同理智逐步趋于统一。

⑤ 选定阶段。通过各种评估，这时消费者对某种商品产生了偏好，并对准这一商品采取行动，形成购买行为。

（3）影响消费者情绪的因素　影响消费者情绪、情感的因素是多方面的，这里只是稍作提示。

① 个人心境。这里讲的个人心境是指消费者进入购买现场时的情绪状态或精神状态。心境是一种比较微弱、平静而持久的情绪体验。在心境产生的全部时间里，它能影响人的整个行动表现，保持它的积极或消极的影响。不同的心境会使消费者行为带有不同的情绪色彩，或者兴高采烈，或者抑郁寡欢，或者暴躁不安等。

② 审美情趣。这是人们根据自己的看法对客观事物审美价值的评价。当消费者产生对某种事物和现象的美感时，实际上是抱肯定态度，并会以积极的情绪色彩表现出来。消费者的美感不仅受到各自的出身地位、文化素养、兴趣爱好和实践经验的影响，也受到一定社会生活条件的制约。不同国家、不同民族的美感差异十分明显，但有一点是共同的，即对商品的美必须是形式和内容的统一，欣赏价值和实用价值的统一。

③ 购买环境。消费者的情绪产生和变化首先受购物环境的影响。若步入宽敞明亮、美观雅洁、温度宜人的商场，营销人员服务周到，顾客之间礼貌相让，会引起消费者愉快、舒畅的情绪。相反，则引起消费者失望、厌烦等消极的情绪。正因为如此，很多商场很注意店堂内的设施和门面的装修。旧上海的一些商人有出钱雇人“轧闹猛”（上海话，凑热闹的意思）的，就是要造成门庭若市的现场气氛，以吸引路人光顾。现代大商场，也很讲究“人气”。打折酬宾时，顾客往往很多，此时的商场“人气”旺，“财气”也旺。

④ 商品因素。消费者是来购买商品的，因此商品就成为最主要的客观因素。消费需要的满足大多是借助商品实现的，所以有关商品的外观和内涵各方面的特征，能够引起消费者的不同情绪。这在购买现场是最容易观察到的。

3. 情绪在市场营销中的应用

当尼古拉斯·哈耶克（Nicolas Hayek）把 SMH（以其斯沃琪表而闻名的一家瑞士公司）从一家净资产 11 亿美元、年亏损 1.24 亿美元的公司变成一家净资产 21 亿美元、年创利 2.86 亿美元的公司时，许多人认为他简直创造了一项商业奇迹。他的成功确实令人吃惊，因为他似乎背离传统常规：迫于全球价格竞争的压力，跨国公司必须寻求到劳动力成本最低的国家去生产产品。SMH 对它位于瑞士的总部负责，它的大部分技术、人员和产品都集中于瑞士的朱罗山脉（the Jura mountains）。哈耶克说：“我们都是在全球市场上参与竞争的跨国公司，但这并不意味着我们这些跨国公司对于自己的国家和文化缺乏忠诚。”在接下来的采访中，讨论的焦点集中在斯沃琪系列手表的成功上。

“你发现了什么别人没有发现的东西?”“我意识到我们不仅在销售一种消费品，或一种名牌产品，我们是在销售一种情感化的产品。你在手腕上戴表，以你的皮肤作衬托。你每天有12或24小时戴着它，它能成为你的自我形象的重要部分。它不必也不应该只是一种商品。我知道，如果我们能在这种产品上附加某种真实的情感，赋予这种低端产品某种强烈的新信息，我们就能成功。”

“你怎样使一支手表‘情感化’? 你是指斯沃琪把一种世俗的、功能性的东西转变成一种时尚吗?”“很多人就这样描述我们，但这种说法并不很准确。时尚的确重要……但是，如果你到香港，看看那里的手表设计风格、式样、颜色，你会发现，那里也有非常漂亮、时尚的手表。我们并不是向人们提供一种式样，我们向他们传递一种信息，这是关键所在。时尚与形象有关，而情感化的产品是与信息，一种强烈、激动人心、不同凡响、真实的信息有关。它能告诉别人你是谁以及你为什么这样做。斯沃琪表所传递的信息包括高质量、低价格、兴奋、刺激、生活的情趣，而最重要的一条是别人难以模仿。总的说来，我们不仅是在出售手表，我们是在提供个性文化。”

“斯沃琪”手表是如何取得巨大成功的? 其成功的原因之一是运用关于消费者情绪方面的知识为产品定位。虽然营销者一直在一种直觉的层面上运用情绪指导产品定位、销售展示和广告活动，深入、系统地研究各种情绪与市场营销策略的相关性则是一个全新的领域。下面简要地讨论三个方面的策略问题。这三个问题分别是情绪激发、情绪降低，以及广告中情绪的运用。

(1) 情绪激发　情绪以伴随正面或负面的评价为特征，消费者积极寻找那些主要利益或次要利益在于激发其情绪的产品。虽然在大多数情况下，人们希望获得正面、积极的情绪，但也有例外的情况。例如，悲剧性的电影使观众伤心落泪，然而人们仍喜欢这样的电影。

很多产品把激发消费者的某种情绪作为主要的产品利益。最明显的例子莫过于电影、书籍和音乐。与各种类型的惊险旅游项目一样，拉斯维加斯赌城、迪斯尼乐园作为旅游胜地，无不旨在激发游客的情绪。长期以来，长途电话被定位于“激发情绪”的产品。一些软饮料品牌也以“妙趣横生”和“激动人心”作为其主要利益诉求点。甚至某些汽车有时也被定位为情绪激起型产品。例如，丰田汽车的广告是：“啊，多么美妙!”Pontiac的广告则是：“我们制造兴奋!”

(2) 情绪降低　许多情绪状况是令大多数人感到不快的。很少有人喜欢感受悲哀、无助、羞辱或恶心。面对这一境况，营销者设计出许多防止或缓解不愉快情绪的产品。这类产品中最典型的就是各种各样用于抑制忧郁或焦躁症状的非处方药品。人们常常光顾百货商店和零售店，以消除疲倦、感受刺激、引发渴望。鲜花被宣传为能够消除悲哀。减肥产品和其他有助自我完善的产品常常根据其缓解内疚感、无助感、耻辱感或厌恶感等利益来定位。个人清洁护理产品也常以缓解焦躁和忧虑作为其主要利益。

(3) 广告中情绪的运用　我们现在对广告引起的情绪反应怎样影响消费者的行为以及是什么导致一个广告引发特定的情感的理解，应当说是处于起步阶段，因此，以下的一般性结论不应被视为是确定性的。

① 广告中的情绪性内容增强了广告的吸引力和持续力。比起中性的广告，那些能激发欢乐温馨甚至厌恶的情感反应的广告更能引起人们的注意。而注意是认识过程的关键一步。

② 情绪以一种高度激活的心理状态为特征。当个体被激活时，他变得更警觉和活跃。由于有了这种高度激活的心理状态，情绪性信息较中性的信息可能会得到更全面的“加工”。同时，在这样一种情绪状态下人们可能会花更多的精力进行信息处理和更可能注意到信息的各个细节。

③ 能激发积极和正面情绪的情感性广告使广告本身更受人喜爱。例如，“温馨”是由对爱、家庭、友谊的直接或间接体验所激发的一种有积极价值的情感。突出温馨情调的广告，诸如麦当劳（Mc Donald's）展现父女或父子亲情的广告，就能激发心理变化。同时，温馨类广告也比一般的中性广告更受人喜爱，而喜欢一个广告会对产品好感的形成发挥积极影响。

④ 情绪性广告可能比一般中性广告更容易被人记住。经由经典性条件刺激，重复置身于能引发积极情感的广告下可以增加受众对品牌的喜爱。刺激（品牌名称）与无条件反射（积极的情感）的配对和重复出现，可以导致一旦品牌名称被提起，积极的情感就会产生。

⑤ 对品牌的喜爱也可能以一种直接和高度介入的方式出现。一个与情绪性广告只有一次或少数几次接触的人可能很简单地“决定”该产品是他所喜欢的产品。这是一种比条件反射更有意识的过程。例如，人们已发现，观看激发温馨感的广告可以直接强化购买意图，而这种强化的购买意图本来应该是喜欢该产品的结果。

⑥ 用情感来迎合消费者的广告现在正日益流行。例如，华纳-莱姆伯特（Warner-Lambert）最近放弃了以往强调事实的比较性广告，为它的家用怀孕测试品推出了强烈的情感性广告。这个30秒的广告捕捉住一个丈夫得知妻子怀孕的时刻，妻子快乐地哼起包含“小宝贝”歌词的歌，如“小宝贝的脸”，暗示她怀孕的消息，她的丈夫会意地跟着唱起来。

四、小结

广义的情绪包括情感。情绪与情感是人们对客观事物需求态度的主观体验。当环境事件或精神过程引发生理变化，包括流汗增加、瞳孔放大、心率变快、呼吸加速、血糖水平提高，各种情绪就会表现出来。前述生理变化可以解释为基于某种情境的特定情绪反应，它们影响着消费者的想法和行为。

消费者从对某商品产生需要到最终决定购买的情绪过程，大致可分为以下五个阶段：悬念阶段、定向阶段、强化阶段、冲突阶段、选定阶段。营销者既可通过激发某些情绪也可通过减缓某些情绪来设计产品和对产品定位。包含情绪激发成分的广告经由条件反射或直接评价增强吸引力，加深受众认知处理与记忆程度，同时增加受众对品牌的偏好。

五、复习思考题

1. 什么是情绪和情感？两者的区别和联系是什么？
2. 情绪激发伴随着什么生理变化？
3. 什么因素构成情绪的特征？
4. 情绪的基本类型有哪些？
5. 消费者在购买过程中的情绪有哪些？
6. 消费者对商品的具体情绪过程有哪些？
7. 影响消费者情绪的因素有哪些？
8. 营销者怎样在产品设计和定位中运用情绪？

9. 广告中的情绪性内容扮演着什么角色？

六、实训

1. 案例分析

美国贝尔公司的一则广告

美国贝尔公司的一则广告就是这样的：一天傍晚，一对老夫妇正在进餐，这时电话铃响起，老太太去另一房间接电话，回到餐桌后，老先生问她："是谁来的电话？"老太太回答："是女儿打来的。"老先生又问："有什么事吗？"老太太说："没有。"老先生惊讶地问："没事？几千里地打来电话？"老太太呜咽道："她说她爱我们！"两位老人相对无言，激动不已。这时，旁白道出："用电话传递你的爱吧！"

（资料来源：http://www.docin.com/p-58084508.html）

请从产品能够激发消费者的某种情绪角度分析贝尔公司的广告内容。

（参考答案　长期以来，长途电话被定位于"激发情绪"的产品，但美国贝尔公司巧妙地将电话问候设置于广告之中作为其主要利益诉求点是绝妙之至，使人们一打电话就能激发其家的亲情情绪，想起贝尔公司的电话。很多产品把激发消费者的某种情绪作为主要的产品利益，它们能在消费者的心目中树立一个情感的支撑点，使广大消费者认同和认可其产品、品牌的可信度和可靠性，以达到促进消费者购买行为的目的。）

模块13 影响消费者行为的动机因素

一、教学目标

1. 能力目标

能运用购买动机理论及其在市场营销中的应用等相关资料，分析解决消费者心理和行为问题。

2. 知识目标

理解动机的本质。掌握购买动机理论及其在市场营销中的应用。

3. 素质目标

完成任务的态度；知识应用能力；信息搜集处理能力；理解、分析、表达能力；交流沟通能力；与人合作能力；自学能力；解决问题能力；应变能力；组织能力；敬业精神。

二、案例

1. 案例介绍

魅力难挡的特色经营

商品经济的一般境界是满足市场需求，而最高境界则是创造需求、刺激需求和引导需求。如果能够出新招“吊胃口”，则已经超出了一般竞争的境界了。

利用逆向思维、反常心理、特殊体验、好奇刺激激活需求的特色经营，则是创造需求和引导需求的高招，对很多消费者来说确有“挡不住的诱惑”。

在世界各个城市里，都有出售鲜花的商店，人们在这里购买各种鲜花，作为祝贺喜庆和安慰病人的礼品。但在智利首都圣地亚哥，却有一家专门出售“死玫瑰花”的商店。该店里出售、寄送枯死的玫瑰花瓣和花叶，以文明礼貌的方式为失恋者、受骗者、失意者、落泊者进行慰藉。这家“死玫瑰花”商店的创办人叫凯文·米毛。他创办这家商店是有着自己切身经验的。一次，他失恋了。在痛苦与愤怒的彷徨之中，他发现窗台上一盆美丽的玫瑰花枯萎了。他觉得这是他死亡了的爱情的象征。于是，他灵机一动，剪下那朵死玫瑰，用一根黑色的丝带扎好，寄给了以前的恋人。他这样做了以后，感到心情有了明显好转，失恋的创伤有了很大程度的平复。

富有经营头脑的凯文·米毛从失落感中解脱出来后，决定开办“死玫瑰花”商店，专门出售、寄送枯花和死花。每寄一束枯萎的玫瑰收费 40 美元，虽比购买一束鲜花价格高出一倍，但这家花店确实有其独特的魅力和奇妙的用途，所以自开张之后，博得了各界人士的欣赏，每天客人盈门，应接不暇。那些垂头丧气、心存报复的人源源不断地从全国各地涌来，要求凯文·米毛寄枯萎的花瓣给感情骗子、下流老板、卑鄙的生意合伙人以及把感情当儿戏的轻薄姑娘。那些收到死玫瑰的人，大多数都有不同程度的愧疚感，所以司法机关还对凯文·米毛的事业给予了充分的肯定。

（资料来源：孟潇潇．海外文摘．2004）

2. 案例分析

消费者是求同还是求异？这是一个仁者见仁、智者见智的问题。从一般意义而言，大多数情况下，消费者会对一些新异的刺激物产生好奇心理，他们对新奇事物更感兴趣。消费者的好奇心理表现在消费活动过程中的求知、求新、求奇的心理。所以，满足消费者的好奇心理才能使产品更具有竞争力。

求奇心理是人们认识和了解自己生活环境和知识范围以外的事物的需要而产生的动机。这种动机要求产品和消费活动具有新鲜和奇异的特性。具有这类动机者，由于对获得奇特的心理感受和对新异事物认识的强烈要求，即使消费活动具有某种程度的冒险性，一般也不会成为他们消费的障碍，甚至冒险性会成为增强这种动机的因素。所以，探奇求知的消费动机的特点，主要是要求消费对象和消费活动具有新异性、知识性和一定程度的探险性。探奇求知的动机包括探求不同文化、不同社会生活方式、自然审美等的动机。

3. 思考·讨论·训练

凯文·米毛经营的“死玫瑰花”商店是利用了消费者什么购买动机？

三、理论知识

1. 动机的本质

美国某城市市政机构提供的自来水几乎是免费的，但该市数百万消费者付出相当于自来水 1000 倍的价格购买瓶装水，像“皮埃尔”这样大做广告的瓶装水品牌已家喻户晓。

为什么消费者愿意花钱购买实际上不要钱的东西呢？这里有三种主要的动机。其一，是对于营养和健康的关注。某些消费者想要喝天然未加工的“纯”水。其二，是安全动机。许多消费者关注地下水的污染以及关于水质恶化的报道。其三，是“赶时髦”或称地位动机，喝“皮埃尔”显得更别致、地位更高。

（1）动机的含义 消费者动机是促使消费行为发生并为消费行为提供目的和方向的动力。以上的例子说明，即使对像水这样一种“简单”产品的消费背后也存在相当复杂的动机。

在任何时期，每个人总有许多需要。有些需要是由生理状况引起的，诸如饥饿、口渴、不安等。另外一些需要是心理性的。它是由心理状况紧张而引起的，如认识、尊重和归属。其中，大部分需要在一定时间内不会发展到激发人采取行动的那种程度。只有当需要升华到足够的强度水平时，这种需要才会变为动机。动机也是一种需要，它能够及时引导人们去探求满足需要的目标。一旦需要满足之后，紧张感随即消除。

（2）动机的特征 消费者的动机较为直接具体，有着明确的目的性和指向性，但同时也具有更加复杂的特性，具体表现在以下方面。

① 购买动机的内隐性。购买动机是消费者内在的心理活动，由于主体意识的作用，往往使购买动机形成内隐层、过渡层、表露层等多层次结构。而在现实中，消费者较复杂的消费活动常常将真正的动机隐蔽起来。例如，某消费者购买福特品牌的小轿车，他也许会说买车是家里消费需要，但真正的购买动机可能是要向别人显示他事业的成功、生活的优越和家庭的富有。这就是动机的内隐性。

② 购买动机的复杂性。购买动机虽然是引起消费行为的动力，但动机在引发行为时可能有多种情况。有些动机本身直接促成一种购买行为，而有些动机会促成多种消费行为的实现，也有可能在多种动机的支配下才促成一种消费行为。所以，企业在设计产品和制定营销策略时，既应该体现和考虑消费者购买该产品的主导动机，又应该兼顾非主导的动机。

③ 购买动机的冲突性。当消费者同时具有两种意向的动机且共同发生作用时，动机之间就会发生矛盾和冲突。这种矛盾和冲突可能是由于动机之间的指向相悖或相互抵触，也可能是出于各种消费条件的限制。我们知道，人们的欲望是无止境的，而拥有的时间、金钱和精力却是有限的。当多种动机不可能同时实现时，动机之间的冲突就是不可避免的。解决动机冲突的方法影响着消费者的消费方式，所以对企业营销者来说非常有意义。也就是说，市场营销者分析产生动机冲突的可能性或情况，并向消费者提供解决方案，使面临动机冲突的消费者选择最合理的购买行为。一般来说，购买动机冲突的形式有三种。

a. 双趋冲突。双趋冲突指一个人以同样强度追求同时并存的两个目的而又不能兼得时产生的内心冲突。在这种情况下，相互冲突的各种动机都会给消费者带来相应利益，因而对消费者有着同样的吸引力。但由于消费条件的限制，消费者只能在有吸引力的各种可行性方案中进行选择。吸引力越均等，冲突越厉害。例如，某消费者获得一笔可观的年终奖金，他希望将这笔钱用于向往已久的澳洲游，以满足求奇的动机，但又渴望购置一套高档家庭影院，以满足休闲享乐的动机。这两种选择都可能给这位消费者带来利益，且对他都有强烈的吸引力，因而动机之间产生了冲突。这种冲突有时也发生在类似产品的选择上，如在对大屏幕液晶彩电与“家庭影院”的选择上，还可以是在同一类型的品牌选择中产生。这时候厂商可以通过强调与竞争产品不同的特性的差别化策略来解决消费者的动机冲突。

b. 趋避冲突。趋避冲突指人们对某事或某物，一方面好而趣之，另一方面又恶而避之的内心矛盾冲突。在这种情况下，消费者面临着同一消费行为既有积极后果，又有消极后果的冲突。其中，具有积极后果的动机是消费者极力追求的，具有消极后果的动机又是消费者极力避免的，因而使之经常处于利弊相伴的动机冲突中。例如，许多消费者喜欢吃各种美食，又害怕身体发胖。品尝美味佳肴的动机与避免体重增加的动机之间就经常发生冲突。某一顾客很想买一件称心如意的商品。但是需搭配另一些不想买的商品，这些都是趋避冲突。解决这类冲突的有效措施是尽可能减少不利后果的严重程度，或采取替代品抵消有害结果的影响。

c. 双避冲突。有时有两个目标对人具有大致相等的威胁性，而且必须接受其一，才能避免其二，这就是双避冲突。有时消费者同时面临着两种或两种以上均会带来不利结果的动机。由于两种结果都是消费者企图回避或极力避免的，但因条件所迫又必须对其做出选择，因此两种不利动机之间也会产生冲突。例如，对部分低收入消费者来说，物价上涨将使他们的购买力降低，而提前购置大屏幕彩电、空调等新一代家用电器，又面临着占用资金、挤占其他消费开支、产品更新换代等问题。避免涨价损失的动机与减少购买风险的动机之间便产生冲突。面对这类冲突，消费者总是趋向选择不利和不愉快程度较低的动机作为实现目标，以便使利益损失减少到最低限度。此时，企业如果采取分期付款、承诺售出产品可以以旧换新的营销策略，可以使消费者的购买风险大大减少，从而使冲突得到明显缓和。

④ 可诱导性。动机产生的条件之一是外部刺激。外部刺激又有自然生成和人为创造之分。人为创造的刺激因素，可以引发人的动机，改变人的动机。消费者的动机，通过企业的营销努力是可以改变的。例如，某消费者原来并不打算购买某种商品，但受广告宣传的影响，逐渐地开始注意这种产品，向亲戚、朋友咨询，待全面了解了这种产品的质量、功效后，便产生了购买动机。可见，企业不仅应适应和满足消费者的需要，还应当诱导和调节消费者的需要，使之产生购买动机。

⑤ 购买动机的实践性。购买动机不是朦胧的意向，它已经与一定的作用对象建立了心理上的联系，所以购买动机一旦形成，必将导致行为。因此，可以说，购买动机是消费活动的推动力，有购买动机产生，就有消费者的行为活动。人们可能用不同的方法达到不同的目的，但却都是在动机的驱使下进行的。

（3）购买动机的分类

① 消费者一般的购买动机。由于消费者需要和外在影响因素的多样性，购买动机的表现十分复杂细微。但是，在现实生活中，消费者的购买动机又呈现出一定的共性和规律性。不论购买个体在购买动机上表现多么大的差异，共性和规律性却始终存在。我们把消费者在各种消费活动中普遍存在的购买动机概括为两种类型。

a. 生理购买动机。生理购买动机指消费者为保持和延续生命有机体而引起的购买动机。这种购买动机都是建立在生理需要的基础之上的，具体可以分为四种类型。

ⓐ 维持生命的购买动机。消费者饥时思食、渴时思饮、寒时思衣所产生的对食品、饮料、衣服等的购买动机均属于这一类。

ⓑ 保护生命的购买动机。消费者为保护生命安全的需要而购买商品的动机。例如，购买建筑材料建房子，为治病而购买药品的动机等，就属于这一类。

ⓒ 延续生命的购买动机。消费者为了组织家庭、繁殖后代、哺育儿女的需要而购买有关商品的动机，就属于这一类。

ⓓ 发展生命的购买动机。消费者为使生活过得舒适、愉快，为了提高科学文化知识水平，为了强身健体而购买有关商品的动机，就属于这一类。

b. 心理购买动机。心理购买动机指由消费者的认知、情感、意志等心理过程引起的购买动机，具体包括情绪动机、情感动机、理智动机和惠顾动机。

ⓐ 情绪动机。情绪动机是由人的喜、怒、哀、乐、欲、爱、恶、惧等情绪引起的购买动机。情绪动机推动下的购买行为，一般具有冲动性、情景性和不稳定性的特点。

ⓑ 情感动机。情感动机是由人的道德感、理智感和审美感等人类高级情感引起的购买动机。这类动机推动下的购买行为，一般具有稳定性和深刻性的特点。

ⓒ 理智动机。理智动机是建立在消费者对商品客观、全面认识的基础上，对所获得的商品信息经过分析、比较和深思熟虑以后产生的购买动机。理智动机推动下的购买行为，具有客观性、周密性和控制性的特点。

ⓓ 惠顾动机。惠顾动机是建立在以往购买经验基础之上，对特定的商品、品牌、商店等产生特殊的信任和偏爱，使消费者重复地、习惯地前往购买的一种购买动机。消费者个人的购买活动体验对惠顾动机的形成有重要影响。惠顾动机推动下的购买行为，具有经验性、稳定性和重复性的特点。

② 消费者具体的购买动机。消费者一般的购买动机在每一次具体购买中是通过具体的购买动机表现出来的。在市场营销实践中，常见的具体购买动机有以下几种。

a. 求实购买动机。求实购买动机是以追求商品或劳务的使用价值为主要目的的购买动机。具有这种购买动机的消费者在选购商品时，一方面比较注重商品的功用和质量，要求商品具有明确的使用价值，讲求经济实惠，经久耐用；另一方面比较重视所购买的商品能为使用者带来更多的实际利益，如方便、适用、省时、省力，减轻家庭负担，增加休闲娱乐时间等。他们不过多强调商品的品牌、包装和新颖性。从现在看，具有这种购买动机并不一定与消费者收入水平有必然联系，而主要取决于个人的价值观念和消费态度。

b. 求新购买动机。求新购买动机是以追求商品的时尚、新颖和奇特为主要目的的购买动机。具有这种购买动机的消费者非常重视商品的外观造型、款式、色彩、装潢以及时尚性，喜欢那些别出心裁、标新立异、与众不同的商品，而不太重视商品的实用程度和价格高低。这些消费者通过搜寻新的、特殊的产品来保持一种与众不同的感觉。

c. 求美购买动机。求美购买动机是以追求商品的欣赏价值和艺术价值为主要目的的购买动机。具有这种购买动机的消费者，一方面重视商品本身存在的客观的美的价值，如色彩美、造型美、艺术美等；另一方面重视商品能为消费者创造出的美和美感来，如美化了自我形象、美化了个人生活环境等。因此，这些人选购商品时，特别重视商品的外观造型、色彩和艺术品位，而不大看重商品的价格。

d. 求廉购买动机。求廉购买动机是以追求商品价格低廉，希望以较少货币支出获得较多利益为主要目的的购买动机。具有这种购买动机的消费者在选购商品时，特别注重“价廉”和“物美”，非常注意商品的价格变动。他们宁肯多花体力和精力，多方面了解有关商品的价格信息，并对商品之间的价格差异进行详细的比较、反复衡量。他们喜欢选购优惠价、特价、折扣商品，不太计较商品的外观质量和包装。这类购买动机与消费者的经济条件有关，但节俭成性的人即使收入较高也会保持求廉购买动机。

e. 求名购买动机。求名购买动机是以追求名牌、高档商品和仰慕某种传统商品的名望，借以显示或提高自己的身份、地位和威望为主要目的的购买动机。具有这种购买动机的消费者特别重视商品的品牌、产地、声誉以及象征意义。他们对商品的使用价值不太注重。崇尚名牌产品已成为现代消费市场的一大趋势。

f. 求便购买动机。求便购买动机是以追求商品使用方便、购买方便或维修方便为主要目的的购买动机。具有这种购买动机的消费者对时间、效率特别看重，厌烦反复地挑选比较，希望能快速方便地买到中意、符合需要的商品。同时，他们也希望购买的商品便于携带、使用及维修，减少麻烦。随着人们生活节奏的加快和进入WTO以后社会竞争的加剧，具有求便购买动机的消费者在社会各阶层中，尤其在城市人口中会越来越多。

g. 从众购买动机。从众购买动机是以在购买某些商品方面要求与别人保持同一步调为主要特征的购买动机，所以也叫模仿购买动机。具有这种购买动机的消费者，购买动机是在参照群体和社会风气的影响下产生的。从众购买动机驱使这类消费者购买和使用别人已经拥有的商品，而不充分顾及自身的特点和需要。因此，这类消费行为往往有盲目性和不成熟性。

h. 储备购买动机。储备购买动机是以储备商品的价值或使用价值为主要目的的购买动机。一是表现为购买金银首饰、名贵工艺品、名贵的收藏品等进行保值储备。这类商品的价值较稳定，不仅能保值，还能在收藏期间出现增值的情况。二是购买有价证券进行保值储蓄。三是在市场出现不正常的现象，如商品供不应求、社会动乱的时候，尽可能多购买商品以备将来需要。

i. 好胜购买动机。好胜购买动机是一种以争强好胜或为了与他人攀比并胜过他人为目的的购买动机。消费者购买商品主要不是为了实用而是为了表现比别人强，在购买时主要受广告宣传、他人购买行为所影响，对高档、新潮的商品特别感兴趣。如有些人看见邻居和亲戚买了电冰箱，为了不甘落后，不顾是否有实际需要，千方百计地设法买了回来，结果有可能由于用处不大而成为无用的装饰品。

j. 偏爱购买动机。偏爱购买动机是一种以某种商品、某个商标和某个企业为主的购买动机。消费者由于经常地使用某类商品的某一种，渐渐产生了感情，对这种商品、这个商标的商品或这个企业的商品产生了偏爱，经常指名购买，因此有时也称为惠顾动机。再广泛一点说，有人喜欢购买进口货，有人喜欢购买国产货等，这些是属于偏爱购买动机。企业注重服务，注重树立产品形象和企业形象往往有助于培养、建立消费者的偏爱购买动机。

k. 成就动机。成就动机是指追求良好表现的情感动力。然而，以个体为导向的成就动机意味着为自身利益而努力工作，以社会为导向的成就动机则是为了满足其他人的期望。一些研究将这两种类型的动机区分开来，表明达成目标的动机可以出自社会和集体的原因。比如，中国儿童会努力实现别人的目标，如家庭的、老师的。一些研究对比了英国母亲与中国母亲送给孩子的礼物。研究表明，代表了极端个人主义的英国母亲送孩子礼物并非为了奖励他们学习进步，而是使他们感到成就应该基于内因——自身。中国母亲代表了极端的集体主义，送礼物以奖励孩子学习进步。母亲们也有不同的送礼物的动机：英国的母亲送礼物是为孩子获得短期利益，如加强自我概念，同时也为了她们自己（赢得孩子的爱）。中国的母亲送礼物则是为了孩子的长期利益，没有自身利益的考虑。

以上列举的仅是现实购买活动中常见的一些购买动机。需要指出的是，消费者的购买动机是一个复杂的动机体系，实际当中人们的消费行为往往不是由一种动机引发的，而常常是多种动机共同作用的结果。同时，消费者又不愿或根本说不清真实的购买动机。要了解消费者的购买动机，营销人员必须采取一系列调查方法，如问卷调查、观察法、实验法等。但是要记住，购买动机或购买原因一般是难以全部通过询问直接了解到的。

2. 购买动机理论

新加坡航空公司为世界各地的乘客提供了许多不同的特殊食物，根据乘客的健康和宗教需要进行烹饪。比如，当汉森先生预订机票并要求提供一顿穆斯林素餐时，电脑就会将一张确认了这个要求的登记卡打印出来，然后将这个要求下载提供给饮食服务部门。如果汉森先生是新加坡航空公司的空中常客，他甚至连要求都不用提，因为他的饮食习惯和座位偏好连同其他数据已被永久地保存在档案中了。

从此案例可看出，新加坡航空公司的产品——为世界各地的乘客提供各种特殊食物；记录乘客的饮食习惯和座位偏好——是相当具有竞争力的。一方面，它使核心服务更加细致、周到，与核心服务相得益彰；另一方面，它成为了该公司强有力的竞争工具。对新加坡航空公司产品的消费就可能同时满足生理和尊重的需要（甚至满足归属需要或安全需要）。

购买动机理论研究的中心问题是消费者行为中“为什么”的问题。例如，消费者为什么愿意购买联想 ThinkPad T60 手提电脑？为什么消费者对联想 ThinkPad T60 的广告宣传抱有积极的态度？为什么消费者愿意惠顾联想专卖店？在研究的过程中，专家学者提出了一些很值得研究的理论。下面，我们将讲述三个对理解消费者动机特别有用的理论。

（1）马斯洛的需要层次理论 美国人本主义心理学家马斯洛（Maslow）于1943年提出了著名的需要层次理论。该理论既是一种动机理论，又是一种激励理论。

马斯洛认为，人的需要可分为五个层次，即生理需要、安全需要、归属需要、尊重需要、自我实现的需要。上述五种需要是按从低级到高级的层次组织起来的。只有当较低层次的需要得到了满足，较高层次的需要才会出现并要求得到满足。一个人只有在生理上的迫切需要得到满足后，才能去寻求保障其安全；只有在基本的安全需要获得满足之后，爱与归属的需要才会出现，并要求得到满足，依此类推。马斯洛写道：“假如大部分时间我们都饥肠辘辘，假如我们不断地为干渴所困扰，假如我们连续地受到一个始终迫在眉睫的灾难的威胁，或者，假如所有的人都恨我们，我们就不会要去作曲、发明数学方法、装饰房间或者打扮自己。”

马斯洛并没有说较低层次需要完全满足之后，才会产生高一层次需要，而只是说，人的各种需要存在高低顺序，或者说各种同时出现的需要中存在优势需要。就一般情况而言，只有在更低层次需要得到满足或部分得到满足后才会成为优势需要。人作为有欲望的动物，其行为受需要所驱使，但需要什么取决于已经有了什么。只有未被满足的需要才影响人的行为。换句话说，已经满足的需要，不再是优势需要，亦不再是行为的决定性力量。

由于生理、安全、归属需要、尊重这四类需要多在匮乏情形下产生，并且构成最高层次需要（即自我实现需要）的基础，因此，这四种需要被合称为基本需要或匮乏需要，而最高层次的自我实现需要被称为衍生需要或存在需要。关于自我实现的需要，有两种错误偏向：一种就是把一切我行我素的行为都理解为自我实现，另一种是把自我实现看成是一种完美无缺的状态。其实，马斯洛所说的自我实现有其特定的含义。他曾经对此作过不少表述，最通俗的说法莫过于这段话：“一位音乐家必须作曲，一位画家必须绘画，一位诗人必须写诗，否则，他就无法安宁。人们都需要尽其所能，这一需要就称为自我实现的需要。”自我实现的本质特征是人的潜力和创造力的发挥，它意味着充分地、活跃地、忘我地、集中全力地、全神贯注地体验生活。

马斯洛需要层次理论提出的许多观点与结论无法在实证水平上予以证实或反驳，其科学性经常受到争论。但正如美国学者列维特（Leavitt）所指出的，这一理论的效用在于它可以为人们提供一种有用的思考工具，瑕不掩瑜，其优点似乎总是超过它存在的问题。从消费者行为分析角度看，这一理论对理解消费者行为动机，对企业针对消费者需要特点制定营销策略，具有重要价值。首先，它提醒我们，消费者购买某种产品可能是出于多种需要与动机，产品、服务与需要之间并不存在一一对应的关系。在现代社会，如果认为消费者购买面包仅仅是为了充饥，那将大错特错。其次，只有低级需要获得充分满足后，高级需要才会更好地得到满足。企业在开发、设计产品时，既应重视产品的核心价值，也应重视产品为消费者提供的附加价值。因为前者可能更多地与消费者的某些基本需要相联系，后者更多地与其高层次需要相联系，用产品的附加功能取代其核心功能是注定要失败的。再次，越是涉及低级需要，人们对需要的满足方式与满足物就越明确，越是涉及高级需要，人们对满足这类需要越不确定。饿了要吃食物，渴了要喝水和饮料，对此，消费者十分明确和清楚。但对如何才能获得别人尊重，如何获得友谊，如何使生活更加美好，对这一类高级需要如何满足或以何种方式满足。消费者并不完全清楚。这实际上也意味着，越是满足高级需要的产品，企业越有机会和可能创造产品差异。最后，越是高级需要，越难以得到完全满足。原因在于，满足需要的愉快体验中又会产生更高的需要。一瓶“健力宝”或许已大部分平息了个体由于口渴所产生的不舒适感，而人们对爱、尊重和知识的渴望与追求几乎是无限的。一位真正的画家不会由于作了一幅好画而就此满足，一位真正的音乐家不会由于作了一首好曲而止步不前。过去的体验往往会成为人们进入更高境界的起点，促使他们去创作更好、更美的作品。“艺无止境”，消费者需要，尤其是高层次的需要同样没有终极的时候。

马斯洛的理论为理解人类一般行为提供了基本指南，但是它并不是一条严格的定律。无数事例表明，存在着许多为友谊或理想而牺牲生命，或为了自我实现而放弃食物和住所的人。不过，我们视其为例外，而承认马斯洛理论的普遍有效性。我们必须记住，任何具体的消费行为都可能同时满足人的多种需要。比如，对“皮埃尔”瓶装水的消费就可能同时满足生理和尊重的需要（甚至满足归属需要或安全需要）。

（2）赫茨伯格双因素理论　双因素理论是由美国心理学家弗雷德里克·赫茨伯格（Frederick Herzberg）于1959年提出来的。20世纪50年代末期，赫茨伯格和他的同事们对匹兹堡附近一些工商业机构的约200位专业人士做了一次调查。调查主要是想了解影响人们对工作满意和不满意的因素。结果发现，导致对工作满意的因素主要有五个：成就、认可、工作本身的吸引力、责任和发展；导致对工作不满的主要因素有：企业政策与行政管理、监督、工资、人际关系及工作条件等。

赫茨伯格将导致对工作不满的因素称为保健因素，将引起工作满意感的一类因素称为激励因素。保健因素，诸如规章制度、工资水平、福利待遇、工作条件等，对人的行为不起激励作用。但这些因素如果得不到保证，就会引起人们的不满，从而降低工作效率。激励因素，诸如提升、提职、工作上的成就感、个人潜力的发挥等，则能唤起人们的进取心，对人的行为起激励作用。要使人的工作效率提高，仅仅提供保健因素是不够的，还需要提供激励因素。一个单位固然要为员工提供具有吸引力的工资福利待遇和生产、生活条件，但如果这些待遇和条件采用平均分配的办法，不与个人的责任大小、工作业绩或成就挂钩，就只能起一种“保健”作用，起一种减少牢骚和不满的作用，无法激励员工不断进取和努力做出新的成绩。

将赫茨伯格双因素理论运用于消费者动机分析，亦具有多重价值与意义。商品的基本功能或为消费者提供的基本利益与价值，实际上可视为保健因素。这类基本的利益和价值如果不具备，就会使消费者不满。比如，保温杯不能很好地保温，收音机杂音较大，都会使消费者产生强烈的不满情绪，甚至导致对企业的不利宣传，要求退货，赔偿损失，提起法律诉讼等对抗行动。然而，商品具备了某些基本利益和价值，也不一定能保证消费者对其产生满意感。要使消费者对企业产品、服务形成忠诚感，还需在基本利益或基本价值之外，提供附加价值，比如使产品或商标具有独特的形象，产品的外观、包装具有与众不同的特点等。因为后一类因素才属激励因素，对满足消费者社会层次的需要具有直接意义。

商品的哪些特征、利益具有保健因素的成分，哪些具有激励因素成分，不是固定不变的。比如，在电视机刚发明面市的阶段，能够放出图像并伴有声音就足以促动一些消费者购买了。如果企业的产品还提供一些其他的功能与服务，消费者可能会非常满意。而现阶段，清晰的图像、优质的音响效果几乎成为一种必需。更多的功能、更漂亮的外观、品牌的声誉，以及企业不断创新的形象由于能更多地体现消费者较高层次的需要，因而带有较多的激励成分。另外，品牌所具有的保健因素与激励因素还会因目标市场的不同、因目标消费者生活方式和价值取向的不同而存在差别。

(3) 麦古尼的心理动机理论　麦古尼提出了一套更为详细的动机分类系统。

① 追求一致性的需要。人有一个基本的渴望，是希望自己与他人在各个方面获得一致，包括态度、行为、观点、自我形象、对他人的看法等。营销者可以在几个方面利用这一点。首先，它表明营销组合应该有一致性。一个设计精致、包装考究、分销有选择、广告强调独一无二的奢侈品，就不应该比一般的产品的定价低。价格和产品定位的不一致性可能导致消费者对产品的拒绝。20 世纪 80 年代，欧·米茄（Omega）手表就出现了这种情况。结果，在恢复一致的品牌形象的新管理策略采用之前，该公司几乎濒临破产。另一个与一致性有关的营销问题是“认知失调”，指消费者在采取重要的购买行为之后有一种怀疑自己是否明智的倾向。

② 归因的需要。人们总是想对发生的事情寻找原因。是谁或是什么导致了这一事件的发生？我们是否把我们所希望（或不希望）的结果归因于我们自己（或外界）？

试图理解消费者是怎样为其行为赋予特殊意义的“归因理论”，现在已被运用于分析消费者对促销信息的反应（即消费者是否相信促销信息）。当消费者把销售建议归因于销售商或广告时，他们往往不相信这类建议。而当类似的建议来自于朋友时，他们会将其归结为朋友好心的帮助，因而容易被他们接受。

事实上，消费者并不是被动地接受促销信息，而是自觉地将其归因于销售商的促销意图，由此使企业传递的信息“受怀疑”或打折扣。营销者想尽办法应付这一问题，办法之一便是在广告中使用可信度高的人。

③ 归类的需要。人们需要将信息和经历分类，整理成有用的、易理解和驾驭的形式。人们建立目录或在大脑中进行分类，以便处理大量的信息。价格通常被归为不同的类别，每类价格表示不同档次或类别的产品。高于 2 万美元的汽车与低于 2 万美元的汽车被认为是两类不同的汽车。许多公司将产品标价为 9.95 美元、19.95 美元、49.95 美元，原因之一便是想避免被消费者将这些产品归入 10 美元、20 美元或 50 美元以上的类别。

④ 对线索的需要。人们需要可观察的线索、符号来推断自身的感觉和想法。通过观察自己和他人的行为，通过对自身想法和感觉的推断，建立起某种印象、感觉和态度。很多情况下，衣着暗示了一个人所渴望的形象和生活方式。对很多公司来说，形象暗示

极为重要。为此，他们会专门聘请服装顾问公司为其管理人员设计服装，以使其与公司的形象相一致。

⑤ 追求独立的需要。对独立和自主的追求是美国文化的一个特色。其实，任何文化中的任何个人或多或少都有这种需要。美国人从小就被灌输这种独立性的观念，认为表达和满足这种需要是很重要的；在像日本这样的国家，归附于团体或团队较满足个人独立自主的需要更被社会所鼓励和接受。顺应美国人追求独立的需要，美国的营销者推出了很多产品，以表现“干你自己的事”和“成为你自己”的精神。

⑥ 求新和猎奇的需要。人们经常仅仅出于对新奇的需要而寻求变化。营销者将这种需要的结果称为“求变行为”。这也许是形成品牌转换和所谓的“冲动消费”的一个主要原因。消费者对新奇的需要是起伏变化的，也就是说，经历频繁改变的消费者会变得厌倦改变而渴望稳定，而处于稳定环境下的消费者会感到“腻味”而渴望变化。旅游业基于旅游者对新奇的需要，将度假旅行者市场按“探险”组和“休闲”组进行细分。

⑦ 自我表现的需要。人们需要向他人表达自身的存在，想让别人通过他们的行为（包括购物和展示所拥有物品的行为）了解他们是谁和是什么样的人。诸如服装、汽车之类的购买就能让消费者表现他们的身份，因为它们具有某种象征意义。比如，消费者购买最新推出的滑雪衫的动机可能远不止是出于保暖的需要。

⑧ 自我防御的需要。对身份和自我的保护的需要是人们的一种重要需要。当人们的身份受到威胁时，会采用保护措施和防御态度。许多产品提供这种自我防御。比如，当一个有不安全感的消费者购买可见性高的产品时，可能会依赖名牌，以避免或减少做出错误决策的可能性。

⑨ 出风头的需要。人们喜欢干一些能提高自身地位，或提高自身在他人心目中地位的事情。有强烈出风头需要的个体对一次购物感到不满时，会有更多的抱怨。

⑩ 强化的需要。人们经常被鼓励以某种固有的方式去行动，因为这样会给其带来好处。在公共场合使用的产品（服装、家具、杂志插图）通常以现有的销量和式样为基准。Keepsa ke 钻石在其广告中利用了人们的这一需要：“无论走到哪，你将立刻被分享你的兴奋的朋友所包围。”

⑪ 对亲密和谐的人际关系的需要。人们需要与别人交往、互相帮助，并发展起令人满意的关系。成为群体中的一员是大多数人生活的重要部分，而且，许多消费决定的做出是基于保持与他人的良好关系。营销者常使用诸如“你的孩子会喜欢你送的这件礼物”的广告。

⑫ 模仿的需要。人们有按照别人的方式行动的倾向。儿童学习成为消费者的一种主要途径就是模仿。模仿倾向能部分地解释参照组试验中出现的一致现象。营销者利用这一需要，让大众使用他们所推销的品牌。例如，“劳力士”（Rolex）把它的产品赠送给阿诺德·帕尔默（Arnold Palmer）、莫尼卡·克里斯丁森（Monica Kristensen）这样一些成功人士，然后声称这些人使用“劳力士”。

3. 动机理论在市场营销中的应用

贝克（Beck's）和海尼肯（Heineken）是两种主要由自信、高层次的男性专业人士所消费的进口啤酒。BBDO（一家广告代理商）却通过动机研究发现，消费者购买“海尼肯”主要是出于对地位的需要，而购买“贝克”是出于对个性的追求。由于不同品牌的购买是由不同的动机所驱使，由此要求为每种品牌制订独特的市场营销计划。

想象如果一个市场调研员询问你为什么购买某种牛仔服（或一种山地自行车，或科隆香水），你通常会回答："它很流行"，"我的朋友都穿它"，"它很合身"，或"它看起来适合我"。然而，也许还有其他你不愿承认或没有意识到的原因："它能显示我富有"，"它使我显得性感"，或"它使我显得年轻"。以上原因的全部或部分都会影响对一套牛仔时装的购买。

上面提到的消费者意识到并承认的动机，称为显性动机。与一个社会占统治地位的价值观相一致的动机比与其相冲突的动机更易为人们所意识到和承认。消费者未意识到或是不愿承认的动机，称为隐性动机。各种各样的显性动机和隐性动机都可能影响特定的购买行为，营销经理的首要任务就是确定影响目标市场的动机组合。

（1）基于多重动机的市场营销策略　一旦管理者找出了影响目标市场的动机组合，下一步就是围绕相应的动机制定营销策略。这又涉及从产品设计到营销传播的多方面决策。这些决策的性质在传播领域是最明显的。

由于消费者购买某种商品具有多重动机，产品应该提供多种利益，广告则应传递、反映这些利益。对于显性动机，广告可直接迎合。对于隐性动机，由于人们不愿公开承认，因此，需要采取间接的沟通方式。在一则广告中，诉求重点只能放在一个或少数几个购买动机上，否则会冲淡广告主题。然而，在整个传播过程中，企业需要考虑目标顾客所追求的所有重要动机。换言之，应使各种传播活动与消费者的显性与隐性动机相配合，而不能对其中的一些动机视而不见。

与此同时，消费者在多种购买动机支配下选择商品的特性，对企业的经营活动提出了这样的要求：在激烈的市场竞争中，商品要具有多方面的功能与优势，销售时要多方面介绍商品的特色与优点。

例如，最初速溶咖啡在美国不受欢迎，其主要原因就是在于经营者不了解消费者的购买动机，广告所大力宣传的既快又方便的优点，恰恰给消费者造成了心理压力，与他们的购买动机不相符合。经过调查后，弄清了消费者的购买动机，并重新制定了具有针对性的营销策略，广告宣传不再提到其省时省力的特点，转而渲染其具有与传统咖啡同样的芳香、美味和质地醇厚，甚至在包装上有意增加了开启难度，终于使产品打开了销路，不久便成为全美乃至全世界最受欢迎的咖啡。

（2）基于动机冲突的市场营销策略　在消费者的购买行为中，有关的多种动机有时是冲突的。前面我们已提到消费者购买动机冲突共有三种。许多情况下，企业可以对消费者面临的冲突进行分析，提供缓解的办法，以吸引消费者选择本企业的产品或品牌。比如，在广告宣传中强化某一选择的价值与利益，或通过降价、延期付款等方式使某一选择更具有吸引力，是解除双趋冲突的有效方式。又比如，提供保修承诺，保证在一定时期内如果消费者发现以更低价格出售同类产品的商家，就返回差价，甚至给予奖励等。企业应付或解除消费者双避冲突的方式很多。比如，企业如果采取分期付款、承诺售出产品可以以旧换新的营销策略，可以使消费者的购买风险大大减少，从而使冲突得到明显缓和。一些医疗机构在宣传某种戒毒方法、疾病治疗方法时常常采取这一策略。

四、小结

消费者动机是促使消费行为发生并为消费行为提供目的和方向的动力。关于动机的理论很多。马斯洛的需要层次理论表明，必须使基本的动机获得最低限度的满足之后，更高级的动机才会被激活。马斯洛将需要分为五个层次：生理需要、安全需要、归属需要、尊重需要、自我实现的需要。

赫茨伯格双因素理论：导致对工作满意的因素主要有五个：成就、认可、工作本身的吸引力、责任和发展；导致对工作不满的主要因素有：企业政策与行政管理、监督、工资、人际关系及工作条件等。赫茨伯格将导致对工作不满的因素称为保健因素，将引起工作满意感的一类因素称为激励因素。保健因素对人的行为不起激励作用。但这些因素如果得不到保证，就会引起人们的不满，从而降低工作效率。激励因素则能唤起人们的进取心，对人的行为起激励作用。要使人的工作效率提高，仅仅提供保健因素是不够的，还需要提供激励因素。

麦古尼发展出一套更详细具体的动机理论——一致性、归因、归类、线索、独立、新奇、自我表现、自我防御、出风头、强化、亲密和谐的人际关系和模仿的需要。

我们把消费者在各种消费活动中普遍存在的购买动机概括为两种类型，即生理购买动机和心理购买动机。消费者一般的购买动机在每一次具体购买中是通过具体的购买动机表现出来的。

由于存在各种各样的动机，而且消费者面临着许多不同的情境，动机冲突可能在所难免。在“双趋”型动机冲突中，消费者面临在两个吸引人的选择中挑选一个的抉择。在“趋避”型动机冲突中，消费者面临同一个产品所带来的正面和负面双重结果。在“双避”型动机冲突中，消费者面临两种都不希望的选择结果。

消费者意识到并承认的动机，称为显性动机。消费者未意识到或是不愿承认的动机，称为隐性动机。各种各样的显性动机和隐性动机都可能影响特定的购买行为，营销经理的首要任务就是确定影响目标市场的动机组合，并围绕相应的动机制定营销策略。

五、复习思考题

1. 什么是动机？
2. 描述消费者的一般购买动机。
3. 描述消费者的具体购买动机。
4. 马斯洛的需要层次有什么用处？描述马斯洛需要层次的内容。
5. 描述赫茨伯格的双因素理论。
6. 描述麦古尼的动机理论。
7. 动机冲突是什么意思？它对营销经理有什么启示？
8. 什么是显性动机和隐性动机？
9. 如何运用动机理论进行市场营销？

六、实训

1. 案例分析

不准偷看

泰国首都曼谷有家酒吧，门口放着一个巨型酒桶，外面写着醒目的大字“不准偷看”。过往行人十分好奇，偏偏非要看个究竟不可。只要把头探进桶里，便可以闻到一种清醇芳香的酒味，还可以看到桶底“本店美酒与众不同，请享用！”字样，不少大叫上当的人，却在一笑之后顿觉酒瘾大发，于是进店试饮几杯。

（资料来源：http://www.docin.com/p-658370598.html）

思考和训练

试分析该酒店是利用了消费者什么消费动机进行营销的?

(参考答案 该酒店是利用人们的好奇心理，赢得客人。消费者对一些新异的刺激物容易产生好奇心理，他们对新奇事物更感兴趣，而“不准偷看”这种消费活动具有新异性，正好激发了客人前来消费的好奇动机。)

2. 技能训练

描述在购买以下东西(或服务)时，动机冲突会怎样产生?

(1) 折价商品;

(2) 豪华餐馆;

(3) 赛车;

(4) 山地自行车。

模块14 影响消费者行为的态度因素

一、教学目标

1. 能力目标

能运用态度及其在市场营销中的应用等相关资料，分析解决消费者心理和行为问题。

2. 知识目标

理解态度的本质。掌握态度改变的方式及途径、态度改变的营销策略。

3. 素质目标

完成任务的态度；知识应用能力；信息搜集处理能力；理解、分析、表达能力；交流沟通能力；与人合作能力；自学能力；解决问题能力；应变能力；组织能力；敬业精神。

二、案例

1. 案例介绍

安踏广告与消费者态度

自安踏成立那天起，安踏的决策层便把眼光投向了亿万工薪阶层，避开耐克、阿迪达斯等以昂贵的价格、新颖的款式吸引国内高端消费的世界品牌。于是，款式多样、物美价廉的安踏运动休闲产品顺理成章地成为一般消费者的首选。但对于让一个不为人知的产品，如何使广大消费者知道是首要问题。

1999年，年利润还不到1000万元的安踏，经过周密的策划，认准了奥运战略的巨大影响力，在成为中国体育代表团的礼品鞋后，又以每年80万聘请著名乒乓球国手孔令辉作自己品牌的形象代言人，并在2000年悉尼奥运会期间，投入1000万元在央视进行广告轰炸，并制作了洋溢着爱国激情的品牌广告在央视黄金时间“密集轰炸”。

因为乒乓球是国球，而孔令辉又是国球中的老大，肯定会引起国人关注。伴随着孔令辉取胜后激情难抑地亲吻五星红旗，安踏这个国产品牌也在这激动人心的时刻铭刻在国人心里。就这样，安踏仅以数十万的投资就让自己的名字伴随着孔令辉的赫赫声望和“我选择，我喜欢”的标志性口号响彻全国。安踏借悉尼奥运会一炮打红，跃升为全国著名品牌，当年的销售额就突破亿元。

（资料来源：http://wenku.baidu.com/link? url = nUoP-nKmsbziPFF3nAn5QWIGTWWUp-UacuBGPG1SELoaWqCBJO2geoVLWtuZGDxCEC6rWECclAyQw6CJ8g2mF-w3e7hpiLOgdeR8FxKu8-Kca）

2. 案例分析

安踏的营销策略是利用信息性影响和改变消费者态度的策略，用著名乒乓球国手孔令辉作自己品牌的形象代言人，而且巧妙地将对祖国的爱与安踏相连，诱发消费者爱的需要，产生感情上的共鸣，在心中留下深刻美好的印象，从而使消费者对安踏有了肯定接纳的态度。

安踏重点突出“运动精神”与“民族精神”的完美结合，与消费者在精神层面建立连接，全面提升品牌形象。

3. 思考·讨论·训练

（1）安踏广告营销的策略是什么？

（2）安踏是怎样与消费者在精神层面建立连接，全面提升品牌形象的？

三、理论知识

1. 态度的本质

有两个中国台湾观光团到日本伊豆半岛旅游，路况很坏，到处都是坑洞。一位导游连声说路面简直像麻子一样。另一个导游却诗意盎然地对游客说：“我们现在走的正是赫赫有名的伊豆迷人酒窝大道。”

虽是同样的情况，但不同的意念，就会产生不同的态度。思想是何等奇妙的事，如何去想，决定权在你。

（1）态度的含义　态度（attitude）一词源于拉丁语的 aptus，后者含有“合适”、“适应”的意思。到了18世纪，它开始被用来指身体姿势，指人对其他事物的身体上的倾向。18世纪末，生物学家达尔文在生物学意义上使用这一词，并赋予它“在身体上表达情感”或“情感的外部表露”之类的意思。在现代心理学中，态度指人们对于事物所持有的肯定或否定、接近或回避、支持或反对的心理和行为的倾向。它是“对于给定事物喜欢或不喜欢的反应倾向”。简单来说，态度就是对人、事、物、观念等的评价。

消费态度是消费者评价消费对象优劣的心理倾向，导致消费者喜欢或讨厌、接近或远离特定的产品和服务。消费者对产品或品牌的态度会直接影响其购买决策，在使用商品或服务中获得的经验又转过来直接影响消费者的态度，从而影响下一次的购买决策。

态度作为一种心理倾向，通常以语言形式的意见或非语言形式的动作、行为表现出来。因此，通过对意见、行动的了解、观察，可以推断人们对某一事物的态度。同样，通过消费者对某类商品或劳务的意见、评价，以及积极、消极乃至拒绝的行为方式，也可以了解其对该类商品或劳务的态度。例如，当观察到消费者对某品牌液晶彩电踊跃购买的情况时，就可以推断出消费者对该品牌持肯定和赞赏的态度。

（2）态度的构成 消费者的态度是由认知、情感和行为倾向三种要素构成的复合系统。各个要素在态度系统中处于不同的层次地位，担负不同的职能，如图 3-5 所示。

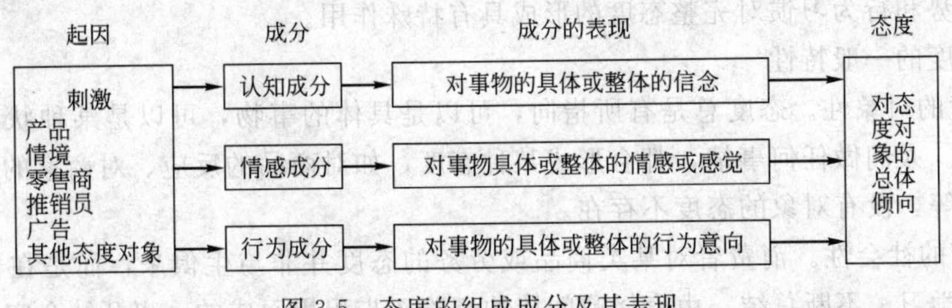

图 3-5 态度的组成成分及其表现

① 认知成分。认知成分由消费者关于某个事物的信念所构成。对于大多数事物，人们都有一些信念。例如，人们也许相信并认为“可口可乐”：几乎不含热量；含有咖啡因；相对来说贵一些；是一家大公司生产的。关于这种品牌饮料的所有信念构成了对“可口可乐”的态度的认知成分。

认知是指对态度对象的评价，是构成消费者态度的基石。它表现为消费者对有关商品质量、商标、包装、服务与信誉等的印象、理解、观点、意见等。消费者只有在对上述事物有认知的基础上，才有可能形成对某类商品的具体态度。而认知是否正确，是否存在偏见或误解，将直接决定消费者态度的倾向性。因此，保持公正、准确的认知是端正消费者态度的前提。

② 情感成分。我们对某个事物的感情或情绪性反应就是态度的情感成分。一个宣称“我喜欢健怡可乐”或“健怡可乐是一种糟糕的苏打水”的消费者所表达的是关于产品的情感性评价。情感成分是指对人、对事所做的情感判断。它是态度的核心并和人们的行为紧密相联。例如，某人喜欢“格兰仕”牌微波炉。这种喜欢包含有积极的感情成分。积极的感情就会使他对“格兰仕”牌微波炉产生肯定的态度和接近倾向。如果条件具备，他就可能会买一台“格兰仕”牌微波炉。

③ 行为成分。态度的行为成分是一个人对某事物或某项活动做出特定反应的倾向，即行为的准备状态。行为成分提供了反应倾向或行为意向。人们的实际行为反映出这些意向，而这些意向会随着行为所发生的情境而调整。

在消费过程中，行为成分表现为消费者对有关商品、劳务采取的反应倾向，其中包括表达态度的语言和非语言的行动表现。例如，某人了解到“TCL”的手机性价比合适，于是向亲朋好友宣传商品的优越性，购买或不购买等一系列决定，能反映出态度的行为成分。行为成分是消费者态度的外在显示，同时也是态度的最终体现。只有通过行为成分，态度才能成为具有完整功能的有机系统。此外，行为成分还是态度系统与外部环境进行交流和沟通的媒介。通过语言和非语言行为成分，消费者可以向外界表明自己的态度，其他社会成员、群体、生产厂家及商品经营者也可以从行为成分中充分了解消费者的真实态度。

一般情况下，态度的三个要素作用方向是相互协调一致的，消费者态度表现为三者的统一。但是在特殊的情境中，上述三种要素亦有可能发生背离，呈反向作用，以致消费者的态度呈现矛盾状态。例如，有一位消费者根据自己掌握的信息，预先判断某种品牌的轿车有很大的降价空间，如果再等等，可以买到质量好、价格低的车。但由于对此款轿车具有强烈的好感，加上亲朋好友也陆续买了车，因而促成其“明知故买”。又如，对某品牌的电脑，消费者认为有必要且愿意购买，但在行动上却因某种原因一再拖延。由此可见，在态度的三个构成要素中，任何一项要素发生偏离，都会导致消费者态度的失调和作用的不完整，而其中尤以情感定势和行为习惯对完整态度的形成具有特殊作用。

（3）态度的一般特性

① 态度的对象性。态度总是有所指向，可以是具体的事物，可以是某种状态，还可以是某种观点。人们做任何事情，都会形成某种态度，如对商品的反应、对商家的印象、对服务员的看法等，没有对象的态度不存在。

② 态度的社会性。消费者对某类商品或劳务的态度并非与生俱来，而是在长期的社会实践中不断学习、不断总结，由直接或间接的经验逐步积累而成的。离开社会实践，特别是消费实践活动，离开与其他社会成员、群体、组织的互动，以及将社会信息内化的过程，则无从形成人的态度。因此，消费者的态度必然带有明显的社会性和时代特点。

③ 态度的价值性。在消费活动中，消费者之所以对某类商品或劳务持有这样或那样的态度，无不取决于该商品或劳务对自己具有的价值大小。实现价值大的，消费者就持积极的态度倾向；反之，实现价值小或无价值的，消费者则持消极的态度倾向。因此，从一定意义上说，价值成为决定消费者态度的本质特性。

④ 态度的稳定性。由于消费者的态度是在长期社会实践中逐渐积累形成的，因此，某种态度一旦形成，便保持相对稳定，如对某种品牌的偏爱，对某家老字号商店的信任等。态度的稳定性使消费者的购买行为具有一定的规律性和习惯性，从而有助于某些购买决策的常规化和程序化。即使消费者收入水平有所下降，由于长期消费习惯的影响，消费水平也不会马上下降，这就是所谓的“制轮效应”。

⑤ 态度的差异性。消费者态度的形成受多种主、客观因素的影响和制约。由于各种因素在内容、作用、强度及组合方式上千差万别，因此，消费者的态度也存在众多差异。不仅不同的消费者对待同一商品可能持有完全不同的态度，而且同一消费者在不同的年龄阶段和生活环境中，对同一商品也可能产生截然不同的态度和感受。态度的差异性对消费市场细分具有重要意义。

（4）态度的基本功能　在日常的购买行为中，消费者何时、何地、以何种方式购买何种商品，取决于多种因素，其中态度具有极其重要的作用。

购买行为是消费者产生购买动机，形成购买意图，采取购买行动的连续过程。其中，购买意图是导致实际购买行动，并最终完成购买过程的关键。明确的购买意图来自对商品或劳务的坚定信念和积极态度。凡对某商品的品牌、质量、外观和服务等抱有好感或偏爱，持肯定、赞赏态度的消费者，在产生购买需要时，必定首先将意念集中于该商品，继而导向该商品的实际购买。从这个意义上讲，形成态度能够满足或有助于满足消费需要，或者说，态度本身具有一定的功能。虽然在学术界已经发展起了关于态度功能的理论，但其中受到广泛注意的是卡茨（D. Katz）的理论。卡茨认为，态度有四种基本功能，即适应功能、防御功能、认知功能和表现功能。下面，我们结合消费者态度，将这四个功能稍加变形进行分析。

① 适应功能。适应功能也称实利功能和功利功能。它是指态度能使人更好地适应环境和趋利避害。人是社会性动物，他人和社会群体对人的生存、发展具有重要的作用。只有形成适当的态度，才能从某些重要的人物或群体那里获得赞同、奖赏或与其打成一片。例如，销售人员如对顾客的购买行为表示赞美，进而使顾客形成正面的态度和好感，销售可能会比

较容易，而且消费者在下次遇到这些产品或服务时，也会做出一致的反应。

② 防御功能。它是指当消费者的个别行为与所属群体的行为相左，或与社会通行的价值标准发生冲突时，消费者可以通过坚持固有态度以保护个体的现有人格，或适当调整和改变态度，求得与外部环境的协调，从而减少心理紧张，保持心理平衡，同时增强对挫折的容忍力与抗争力。例如，在消费过程中，我们经常可以看到一些收入水平并不高的消费者不时购买一些高级美容化妆品、抗衰老保健品或者对这种行为持积极的态度，实际上也是出于自我防御的目的，有意无意地防御由于身体衰老或自感容貌平平所滋生的不安心理。

③ 认知功能。态度的认知功能是指消费者形成某种态度，更有利于对事物的认知和理解。事实上，态度可以作为帮助消费者理解商品或劳务、广告、销售促进等的一种标准或参照物。消费者在已经形成的态度倾向性的支配下，可以决定是趋利还是避害。通过这种方式，可以使外部环境简单化，从而使消费者集中精力关注那些更为重要的事件。另外，态度的认知功能也有助于部分地解释品牌忠诚的影响。对某一品牌形成好感和忠诚，能够减少信息搜集时间，简化消费决策程序，并使消费者的行为趋于稳定。

④ 表现功能。它是指通过态度表现出消费者的性格、志趣、文化修养，特别是自己的核心价值观念，同时反映消费者可能选择的决策方案和即将采取的购买行动。

2. 消费者态度的改变

“霸王”洗发水广告的男主角是在海内外都具有很好口碑和很受人们喜爱的明星成龙。众所周知，成龙是很少拍广告的。为什么他会接“霸王”洗发水的广告？刚开始的时候成龙是没有答应代言该产品的，但是当他使用该产品之后，觉得效果非常好，他便推荐给他的亲戚朋友使用，并且答应了代言该洗发水的广告。他在广告里表现出来的是他真实的头发，并没有经过什么特别的处理，而这样的效果却非常好。而且，他也在记者招待会上说明了这一切，得到了人们的好评。

这就是喜爱程度高的传递者对受众人群产生积极效应的很好的例子。

消费者态度的改变是指已经形成的态度在接受某一信息或意见的影响后而引起的变化。众所周知，消费者任何态度的形成都是消费者在后天环境中不断学习的过程，是各种主、客观因素不断作用影响的结果。其中，主要的影响因素包括消费者的需求欲望、个性特征、知识经验、生活环境、相关群体的态度等。尽管态度一旦形成后就成为消费者人格的一部分，影响其心理活动和行为方式，但是由于促成消费者态度形成的因素大多具有动态性质，因此，某种态度在形成之后并非是一成不变的。

（1）消费者态度改变的方式　根据方式不同，消费者态度的改变可以分为性质的改变和程度的改变两种。

① 性质的改变。性质的改变表现为态度发生方向性的变化，即由原来的倾向性转变为相反的倾向性。例如，消费者对某名牌冰箱一直抱有好感，但购买后频频发生质量问题，从此对该品牌失去信任，即由积极肯定的态度改变为消极否定的态度。

② 程度的改变。程度的改变表现为态度不发生方向性变化，而是沿着原有倾向呈现增强或减弱的量的变化。例如，通过实际使用，消费者对微波炉由一般感兴趣发展为大加赞赏，并极力向他人推荐，即为态度的积极程度得到了加强。

在实际活动中，上述两种方式的区分并非是绝对的。在性质的改变中包含着程度的改变，而程度的改变积累到一定程度又会引起性质的变化。通过各种途径将消极态度转化为积极态度，使一般的好感增强为强烈的赞许和支持，同时阻止积极态度向消极态度退化，力求使恶意或反感得到弱化，正是改变消费者态度的目的所在。

(2) 消费者态度改变的途径　消费者态度是在诸多影响因素的共同作用下形成的。当影响因素发生变化时，消费者的态度也将随之改变。因此，凡是促成影响因素变化的措施，都可以成为改变态度的途径。但是，由消费者权利和行为的高度自主性决定，对其态度的改变不能采取强制、压服的方式，而只能通过说服诱导，促成消费者自动放弃原有的态度，接受新的意见观念。否则，态度的改变就有可能停留在表面现象，不能内化为稳定的心理倾向，并且稍遇挫折便会发生反复。由此可见，态度改变的过程同时也是说服与被说服的过程。

按照方式的不同，说服可以分为直接说服与间接说服两类。

① 直接说服。直接说服就是以语言、文字、画面等为载体，利用各种宣传媒介直接向消费者传递有关信息，以达到改变其固有态度的目的。直接说服的效果优劣受信息传递过程中各种相关因素的影响，主要包括以下几方面。

a. 信息源的信誉和效能。前者指信息发出者和信息本身的可信程度，后者则指所发信息是否清晰、准确、易于理解和记忆。信息源特征主要有四个，即传递者的权威性、可靠性、外表的吸引力和受众对传递者的喜爱程度。一般来说，信息传递者的权威性越高、传递者外表越具有魅力和吸引力、消费者对传递者的喜爱程度越高，消费者对信息的相信和接受程度越高，说服的效果就越好，改变态度的可能性也就越大。另外，信息本身的质量优良，内容真实可信，表达形式完美，也容易给消费者留下深刻、美好的印象，增加心理开放程度，减少抵触情绪，从而增强说服效果。

b. 传递信息的媒介方式。在现代信息社会中，传递消费信息的媒介渠道多种多样，主要有各种广告媒介，如网络、报纸、杂志、电视、广播、招贴、橱窗、模特等；面对面口传信息，如上门推销、召开顾客座谈会、售货人员介绍商品、消费者之间相互推荐、交流情报等。研究表明，不同的传递媒介对消费者的说服效果不尽相同。为此，在向消费者进行说服时，应当根据信息的内容、被说服者的特点及情景条件选择适宜的媒介方式。

c. 消费者的信息接收能力。当商品信息以恰当的媒介渠道准确、清晰地传递给消费者时，消费者的接收能力就成为影响说服效果大小的决定性因素。接收能力是消费者的动机、个性、文化水平、知觉、理解、判断等方面能力的综合反映。由于消费者在上述方面存在着差异，其接收能力也有着显著的差别。因接收能力不同，面对同一信息，消费者可以做出程度不同甚至截然相反的反应。因此，在采用直接说服方式时，必须考虑消费者信息接收能力的差异，针对接收对象的能力和特点制定适宜的信息内容和传递方式。

② 间接说服。间接说服又称间接影响，是以各种非语言方式向消费者施加影响，通过潜移默化，诱导消费者自动改变态度。间接影响可以采取多种方式进行。

a. 利用相关群体的作用。消费者生活在一定的社会群体或组织中，所属群体在消费方式上的意见、态度、行为准则等对消费者的态度有着深刻而重要的影响。消费者总是力求与所属群体保持态度一致，遵从群体规范，以便求得群体的承认、信任和尊重，满足其归属的需要。而当群体的态度及行为方式发生变化时，消费者也会自觉地对原有态度作相应调整，使之与群体相统一。因此，利用上述相关关系，推动某一群体改变原有消费方式，就可以有效地促使消费者自觉改变态度。

b. 亲身实践体验。许多片面的、与事实不符的消费态度往往是在消费者对商品的性能、功效、质量等缺乏了解，而又不愿轻信广告宣传的情况下产生的。针对这类状况，可以提供必要条件，让消费者亲自尝试。亲身体验的方式往往具有极强的说服力，对迅速改变消费者态度有着其他方式无法比拟的效果。

综上所述，直接说服与间接说服对消费者态度的改变具有不同的作用方式和效果。在实践中，诱导消费者态度向预期的方向转化，应当恰当地选择改变途径，并酌情配套使用各种方式。

3. 营销策略与消费者态度的改变

前几年有个电视广告：画面上妈妈在溪边用手洗衣服，白发飘乱。镜头转换，是我给妈妈带来的威力洗衣机。接下去是妈妈的笑脸。画外音是："妈妈，我又梦见了村边的小溪，梦见了奶奶，梦见了您。妈妈，我给您捎去了一个好东西——威力洗衣机。献给母亲的爱！"画面与语言的配合，烘托出一个感人的主题：献给母亲的爱。虽然整个广告只字未提洗衣机的优点。但却给人以强烈的情感体验。谁能不爱自己的母亲呢？这个广告巧妙地把对母亲的爱与洗衣机相连，诱发了消费者爱的需要，产生了感情上的共鸣，在心中留下深刻美好的印象，对此洗衣机有了肯定接纳的态度。因此，在广告有限的时空中以理服人地呈递信息固然显得公正客观，但以情动人的方式更容易感染消费者，打动他们的心。

这就是改变情感成分营销策略很好的例子。

消费者在购买决策过程中不仅会因态度产生偏爱，而且还会产生偏见。厂商从保护自身的利益出发，要改变消费者的消极态度，推广厂家的商品。除此以外，有的厂商为了在激烈竞争的市场上争取更多的消费者，需要改变消费者原来的不积极（但不是偏见）的态度，形成积极的肯定的态度，使消费者对该厂家的产品产生购买的兴趣。

改变消费者态度的营销策略主要有以下几种。

(1) 改变认知成分

① 改变信念。改变信念指改变消费者对品牌或产品的一个和多个属性的信念，具体方法是提供有力的事实或描述。例如，消费者可能认为海尔洗衣机没有国外产的洗衣机耐用。海尔集团可以提供大量的实验数据证实海尔洗衣机连续运转时间已经达到世界先进水平，丝毫不逊于国外的洗衣机，也可向顾客承诺长于国外洗衣机的保修时间。

② 改变属性的权重。消费者认为产品的某些属性比另外一些属性更加重要，从而对本公司的品牌产生了不利的认知。营销人员可以设法改变消费者的属性权重，强调本公司产品相对较强的属性是此类产品最重要的属性，以改变消费者的品牌认知。例如，克莱斯勒汽车在款式、耐用性、节油性、舒适性等方面和竞争者相比不占优势，但它是最早将汽车安全气囊作为标准配备的汽车公司之一。因此，它在广告中大力强调汽车的安全性是汽车最重要的属性，使消费者的品牌认知朝着有利于该品牌的方向倾斜。

③ 增加新信念。增加新信念指在消费者的认知结构中增加新的属性概念，使消费者原先没有认识到或没有重视的本公司或本产品相对较强的属性成为影响消费者产品认知的重要属性。例如，多数消费者购买台式电脑显示器时对辐射问题并未给予充分的重视，换言之，消费者关于显示器的品牌信念形成过程中没有考虑"辐射量"这项属性指标。如果这种情况不改变，消费者就不可能购买无辐射但价格昂贵的液晶显示器。营销人员可运用多种手段宣传辐射对人体造成的危害，促使消费者把辐射量作为显示器的重要属性来考虑，就能够改变其产品信念和购买行为。

④ 改变理想点。改变理想点指在既不改变消费者的属性权重，也不增加新属性的条

件下改变消费者对属性理想标准的认识。例如，电视机尺寸大小是消费者选择产品所考虑的重要属性之一，许多人存在着单纯求大的倾向，导致许多中等尺寸的电视机销路不佳。营销人员可宣传电视机的尺寸应当与房间的大小相适应，改变消费者关于电视机理想尺寸的认识。

（2）改变情感成分 营销人员越来越多地试图在不直接影响消费者品牌信念和行为的条件下先影响他们的情感，促使他们对产品产生好感。一旦消费者以后对该类产品产生需要，这些好感会导致购买行为。或者，好感会直接促进购买，在使用过程中建立对品牌的正面信念。营销人员建立消费者对产品的好感的方法有三种：经典性条件反射、激发对广告本身的情感和增加消费者对品牌的接触。

① 经典性条件反射。企业将消费者喜爱的某种刺激与品牌名称放在一起展示，多次反复就会将该刺激产生的正面情感转移到品牌上来。例如，极限挑战运动能够激发消费者感受力量和毅力的正面情感。如果把极限挑战运动的镜头与某运动饮料的品牌多次在一道播放，就会将消费者对该项运动的喜爱转移到本品牌上来。

② 激发对广告本身的情感。消费者如果喜爱一则广告，也能导致对产品的正面情感，进而提高购买参与程度，激发有意识的决策过程。使用幽默广告、名人广告、比较广告、情感性广告等都能增加受众对广告的喜爱。这类广告中不一定要含有具体的认知信息。消费者对广告本身的态度（如喜欢或不喜欢）是营销成败的关键。

③ 增加消费者对品牌的接触。研究表明，大量的品牌接触也能增加消费者对品牌的好感。对于低度参与的产品，可以通过广告的反复播放提高消费者的喜爱程度，而不必改变消费者最初的认知结构。这里，重复是以情感为基础的营销活动的关键。广告的传统测量方法侧重于信息的认知成分，而这些方法对以情感为基础的广告是不适用的。

（3）改变行为成分 消费者的行为可以发生在认知和情感之后，也可以发生在认知和情感之前，甚至可以与认知和情感相对立。行为能够直接导致认知和情感的形成，消费者常常在事先没有认知和情感的情况下尝试购买和使用一些便宜的新品牌或新型号的产品。在改变消费者的认知或情感之前改变其行为的主要途径是运用操作性条件反射理论。营销人员的关键任务是促使消费者使用或购买本企业产品并确保产品的优异质量和功能，使消费者感到购买本产品是值得的。吸引消费者使用和购买产品的常用技巧有优惠券、免费试用、购物现场的展示、搭售以及降价销售等。此外，还要健全商品分销系统，保持适当的库存，避免脱销，防止现有顾客再去尝试竞争性品牌，因为这种尝试很可能引起消费者对竞争产品的好感并改变其购买选择。

四、小结

态度就是对人、事、物、观念等的评价。态度作为一种心理倾向，通常以语言形式的意见或非语言形式的动作、行为表现出来。因此，通过对意见、行动的了解、观察，可以推断人们对某一事物的态度。同样，通过消费者对某类商品或劳务的意见、评价，以及积极、消极乃至拒绝的行为方式，也可以了解其对该类商品或劳务的态度。态度影响并且反映了个体的消费方式。

态度有三个组成成分：认知、情感和行为。认知成分由消费者关于某个事物的信念所构成。情感成分是对态度对象的感觉或情感反应。行为成分是一个人对某事物或某项活动做出特定反应的倾向，即行为的准备状态。总的来说，态度的三个组成成分倾向于彼此保持一致。

态度具有对象性、社会性、价值性、稳定性和差异性的特性。态度有四种基本功能，即适应功能、防御功能、认知功能和表现功能。

消费者态度的改变是指已经形成的态度在接受某一信息或意见的影响后而引起的变化。根据方式不同，消费者态度的改变可以分为性质的改变和程度的改变两种。性质的改变表现为态度发生方向性的变化，即由原来的倾向性转变为相反的倾向性。程度的改变表现为态度不发生方向性变化，而是沿着原有倾向呈现增强或减弱的量的变化。

改变态度的策略可以侧重于情感、行为、认知或它们的组合。改变情感往往要依赖于经典性条件反射，改变行为则更多地依赖于操作性条件反射。改变认知则要涉及信息处理和认知学习。

五、复习思考题

1. 什么是态度？
2. 态度的组成成分是什么？态度的各组成成分是一致的吗？
3. 态度的一般特性是什么？
4. 态度的基本功能是什么？
5. 消费者态度改变的方式有哪些？
6. 消费者态度改变的途径有哪些？
7. 用什么策略可以改变以下态度成分？

(a) 情感成分

(b) 行为成分

(c) 认知成分

六、实训

1. 案例分析

百事可乐

百事可乐公司创始于1898年，是世界上最成功的消费品公司之一。1981年，百事公司进入中国市场。“新一代的选择”是百事独特、创新、积极的品牌个性，鼓励新一代人对自己、对生命有更多的追求。1998年，全新口号“渴望无限”是人生态度，是百事与全球新一代的共同目标。由形象化到实践的升华，是一种更高层次的品牌核心价值，为百事与目标消费者之间建立起了良好的沟通桥梁，在年轻人心中建立起了受欢迎的品牌形象。

百事可乐的品牌标志以蓝色为标识色，标志是红、白、蓝相间的球体，富有动感。标志的设计紧扣目标消费者的心理特点，并根据时代的变化不断地修正。采用生动的、瞬息万变的立体图像，表现百事的核心价值理念。全新百事圆球标识象征着一种与时俱进的精神，与全世界的消费者紧密联系在一起。

1. 独特的音乐营销

1998年1月，百事与青春偶像郭富城合作，推出了“唱这歌”的MTV。身着蓝色礼服的郭富城以其活力无边的外形和矫健的舞姿，把百事“渴望无限”的主题发挥得淋漓尽致，在亚洲地区受到年轻一代的普遍欢迎。

1998年9月，百事可乐在全球范围内推出最新的蓝色包装。为配合新包装的亮相，郭富城拍摄了广告片“一变倾城”，也是新专辑的同名主打歌曲。蓝色“新酷装”百事可乐借助郭富城“一变倾城”的广告和大量的宣传活动，以“ask for more”为主题，随着珍妮·杰克逊、瑞奇·马丁、王菲和郭富城的联袂出击，掀起了“渴望无限”的蓝色风暴。

由郭富城和珍妮·杰克逊拍摄的“渴望无限”广告片，投资巨大、场面恢弘。“渴望无限”的歌曲由珍妮·杰克逊作曲，音乐从慢节奏过渡到蓝色节奏，最后变成20世纪60年代的House音乐，曲风华丽。郭富城美伦美换的表演、性感的造型，加上珍妮·杰克逊大气的唱功，使整个广告片充满了浪漫色彩，尤其由来自不同地区、不同肤色的两位巨星共同演绎，更加引入注目。

王菲的歌曲在亚洲乐坛是独树一帜，她自创的音乐《存在》在“渴望无限”为主题的广告片中，不仅表现了她对音乐的执著追求与坚定信念，而且很好地诠释和体现了“渴望无限”的理念。

利用“渴望无限”的感性诉求表达出年轻一代的人生观、价值观：虽不能改变世界，但能从生活中获取精彩人生；追求独立自主的生活，对未来充满无限憧憬；深信世界充满机会，相信生命将会无比精彩。百事将和年轻一代共同实践人生。

2002年，新一代郑秀文和F4相继成为百事广告代言人。

音乐的传播与流行得益于听众的传唱，百事的音乐营销成功在于它感悟到了音乐的沟通魅力，一种互动式的沟通。好听的歌曲旋律，打动人心的歌词，都是与消费者沟通的最好语言，品牌的理念自然而然深入了人心。

2. 网络营销

百事网络广告活泼，无论是画面构图，还是动画人物，都传达着一种“酷”的感觉。2000年，拉丁王子瑞奇·马丁、“小甜甜”布莱妮和乐队Weezer先后出现在百事可乐的广告中。从NBA到棒球，从奥斯卡到古墓丽影游戏、电影，百事可乐的网络广告总能捕捉到青少年的兴趣点和关注点，将“渴望无限”的品牌理念与年轻一代的兴趣点、关注点结合起来。

2001年中国申奥成功，百事可乐在网络广告中独具匠心，实现了品牌的激情无限与气势非凡的内涵画面精彩结合，用动感的水滴传达出了百事可乐充沛的活力。百事可乐把申办前的“渴望无限”和申办成功后的“终于解渴了”整合在一起，双关语意把中国人民对奥运会的期盼与百事可乐巧妙地联系在一起，产生了极佳的沟通效果。做成的全屏广告造成了很大的冲击力，与当时的气氛同频共振，在短短的四小时里，点击数高达67877人次。百事可乐与目标消费者共同支持申奥，心灵相映，情感相通，收到了良好的社会效果，品牌的社会形象得以大大提高。

同时，在百事可乐中英文网站中，还设有“百事足球世界”、“精彩音乐”、游戏等相关内容，不仅增加了网站的娱乐性与趣味性，而且是创造吸引注意力的较好办法。线上与线下的互动保持了百事可乐广告的连续性、一致性，实现了媒介的有效结合。

消费者对品牌认识的心理定律流程为：品牌信息——注意——感知——记忆——联想——购买动机——试用——评价——态度——口碑——信任——强化——情感共鸣（忠诚）。而品牌标志引起注意，激发联想，产生情感认同。百事可乐充分利用音乐和品牌标志来营销，让消费者在得到百事相关信息时，能够在心目中唤起记忆和联想，以及感觉、情绪。

（资料来源：平建恒，王惠琴主编．消费者行为分析．北京：中国经济出版社，2008）

思考和训练 ① 百事可乐为什么用明星来宣传“渴望无限”的品牌理念？这对年轻一代的态度有影响吗？请给出你的理由。

② 百事可乐用音乐和网络等广告形式吸引目标消费者参与其中，请从改变态度的策略分析一下原因。

（参考答案 ①消费者对传递者的喜爱程度越高，消费者对信息的相信和接受程度越高，说服的效果就越好，改变态度的可能性也就越大。而明星是年轻一代喜爱程度较高的传递者，用明星来宣传“渴望无限”的品牌理念会对年轻一代的态度产生积极效应。②百事可乐用音乐和网络等广告形式吸引目标消费者参与其中，是利用了改变情感成分策略。增加消费者对品牌的接触，能增加消费者对品牌的好感，诱导消费者自动改变态度，具有极强的说服力，对迅速改变消费者态度有着其他方式无法比拟的效果。）

2. 技能训练

假设你想在大学生中提高或促成他们对以下事物的积极态度，你会主要侧重于情感、认认知还是行为成分？

（1）素食主义者；

（2）敬老院；

（3）可口可乐；

（4）牙膏；

（5）你们的学校。

模块15 影响消费者行为的个性因素

一、教学目标

1. 能力目标

能运用个性及其在市场营销中的应用等相关资料，分析解决消费者心理和行为问题。

2. 知识目标

了解个性理论。理解个性的本质。掌握个性的本质、个性在营销策略中的运用知识。

3. 素质目标

完成任务的态度；知识应用能力；信息搜集处理能力；理解、分析、表达能力；交流沟通能力；与人合作能力；自学能力；解决问题能力；应变能力；组织能力；敬业精神。

二、案例

1. 案例介绍

宝马的定位

不同消费者有着不同的个性，不同个性的消费者对产品有着不同的需求。有些消费者甚至把产品品牌当作自我个性的延伸。企业创建品牌的关键是了解消费者的个性——他们的自尊、希望和追求、动机、行为。宝马在创建品牌时，正是不折不扣照此去做的。宝马以消费心理学的数据为基础，确定了三大细分市场，分别向其提供3、5、7系列车型。

宝马3系列是宝马车中最便宜的系列。据分析，这一车型的买主具有以下特点：年轻的白领，具有高收入潜力和积极的生活方式，是独立的思想者，攀比心理不强，希望拥有一个能表现自我的品牌。根据购买者的这种个性，创建品牌个性和价值时，宝马公司为宝马3系列确定了以下内容：年轻、动感、快乐和运动性。

宝马5系列所针对的客户具有以下特点：年龄在30岁以上，居中层或中层以上的管理职位，喜欢挑战，在同类中观念超前，寻找一个既能提供良好性能和驾驶体验，又能体现豪华设计特点的品牌。因此，与该细分市场相适应的品牌价值是：创新、专业和有个性。

宝马7系列所针对的客户具有以下特点：男性，居高级经理或以上职位，是本行业中的成功人士，具有独立性。相应的品牌价值被选定为：高档、独立和自主。

（资料来源：叶敏，张波，平宇伟编著. 消费者行为学. 北京：北京邮电大学出版社，2008）

2. 案例分析

人们的确具有很多个性特征，个性的某些方面会由于人们所处的环境而被诱发。由于消费者具有不同的个性心理特征，使得其购买行为复杂多样、变化多端。

许多消费品拥有品牌个性。无论营销者是否希望或愿意，品牌确实具有“个性”。3、5、7系列的每种车型都具有独特的“个性”，被不同类型的消费者购买或在不同的场合使用。消费者倾向于购买那些与他们自己具有相似“个性”的产品或那些使他们感到能使自己的某些个性弱点得到弥补的产品。

当某个品牌的个性与消费者的个性取得和保持一致时，这个品牌将会更受欢迎。企业要研究目标市场消费者个性的特点，并针对消费者的个性特点努力塑造产品的品牌特性，激发消费者的情绪和情感，为消费者提供无形利益。

3. 思考·讨论·训练

通过此案例说明营销策略与消费者个性心理的关系。

三、理论知识

1. 个性的本质

购买房、车、名牌服饰和化妆品，越来越多的“个性消费”已成为当今白领中一个不可抵挡的潮流。在公司任经理的岳光娜月收入5000多元，可她不仅月月光，而且还负债累累。为了追求时尚，彰显个性，她贷款买了一辆轿车，消费高级化妆品。不到月底，口袋已很紧了，可她又看上了一新款电脑。没有钱，只好厚着脸皮去找老妈借。为了还按揭和借款，岳光娜的旅游计划也泡汤了。像岳光娜一样的“单身负族”通常收入不菲，但仍然月初富裕、月底赤字，经常入不敷出。“新负翁”、“月光族”、“车奴”、“房奴”、“卡奴”层出不穷。

（1）个性的含义　个性是指人在先天因素的基础上，在社会生活实践中形成的相对稳定的心理倾向和心理特征的总和。它反映出人的心理活动的经常而稳定的本质特点。它包括个性倾向性和个性心理特征。

个性倾向性是推动人进行活动的心理动力系统。它是个性心理中最活跃的因素，反映了人对周围世界的趋向和追求。个性倾向性主要包括需要、兴趣、动机、理想、信念、世界观等。其中，需要是个性倾向性的基础，而信念、世界观则是个性倾向性中居于最高层次的构建部分，决定着一个人总的心理倾向，自我意识对人的个性发展具有重要的调节作用。

个性心理特征是个人身上经常表现出来的本质的、稳定的心理特征。它包括能力、气质、性格。其中，性格是个性心理特征的核心，反映一个人的基本精神面貌。它体现了个体的独特风格、独特心理活动，以及独特的行为表现。例如，在观察事物时，有的人细致入微，有的人粗枝大叶；在待人接物时，有的人热情洋溢，有的人冷漠矜持。在意志活动中，有的人工作独立性强，果断并且有意志力；有的人则缺乏意志力，盲目性和冲动性较大。

由于消费者具有不同的个性心理特征，使得其购买行为复杂多样、变化多端。

个性贯穿着人的一生，影响着人的一生。正是人的个性倾向性中所包含的需要、动机、兴趣、理想、信念和世界观，指引着人生的方向、目标和道路；正是人的个性心理特征中所包含的气质、能力和性格，影响和决定着人生的风貌、事业和命运。个性倾向性和个性心理特征相互联系、相互制约，从而构成有机整体。

心理学中所用的“个性”和“人格”这两个词，都是从外语中翻译过来的。由于翻译上的原因和中文的习惯，我国心理学界把英文的译成“人格”，把俄文的译成“个性”。其实，个性和人格的内涵是一致的。

“个性”一词来源于古希腊文，是指演员在舞台上扮演戏中角色时所戴的面具。在古代，戴这种面具表示戏中人物心理的某种典型性。如果饰演的角色不同，所戴的面具就有所不同。心理学沿用其含义，把一个人在人生舞台上所扮演角色的种种心理活动风格看成人格或个性。

应该指出的是，人格和个性只有在心理学领域才是可以彼此替代的两个同义词，在其他领域这两个词的含义是不尽相同的。例如，在日常生活中，人们常常从伦理道德角度使用“人格”一词，用来对人的品质进行评价，说某某的人格高尚，或某某的人格低下。这里的“人格”一词，是从道德规范的角度使用的。此外，在一般社会生活中使用“个性”一词时，人们往往是在强调一个人的独特性。这只反映了心理学中人格或个性的部分内容，而并非科学心理学中个性的全部含义。

（2）个性的特征　消费者的个性具有多方面的特征，分析个性的基本特征，有助于加深对消费者个性的理解。个性作为反映个体基本精神面貌的本质的心理特征，具有整体性、稳定性、独特性、可塑性、社会性等基本特性。

① 整体性。个性的整体性是指消费者主体的各种个体倾向、个性心理特征以及心理活动过程。它们互相协调、有机地联系在一起，形成个性的整体结构，以整体形式表现在具体的人身上而不是彼此分割、相互独立。例如，消费者的气质是多血质，其性格往往表现为开朗善谈、精力充沛，其应变能力、交际能力和活动能力都比较强。

② 稳定性。个性的稳定性是指经常表现出来的表明消费者个人精神面貌的心理倾向和心理特点。偶尔的、一时的心理现象，不能说明消费者的全部个性特征和面貌。例如，一个比较理智的消费者偶然表现出冲动的购买行为，不能就此把他算作冲动型的购买者。这种稳定性是在家庭、社会和学校教育潜移默化的影响下以及在个人实践的活动中逐渐形成的。人们常说习惯决定人生。养成良好习惯对一个人很重要，甚至决定事业成败。但稳定性并不意味着一成不变，在一定条件下是可以改变的，并非绝对的“江山易改，秉性难移”。

③ 独特性。个性的独特性是指在某一个具体的特定消费者身上，由独特的个性倾向性以及个性心理特征组成的独有的、不同于他人的精神风貌。消费主体在社会实践中，对现实事物都有自己一定的看法、态度和感情倾向，体现出人与人之间在能力、气质、性格等方面存在差异。“世界上没有两片相同的树叶。”从消费习惯的区域性来看，四川等阴冷潮湿地区，当地人素有吃辣椒的嗜好；在西藏，以青稞、酥油、牛羊肉为主的食物结构使人喜好喝砖茶；北方较寒冷地区的居民喜欢饮烈酒、好客、热情。正是这些独具的精神风貌，使不同的消费者的个性有明显的差异性。

④ 可塑性。个性的可塑性是指个性的心理特征随着主体的经历而发生不同程度的变化，从而在每一阶段都呈现出不同的特征。个性具有稳定性，并不意味着个性是一成不变的，稳

定性和可变性是对立统一的。随着环境的变化、年龄的增长、意外的重大事件、消费实践活动的改变，个性也是可以改变的。正是个性的可变性特点，才使消费者的个性具有发展的动力，也为思想品德培养提供了理论依据。

⑤ 社会性。人既具有生物的自然属性，也具有社会属性。人的自然属性是个性形成的物质基础，影响着个性发展的道路和方式，影响着个性行为形成的难易。但也不能把个性完全归结为先天的或遗传的，个性的社会性使这种可能性成为现实。每个人都是社会的一员，都处于一定的社会关系之中，逐渐掌握了社会的风俗习惯和道德准则，形成了相应的世界观、价值观、性格等，成为具有个性的人、社会性的人。人的本质在其实质上是一切社会关系的总和。如果只有人的自然属性而脱离了人类社会，就不能形成人的个性。印度“狼孩”的事例就充分说明了这一点。

个性的形成、发展是一个逐步的、长时间的过程，大致要经历儿童时期、学生时期、走向社会时期三个阶段。个性在社会生活中形成和发展，最终实现个性的定型。

2. 个性理论

戴维·赖斯曼（David Reisman）区分了三种人格类型的人。

（1）内部定向的人　从自身内部获得激励/驱力，并且不太关心他人的想法。

（2）外部定向的人　主要从他人那里得到驱力和暗示。

（3）传统定向的人　驱力与意向来自于过去，来自于传统的信念和文化继承。在西方社会，这类人已非常少见。

赖斯曼的分类在营销中的应用：内部定向的人倾向于成为汽车和食品的创新消费者；外部定向的人倾向于成为时尚的牺牲品；内部定向的人越来越多（目前在英国约占总人口的40%），这意味着社会模式的一种变化。这种变化的一个重要结果，就是流行式样市场的破碎。因此，大众市场营销已经开始瓦解。

个性理论分为个体个性理论、社会学习理论和混合理论三大类。了解它们将有助于理解个性在市场决策中的潜在作用。

（1）个体个性理论　这类理论不考虑外界环境的影响，而且大多认为人的个性特质或特征是在其早年形成的，随着时间的推移变得相对稳定。各种不同的个体个性理论的主要区别在于对“什么是个性中最重要的内容”有不同认定。

卡特尔（Cattell）的理论是个性理论的典型代表。该理论认为个性是人在早年通过学习或遗传而获得的。其独特之处在于它对构成个性的特性进行了分类描述：一类是相似的、聚集在一起出现的，称为表征性特质或可观察特质；另一类是可观察特质的原因，称为源特质。卡特尔认为，如果一个人能观察到一些高度相关的表征特质，其背后的源特质就可以被辨识出来。例如，源特质“武断”能解释“有进取心、好斗、顽固”这样一些表征特质。表3-3 列举了卡特尔的主要源特质及相应的表征特质。

卡特尔理论是多特质个性理论（有多种特性影响人的行为）的代表，此外还有单特质个性理论。这些理论强调一种与营销最有关的特质，如独断主义、外向性、神经质、犬儒主义、趋同消费、虚荣心、认知需要等。

现在已经发展出一种方法用来衡量以上这些个性成分。

（2）社会学习理论　这类理论强调环境是人的行为的决定性因素，因而关注外在而不是内在因素对人的影响。它主要关注环境、刺激、社会背景这些系统差异，而不是个体特性、需要或其他属性上的差异。持这一理论的学者重视对环境而不是对个体进行分类。

表 3-3 卡特尔的个性特质

孤僻(吹毛求疵、不合群、生硬)	对	好交际(热心、开朗、随和、爱参与)
多愁善感(情绪不稳定)	对	情绪稳定(成熟、现实、冷静)
谦恭(稳定、温和、顺从、温顺、迁就)	对	武断(富有侵略性、好斗、顽固)
沉闷(沉默寡言、严肃)	对	乐天派(狂热、热心)
随便(不守规矩)	对	认真(坚忍、有道德观念、沉着)
怯懦(害羞、胆小)	对	大胆(无拘无束、莽撞)
意志坚强(自立、现实)	对	意志脆弱(敏感、依附、被过度保护)
实际(现实)	对	富于想象(狂放不羁、心不在焉)
直率(不矫饰、真诚、不善交际)	对	狡猾(圆滑、精通世故)
自信(平静、安然、自得、安详)	对	忧虑(自责、不安、操心着急)
保守(遵循传统观念、守旧)	对	开放(思想自由、激进)
依附群体(加入许多俱乐部及社团,可靠的跟随者)	对	自立(足智多谋、自主自决)
自由散漫(自由行事、不理会社会规则)	对	自制(意志力强、自我克制、恪守自我形象)
松弛(宁静、麻木的、不泄气、泰然自若)	对	紧张(易受挫折,过度兴奋)

注：1. 括号外为源物质。

2. 资料来源于 Cattell R B，Eber H W，Tasuoka M M，Handbook for the Sixteen Personality Factor Questionnaire (Champaign，IL：Institute for Personality and Ability Testing) Reprinted by permission of the copyright owner. All rights reserved. 1970：16-17。

社会学习理论研究人怎样对环境做出反应以及他们所逐渐习得的反应模式。当环境发生变化时，个体也改变他们的反应。在极端的情况下，甚至可以说每一次人际交往都是一个不同的环境，而人在其中以一种不同的模式做出反应。有些人会认为你很外向，而另一些人会认为你很内向。他们对你个性的评价都可能是准确的，因为个体在不同的人面前会展现出个性中不同的方面。

(3) 混合理论　个体理论认为，人的行为是由所有人都共有但程度有异的一些内在特性所决定的。社会理论则认为，人所处的环境是其行为的决定因素，人的不同行为是不同环境的结果。我们认为，人的行为是由个体的内在特性和他所处的外在环境二者共同决定的。

尽管研究表明个体特质并不能对人的行为做出很好的预测（只能解释消费者大约10%的购买行为变化、产品偏好和创新行为），但我们的直觉却不这么认为。我们期望在不同的情况下仍能看到个体行为具有基本的稳定性。例如，一个武断的人在各种情况下都会表现出行为武断的倾向。当然，其武断的程度会随情境而异。但可以合理地预料，就总体而言，他比一个害羞的人表现得更为武断。因此，情境制约着个体身上的一般的特质并与个体特质一起共同影响人的行为。

3. 个性在营销策略中的运用

惠而浦公司的研究人员总结出以下几条关于品牌个性的结论。

① 消费者总是赋予品牌某些“个性”特征，即使品牌本身并没有被特意塑造成这种“个性”，或者那些“个性”特征并非营销者所期望的。

② 品牌个性使消费者对品牌的关键特性、表现、功用和相关服务产生预期。

③ 品牌个性往往是消费者与该品牌建立长期关系的基础。

尽管迄今为止只有一小部分的研究结果证明个性与消费者行为之间存在一定的关系，并且许多研究只是表明两者之间存在微弱的关系，但是个性研究及其在营销中的应用价值仍不能低估。

(1) 个性与信息搜寻行为　不同个性的消费者在进行信息搜寻时会表现出不同的行为。如有些消费者的个性中具有较强的求知欲，表现出爱思考的倾向，则信息搜寻比较细致，并有一定的深度，更注意信息的质量。有些消费者的求知欲较弱，表现出不爱思考的倾向，在信息搜寻时易浮于表面，更容易受广告、模特之类的边缘刺激的影响。可见，如何向各类消费者提供各类信息，并使这些信息发挥出它们的作用是一个值得思考的问题。

（2）个性与产品选择　不同个性的消费者可能在不同的产品领域形成各自的偏好，从而在特定产品的使用程度上表现出明显的行为差异。例如，阿尔斯伯利用艾克森个性调查表，调查了个性与啤酒、果酒消费之间的关系。调查结果表明，在外向特征上得分较高的人比低分者饮酒量大，外向的人比内向的人更可能通过在酒馆饮酒寻找刺激。从管理者的观点来看，特别是从正在考虑如何设计“酒馆氛围”以增进消费者安全感和舒适感的啤酒供应商的观点来看，这种结果是令人感兴趣的。可见，研究不同个性的消费者在不同产品领域的不同偏好，对企业来说是有一定意义的。

（3）个性与品牌选择　越来越多的研究表明，当某个品牌的个性与消费者的个性取得和保持一致时，这个品牌将会更受欢迎。所谓品牌个性，即消费者对品牌是新潮还是老气、是沉闷还是富有活力、是激进还是保守等方面的评价和感受。品牌个性不仅使此品牌与其他品牌相区别，而且还具有激发情绪和情感、为消费者提供无形利益之功效。许多消费品都拥有品牌个性。比如，某品牌的服装可能表现出青春、动感和冒险，而另一个品牌的服装可能显得庄重、保守和高贵典雅。具有不同个性的服装，会被不同类型的消费者购买或在不同的场合使用。消费者倾向于购买那些与他们自己具有相似个性的产品或那些使他们感到能让自己的某些个性弱点得到弥补的产品。研究目标市场消费者个性的特点，对塑造产品的品牌特性有一定的帮助。

（4）个性与创新产品的采用　不同个性的消费者会在对新产品、新服务、新的消费活动的接受程度上表现出差异性。有研究表明，影响消费者对创新产品采用的个性特点主要有以下几个方面。

① 教条主义。教条主义是反映消费者个体在对待不熟悉的产品及他们已建立的信念不一致的信息时所表现出的倾向和态度。与灵活的消费者相比，教条的消费者不太愿意接受新鲜事物，在应付不熟悉的事物时抱有防御的态度，并且明显地感到不适和不确定性。一些研究表明，许多灵活的消费者喜欢新产品，而教条的消费者则多选择传统产品。而且，比较教条的消费者，他们不太愿意接受新的或不同的信息，拒绝变化，过着一成不变的生活。相对来说，他们比较愿意接受那些包含有权威诉求的广告中的新产品或新服务。因此，在以广告形式向这些教条的消费者推广新产品时，以名人或专家型的形象代言人进行诉求，往往会有更好的效果。

② 对不确定性的容忍度。有研究表明，对不确定性容忍度高的消费者在面对不确定性时，并不一定在决策之前搜寻更多的信息，能较好地调节和处理他们遇到的不一致的信息，并容易被知觉到的新刺激所吸引，因此更可能去购买这种新产品。而那些容忍性较差的消费者在做出决策之前要弄清事实，因而他们在购买之前倾向于搜寻和评价信息。他们厌恶模棱两可的信息，更可能把改进型产品知觉为一种全新产品，从而购买新产品的可能性较小。

③ 社会性格。在社会心理学中，社会性格用来识别与区分不同的社会亚文化类型。在消费者行为学领域，社会性格用来描述个体从内倾到外倾的个性特质。有研究表明，内倾型消费者倾向于运用自己内心的价值观或标准来评价新产品，他们更可能成为创新采用者；相反，外倾型消费者倾向于依赖别人的意见做出判断，因此成为创新采用者的可能性较小。这两种类型的消费者在信息处理上也存在差别。一般来说，内倾型消费者比较喜欢强调产品特性和个人利益的广告，而外倾型消费者更偏爱那些强调被社会认可的广告。由于后者倾向于

根据社会接受程度来理解促销信息，所以这类消费者更容易受广告影响。

④ 最优刺激水平。最优刺激水平（optimum stimulation level，OSL），反映的是个体欲求的生活方式刺激水平。如果一个人的实际生活方式与其OSL相适应，那么他就会对自己的生活相当满意。如果其生活方式缺乏刺激，即OSL低于现实水平，他就会感到乏味和苦闷。反之，如果OSL比现实水平高，个体则会寻求宁静和安逸。这意味着消费者目前的生活方式与OSL之间的关系可能影响他对产品和服务的选择，影响他如何支配时间。因此，企业应当根据消费者所渴望的与现实的刺激水平来决定是否在促销信息中强调风险和刺激。

⑤ 自尊与焦虑。自尊与个体有能力评价信息并达成购买决策的自信有关。自尊与焦虑存在负相关，而焦虑与知觉风险存在正相关。高自尊、低焦虑的消费者更愿意体验新的购买决策。而高焦虑、低自尊的消费者将体验新的购买决策视为具有风险。当无法获得和加工信息时，他们就不太可能购买新产品。

四、小结

个性是指人在先天因素的基础上，在社会生活实践中形成的相对稳定的心理倾向和心理特征的总和。它反映出人的心理活动的经常而稳定的本质特点。它包括个性倾向性和个性心理特征。个性倾向性主要包括需要、兴趣、动机、理想、信念、世界观等。个性心理特征包括能力、气质、性格。由于消费者具有不同的个性心理特征，使得其购买行为复杂多样、变化多端。

个性作为反映个体基本精神面貌的本质的心理特征，具有整体性、稳定性、独特性、可塑性、社会性等基本特性。

有3种理解人的个性的基本方法或理论，即个体个性理论、社会学习理论和混合理论。多数个体个性理论认为，人的特性是早年形成并在以后趋于相对稳定。社会学习理论强调环境是行为的决定因素。因此，该理论的侧重点放在外在（环境）因素而不是内在因素上。混合理论认为人的行为是由个体的内在特性和他所处的外在环境二者共同决定的。

不同个性的消费者在进行信息搜寻时会表现出不同的行为。不同个性的消费者可能在不同的产品领域形成各自的偏好，从而在特定产品的使用程度上表现出明显的行为差异。越来越多的研究表明，当某个品牌的个性与消费者的个性取得和保持一致时，这个品牌将会更受欢迎。不同个性的消费者会在对新产品、新服务、新的消费活动的接受程度上表现出差异性。

五、复习思考题

1. 什么是个性？
2. 个性特征是什么？
3. 描述个体个性理论和社会学习理论。
4. 怎样运用关于个性的知识来制定营销策略？

六、实训

1. 案例分析

人格与品牌选择

有一个公司为它的4个品牌的啤酒分别制作了不同的广告。每一则广告宣传一个品牌，每一品牌被描绘成适宜于具有某一特定人格特征的消费者。比如，其中一个品牌的广告上是一位“补偿型饮酒者”。他正值中年，有献身精神。对他来说，喝啤酒是对自己无私奉献的一种犒劳。其他几个品牌分别被赋予“社交饮酒者”（如在大学同学联谊会上的豪饮者）、“酒鬼”（认为自己很失败而嗜酒）等“个性”。该试验让250位饮酒者观看这4则广告并品尝广告中宣传的啤酒。然后，让他们按喜欢程度对这4种啤酒排序，同时填写一份测量其“饮酒个性”的问卷。试验结果显示，大多数人喜欢品牌个性与他们自己的个性相一致的啤酒。这种好恶倾向非常强烈，以致大多数人认为至少有一种品牌的啤酒不适于饮用。他们不知道，其实这四个品牌的啤酒是完全一样的。

（资料来源：http：//share. yoao. com/download. asp？ id＝32106）

思考和训练

此案例说明了什么问题？人格与品牌选择的关系对制定营销策略有何启示？

（参考答案　此案例表明，当某个品牌的个性与消费者的个性取得和保持一致时，这个品牌将会更受欢迎。企业要研究目标市场消费者人格的特点，并针对消费者的人格特点努力塑造产品的品牌特性，激发消费者的情绪和情感，为消费者提供无形利益。）

2. 技能训练

运用表3-3，分组讨论一下怎样运用其中的某个源特质为一种不含酒精的啤酒设计包装。

模块16　自我概念和生活方式

一、教学目标

1. 能力目标

能运用自我概念和生活方式相关资料，分析解决消费者心理和行为问题。

2. 知识目标

掌握自我概念和生活方式的本质、自我概念和生活方式与消费者行为的关系。

3. 素质目标

完成任务的态度；知识应用能力；信息搜集处理能力；理解、分析、表达能力；交流沟通能力；与人合作能力；自学能力；解决问题能力；应变能力；组织能力；敬业精神。

二、案例

1. 案例介绍

文身和延伸的自我

大多数与延伸自我相联系的产品或服务与自然自我是分离的。至今，例外的情况也仅限于发型、染色和化妆品。人们也可以通过体育锻炼、节食、控制体重和外科整容手术来改变自然自我。最近几年，文身成为改变延伸自我和自然自我的一种独特方式。除了外科整容手术，文身之所以独特，是因为相对而言它对自然自我的改变具有不可逆转的性质。一般来说，文身是出于装饰和美化目的，有时它也可能主要作为公开的或私下的符号或象征。

在20世纪大多数时间里，文身并不被美国社会的大多数群体所接受。然而，最近这些年情况发生了很大的改变。为什么文身能被社会所接受？它对那些文身者的自我概念来说意味着什么呢？

目前对文身的研究集中于四个主题——文身的复兴、文身对延伸自我的影响、与文身相联系的风险、文身的结果是否令人满意。

文身的复兴始于20世纪60年代，它与嬉皮运动的发展和旧金山地区一大批技艺娴熟的文身艺术家的出现有密切关系。对文身的研究首先在历史学和人类史学中受到关注。随后，广告艺术界和艺术史学界也开始把文身作为一种艺术形式加以研究，这些反过来又吸引了更优秀的文身艺术家。到了20世纪90年代早期，一些公众人物，尤其是运动员，开始在身上露出醒目的文身图案，由此增加了文身在主流社会，尤其是在其中较有冒险精神的成员中的接受度。

文身至少有三个层次的意义。首先，它具有与“有文身”相联系的意义。尽管文身越来越普遍，但是，它与通常的社会规范还是有点格格不入。因此。文身本身就是对某人的一种说明。有文身的人仍然被多少看作是有危险和不合群的。文身的位置也包含一定的含义。文身越明显，说明个体越具有反叛性和越具有桀骜不驯的个性。文身本身就是私人的或者象征意义的主要来源，它可能象征着成员资格、兴趣、活动、关系、生活变化、成就和价值。文身可能是独特的、充满个人含义，文身的含义也可能深深地植根于某种文化或者神化故事中。

其次，文身是有风险的。改变或者剔除它会非常昂贵。如果你不再喜欢你的文身了，或者你的口味改变了，你要承担财务上的损失。文身也有一定的社会风险，如你现在或未来的朋友、同事、雇主可能对你的文身有负面的看法。此外，文身还存在一定的身体方面的危险。

最后，是关于文身的评价和对文身是否满意。正如前面所指出的，如果不满意的话，要纠正它是很难和很昂贵的。当然，通常的结果是在一个较高层次上获得满意感。一些研究表明，此时还可能导致自我沉湎。

（资料来源：叶敏，张波，平宇伟编著. 消费者行为学. 北京：北京邮电大学出版社，2008）

2. 案例分析

消费者常常通过使用“改变自我的产品”（self-altering products），来尽可能表现他们的与众不同。文身就是很好地表现消费者与众不同的产品。

消费者有时会使用“改变自我的产品”来确立自尊和恢复自信。肖顿（Schouten）对9位做过整容手术的消费者进行了深度访谈。结果发现，消费者一般是因对自己身体不满而做手术，手术后他们的自尊得到了极大的改善。消费者做整容手术，常发生在角色转换期间，如离婚或改变工作之后。其实，文身也是改变延伸自我和自然自我的一种独特方式，有可能与确立自尊和恢复自信有关。

由于文身实际上成了“延伸的自我”，消费者往往会对文身表现出某种特殊的“情结”（即所谓的“产品情节”），成为人们自我的一部分，赋予个人身份、地位或赋予魔力。

营销含义：使文身成为消费者延伸自我的一部分，是自我概念的外在显示，同时也是自我身份的有机组成部分。告诉消费者怎样的文身才能更好地显示自我概念，希望成为消费者延伸自我的一部分。

3. 思考·讨论·训练

① 消费者为什么会文身?

② 文身对市场营销有何意义?

三、理论知识

1. 自我概念的本质

自我概念的测量常用的方法是语意差别法。马赫塔提出了15对彼此对应的形容词，可以在许多不同的场合应用，测定消费者的自我观念，在描述理想的与实际的、私人的与社会的自我概念以及汽车与名人形象方面非常有效，见下表3-4。

表3-4 测量自我概念、个人概念和产品概念的量表

粗糙的	精细的	理性的	情绪性的
易激动的	沉着的	年轻的	成熟的
不舒服的	舒服的	正式的	非正式的
主宰的	服从的	正统的	开放的
节约的	奢侈的	复杂的	简单的
愉快的	不快的	黯淡的	绚丽的
当代的	非当代的	谦虚的	自负的
有序的	无序的		

使用马赫塔的量表，要求消费者运用每一对形容词来表明其中一个或另一个在多大程度上刻画了消费者个人、产品或品牌。两端的位置表示“极端”，接近两端的位置表示“很”，再往中间的两个位置表示“有一点”，而量表中间位置表示“既不，也不”。依据这一量表，你实际的和理想的、私人的与社会的自我概念是什么呢?

在营销实践中，企业应设法使产品代言人的形象、产品或品牌形象与目标受众的自我表现概念相匹配。为此，可以运用上述量表或改进的量表来对消费者进行调查和研究。

(1) 自我概念的含义　自我概念也称自我形象，是指个人对自己的能力、气质、性格等个性特征的知觉、了解和感受的总和。换言之，即自己如何看待自己。自我概念回答的是“我是谁”和“我是什么样的人”一类问题，它是个体自身体验和外部环境综合作用的结果。一般认为，消费者将选择那些与其自我概念相一致的产品、品牌或服务，避免选择与其自我概念相抵触的产品、品牌和服务。正是在这个意义上，研究消费者的自我概念对企业营销特别重要。

自我概念可分为四个基本部分（表3-5）：实际的对理想的以及私人的对社会的。实际的自我概念是“我现在是什么样”，而理想的自我概念则是“我想成为什么样”。私人的自我概念是指我对自己怎么样或我想对自己怎样。社会的自我概念则是别人怎样看我或我希望别人怎样看我。

表3-5 消费者自我概念的不同层面

	实际的自我概念	理想的自我概念
私人的自我	我实际上如何看自己	我希望如何看自己
社会的自我	别人实际上如何看我	我希望别人如何看我

(2) 自我概念的特点

① 自我概念是习得的而不是天生的。心理学研究表明，在生命之初，婴儿是没有自我意识的，个体自我概念从产生、发展到成熟，大约需要20年的时间。因此，自我概念是后

天习得的，而不是天生就具有的。

② 自我概念具有相当的稳定性和持久性。人的自我感知可能会发生改变，但是人的自我概念是不会变化的，具有一定的稳定性和持久性，除非发生重大的生活变化，否则很难改变。这可以说明品牌忠诚现象，因为自我概念包含了对哪一种产品“适合形象”的观点。

③ 自我概念具有一定的目的性。自我概念是有目的的，其目的是用来保护和加强一个人的自我概念。自我概念虽然是隐藏在内心深处的心理结构，但它具有很强的自我防御功能，一旦受到侵害，就会本能地做出反应。

④ 自我概念的独特性。自我概念对每个人来说都是独特的。当然在不同的条件下，人们可能受不同的自我概念的影响。比如，在有些情况下，人们主要看重私人的自我，而在另一些情况下，人们对社会的自我更在意。

（3）自我概念形成的影响因素 自我概念是个人在社会化过程中，通过与他人交往以及与环境发生联系，对自己的行为进行反观自照而形成的。主要受到四个因素的影响。

① 通过自我评价来判断自己的行为是否符合社会所接受的标准，并以此形成自我概念。例如，把有的行为归入社会可接受的范畴，把有的行为归入社会不可接受的范畴。人们对自己的行为进行反复不断地观察、归类和验证，就形成了有关的自我概念。

② 通过他人对自己的评价来进行自我反应评价，从而形成自我概念。他人评价对自我评价的影响程度取决于评价者自身特点和评价的内容。通常，评价者的权威性越大，与自我表现评价的一致性越高，对自我概念形成的影响程度也就越大。

③ 通过与他人的比较观察而形成和改变自我概念。人们的自我评价还受到与他人比较的影响。无论比较的结果是相同还是不同，超过还是逊于他人，都会在一定程度上改变人们的自我评价，并驱动其采取措施修正自我形象。

④ 通过从外界环境获取有利信息来促进和发展自我概念。人们受趋利避害的心理驱使，往往希望从外界环境中寻找符合自己意愿的信息，而不顾及与自己意愿相反的信息，以此证明自我评价是合理的、正确的。这一现象证明了人们经常从自己喜欢的方面来看待评价自己。

2. 自我概念与消费者行为

小李是个名牌大学的毕业生，在一个知名公司里工作不到一年就当上了总经理助理。虽然工资不太高（月薪2000元左右），可她经常出入专卖店购买名牌服装，使用高档化妆品，从来不到农贸市场或者地摊上买东西（她认为这样做有失身份）。

小李对产品的选择偏好，反映了她的自我意识与品牌选择之间的关系。她努力用特定的商品品牌来塑造自己，使自己成为一个特定的角色。

每个人的自我概念实际就是把自己界定为一个特定的角色，而这个角色要靠特定的商品和服务来塑造，正如戏剧中的角色需要道具来塑造一样。商品或服务可以起到塑造自我、强化自我的作用。自我概念与产品消费是统一的。企业营销人员的任务是了解不同的自我概念需要何种产品与之相匹配，并告诉消费者哪些商品与其形象一致，哪些不一致，向消费者推荐最能反映其形象特征的商品，有效地影响和引导消费者的购买行为。

（1）自我概念与品牌定位 自我概念可以作为解释品牌定位理论的基础。品牌定位可以理解为品牌形象与消费者自我概念所建立的心理链接，并通过各种信息的传递不断地强化这一心理形象。有研究表明，消费者往往倾向于购买与自我概念相一致的品牌。如某人认为自己是成功者，则其购买的商品及其品牌都要与“成功”这一自我概念相匹配，因此他往往购买高端品牌产品。可见，营销的目标就是要努力塑造品牌形象，并使它与目标市场的消费者自我概念相一致。图 3-6 为自我概念与品牌形象之间的关系。

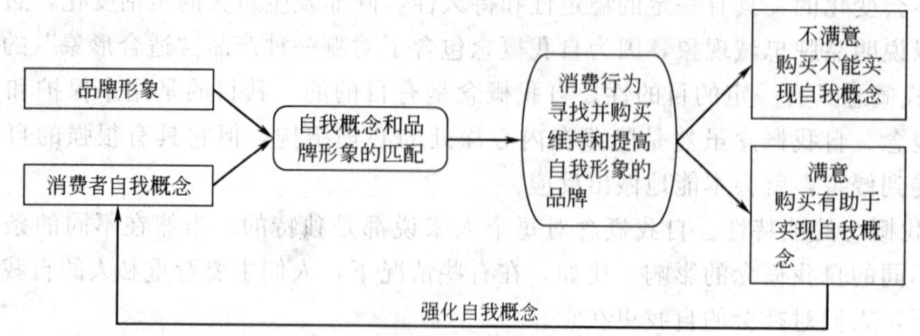

图 3-6 自我概念与品牌形象之间的关系

该图和相关的讨论表明，消费者决定其实际的和理想的自我概念并使其产品的购买与之相一致，这是一个有意识的和深思熟虑的过程。

值得注意的是，虽然大量事实表明，消费者倾向于购买那些与他们的自我概念相一致的品牌，但是他们被这类品牌所吸引的程度将随产品的象征意义和显著性而变化。另外，每个消费者的行为因其所处的境况不同而不同。在家里看电视时喝的饮料的品牌与周末晚上与朋友在酒吧喝的饮料的品牌可能是不同的。此时是有条件的自我形象，即人们希望他们在某个特定场合时的形象是品牌选择的重要因素。消费者常常根据所处的境况来选择品牌，使自我形象与周围人群对他的期望相适应。

（2）自我概念与商品的象征性　自我概念可以赋予商品特定的社会意义。由于自我概念涉及个人的理想追求和社会存在价值，因而每个消费者都力求不断促进和增强自我概念。商品和劳务作为人类物质文明的产物，除具有使用价值外，还具有某些社会象征意义。换言之，不同档次、质地、品牌的商品往往蕴含着特定的社会意义，代表着不同的文化、品位和风格。通过对这些商品或劳务的消费，可以显示出消费者与众不同的个性特征，加强和突出个人的自我形象，从而帮助消费者有效地表达自我概念，并促进实现实际的自我向理想的自我转化。消费者在长期的消费实践中，通过与他人及社会的交往逐步形成了关于个人形象的自我表现概念。

《消费者行为》一书中指出，在很多情况下，消费者购买产品不仅是为了获得产品所提供的功能效用，也是为了获得产品所代表的象征价值。购买劳斯莱斯、宝马，对购买者来说，显然不是购买一种单纯的交通工具。一些学者认为，某些产品对拥有者而言具有特别丰富的含义，他们能够向别人传递关于自我的很重要的信息。贝尔克用“延伸自我”这一概念来说明这类产品与自我概念之间的关系。贝尔克认为，延伸自我由自我和拥有物两部分构成。换句话说，人们倾向于根据自己的拥有物来界定自己的身份。某些拥有物不仅是自我概念的外在显示，同时也是自我身份的有机组成部分。从某种意义上讲，消费者是什么样的人是由其使用的产品来界定的。如果丧失了某些关键拥有物，那么，他就成为了不同于现在的个体。

产品象征意义对个体的重要性可以从图 3-7 中得到进一步说明。图 3-7 由三部分构成：个体的自我概念、参照群体和具有象征性的产品。如图 3-7 所示，消费者首先会购买某种能够向他人传递其自我概念的产品；然后，他希望参照群体体会到产品所具有的象征性；最后，他希望参照群体将产品所具有的象征品质视为他人格的延伸部分或自我的一部分。概括地说，消费者购买产品是为了象征性地向社会传递关于自我概念的不同方面。

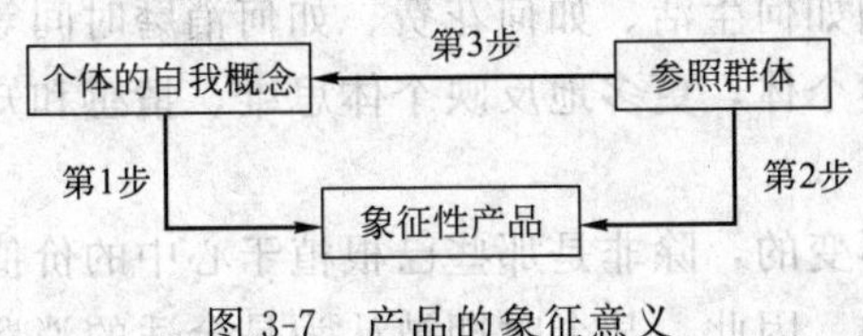

图 3-7 产品的象征意义

了解不同的产品在群体人员的延伸自我中所起的作用，对于完整地理解这个群体是很关键的。它同样有助于市场营销者去开发那些能提高或强化消费者身份地位的产品。

那么，哪些产品最有可能成为传递自我概念的符号或象征品呢？一般来说，成为象征品的产品具有三个方面的特征。第一，应具有可见性，就是说它们的购买使用和处置能够很容易被人看到。第二，应具有变动性，换句话说，由于资源禀赋的差异，某些消费者有能力购买，而另一些消费者无力购买。如果每人都可拥有一辆“奔驰”车，那么，这一产品的象征价值就丧失殆尽了。第三，应具有拟人性，就是说产品能在某种程度上体现一般使用者的典型形象。像汽车、珠宝等产品均具有上述特征，因此，它们很自然地被人们作为传递自我概念的象征品。

(3) 自我概念与物质主义　如前所述，自我概念在某种意义上是由个体所拥有的某些物品（如汽车、住宅、收藏品等）所界定的。然而，不同的个体对这些拥有物的注重程度是存在差别的。有的人特别关注这些物质类产品，并将其视为追逐的目标；另一些人则可能相对淡泊它们的价值。个体通过拥有世俗物品而追寻幸福、快乐的倾向被称为物质主义。怀有极端物质主义倾向的人将世俗拥有物置于生活的中心位置，认为它们是满足感的最大来源。由于不同个体在物质主义倾向上存在显著差别，因此测量这种差别是很重要的。

客观地说，关于物质主义与自我概念关系的研究尚处于起步阶段，但也取得了一些初步的成果。例如，研究发现，被视为具有高物质主义倾向的人表现出如下特点：他们不太愿意为移植目的捐献器官；他们对花大量的钱购买汽车和房子持赞许态度；他们较少可能希望在昂贵的餐馆用餐；他们更可能视圣诞节为购物时间；他们较少认为别人会欣赏其助人行为。这些都为营销工作带来一定的启示。

3. 生活方式的本质

新年之后，IT 精英们又要开始为工作而忙碌了。每天工作 10 多个小时、一周工作六七天、饮食不规律、睡眠质量不高。IT 精英的工作和生活状态严重破坏了他们的健康状况。

(1) 生活方式的含义　生活方式就是人们如何生活。它是指在文化、价值观、人口统计特征、个性特征、社会阶层和参照群体等诸多因素的综合作用和影响下，一个人表现出来的各种行为、兴趣和看法。

消费者的生活方式简单地说是指消费者对于如何生活而选择的方式。具体而言，消费者的生活方式实际上是指消费者个体在与其环境发生交互作用的过程中所形成和表现出来的，并且有别于他人的活动、兴趣和态度的模式。不同的人即使生活在相同的地区，具有相同的年龄、职业、收入、学历、民族等，在消费支出与商品选择方面也会有很大的差别。这就是个体生活方式的不同造成的。

生活方式与个性、自我概念既有联系又有区别。一方面，生活方式在很大程度上受个性、自我概念的影响。一个具有保守、拘谨性格，或者把自己看作一位传统、严谨家庭主妇的消费者，其生活方式不大可能太多地包括诸如登山、跳伞、丛林探险之类的活动。另一方面，生活方式关心的是人们如何生活、如何花费、如何消磨时间等外显行为，而个性、自我概念则侧重于从内部来描述个体，更多地反映个体思维、情感和知觉特征。可以说，三者是从不同的侧面来刻画个体。

生活方式并不是一成不变的，除非是那些已根植于心中的价值观念或价值取向，人们的品位和偏好总是不断变化的。因此，某个时期被认为是合适的消费模式，在几年之后，可能会被嘲笑，甚至遭受鄙视。只要回想一下，你自己、你的朋友、你的家人在五年或十年前吃什么、穿什么、做什么，你就会发现变化是如此之大，以至于你可能会惊诧你居然会穿那件衣服，或者居然曾经做过那样的事！因为人们对社交、男女角色、健康、家庭生活以及其他许多事情的看法和态度都在变，所以，对任何企业来说，都需要预测这些变化，并据此规划它的营销战略，以应对这些正在发生的或未来可能发生的各种变化。

（2）生活方式的性质　生活方式可以作为判断消费者购买行为的直接依据。如图 3-8 所示，它由过去的经历、固有的个性特征、现在的情绪所决定。生活方式影响消费行为的所有方面。一个人的生活方式是其内在个性特征的一种函数，这些个性特征在一个人的社会生活过程中通过社会交往逐步形成，因此生活方式同样受文化和亚文化、价值观、人口统计特征、社会阶层、参照群体、家庭，甚至消费者的购买动机、情感和个性等的影响。总而言之，生活方式就是如何表现消费者的自我概念。

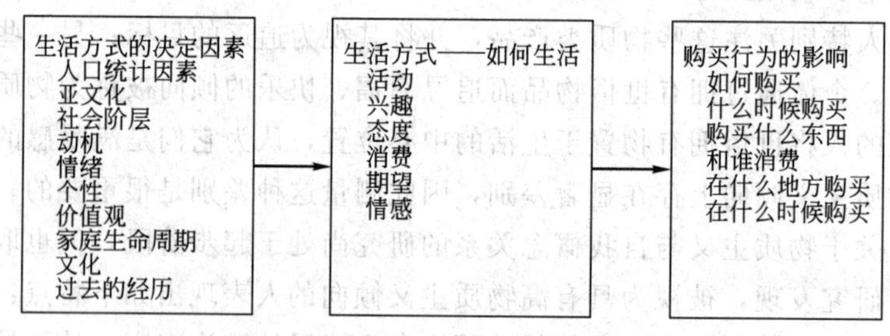

图 3-8　生活方式和消费过程

个人与家庭都有生活方式。虽然家庭的生活方式部分是由家庭成员的个人生活方式所决定的，但是，反过来个人生活方式也受家庭生活方式的影响。

人们追求的生活方式影响人们的需要与欲望，同时影响人们的购买行为和使用行为。生活方式决定了人们的许多消费决策，而这些决策反过来强化或改变了人们的生活方式。

消费者很少明确地认识到生活方式在他们购买决定中所起的作用。例如，很少有消费者会这样想："我买肯德基快餐，以保持我的生活方式。"然而，那些追求积极方便、寻求变化的生活方式的人也许会出于其便捷等原因，去肯德基购买快餐。因此，生活方式通常为消费者提供了基本的动机和行动指南，尽管往往是以间接和微妙的方式表现出来的，但也足以让人们感觉到这种影响。

4. 生活方式与消费者行为

市场细分：如对英国 15～44 岁女性化妆品市场按生活方式进行的市场细分。

自我意识型：关心外表、时尚，注意锻炼。

时尚导向型：关心时尚和外表，对锻炼和体育不甚关注。

绿色美人型：关注体育运动和健康，较少关心外表。

不在乎型：对健康和外表持中立态度。

良心惶恐型：没有时间从事“自我实现”，忙于应付家庭事务。

衣冠不整型：对时尚漠不关心，对运动不感兴趣，穿着讲究舒服。

（1）了解消费者的生活方式有助于预测消费者的行为 通过知道一个人的基本生活方式，就能够对他的购买行为、购买产品的类型和对这个人最具有吸引力的宣传做出预测。例如，一个“绿色”价值观的人喜欢亲近大自然的生活方式，我们就可以预测这个人将更喜欢去购买自行车而不是汽车，更喜欢成为一个素食者而不是吃大鱼大肉的人。

（2）了解消费者的生活方式有助于选择目标消费者，正确地进行市场定位 依照消费者的生活方式可以对消费者进行细分，并依据消费者不同的生活方式进行产品的市场定位。例如，瑞士帝豪手表是定位于调整运动中精确计时的手表。因此，这家手表商的全球广告口号是“压力之下，毫不屈服”，并赞助了澳门汽车大奖赛、香港赛马等。然而，并非所有的亚洲国家或地区的消费者都有这种精确与运动的生活方式。这家手表商发现中国的企业家没有其他亚洲人那么爱好体育，并感觉到他们的国际广告活动对中国人来说可能太体育化。于是，这家手表商为中国制作了专门的广告，淡化了体育感，表达也更为直接。

（3）了解消费者的生活方式有助于更好地传播产品特征 生活方式细分可以为广告创意人员提供大量深入的消费者信息，使他们能够更深入、更贴切地了解广告对象的需求，从而更好地传播产品的特征，更有效地实现传播目标。如以房地产业为例，华光园发现其楼房的购买者大多是从零开始起步的成功者，他们的成长和成功充满了艰辛，同时他们也非常渴望得到社会对自己的成功的认可，所以其广告诉求为“给你一个五星级的家”。而丽江花园的消费者大多是显示生活品味和人本关怀的城市白领，所以其广告诉求为“一方水土一方人，美善相随丽江人”。

（4）了解消费者的生活方式为开发整合营销传播策略提供依据 生活方式的细分把消费者生活的各个方面都进行了系统的描述，生活方式的营销目标是使企业营销组合符合消费者的生活方式，使消费者实现自己所选择的生活。企业营销更重要的任务是确定哪些产品或服务与消费者特定的生活方式相联系。因为某一生活方式往往与一组产品相联系，这组产品成为该生活方式的消费组合。例如，20 世纪 80 年代的雅皮士的消费组合为：劳莱克斯手表、宝马车、古奇公文包、软式网球、新鲜的绿色沙司、白酒和乳酪。这一社会角色对当时的文化价值和消费偏好的导向都有重要的影响。

四、小结

自我概念也称自我形象，是指个人对自己的能力、气质、性格等个性特征的知觉、了解和感受的总和。换言之，即自己如何看待自己。有四种类型的自我概念：实际的自我概念、社会的自我概念、私人自我概念和理想的自我概念。

自我概念的特点是：自我概念是习得的而不是天生的；自我概念具有相当的稳定性和持久性；自我概念具有一定的目的性；自我概念的独特性。自我概念是个人在社会化过程中，通过与他人交往以及与环境发生联系，对自己的行为进行反观自照而形成的。其中，主要受到四个方面因素的影响：①通过自我评价来判断自己的行为是否符合社会所接受的标准，并以此形成自我概念；②通过他人对自己的评价来进行自我反应评价，从而形成自我概念；③通过与他人的比较观察而形成和改变自我概念；④通过从外界环境获取有利信息来促进和发展自我概念。

自我概念对营销者非常重要，因为消费者购买和使用产品从某种意义上是为了维持和提升其自我概念。

生活方式就是一个人如何生活。生活方式由一个人内在的个性特征所决定，而这些性格特征又是个体在其社会化过程中经由社会的影响逐步形成的。了解消费者的生活方式有助于预测消费者的行为；有助于选择目标消费者，正确地进行市场定位；有助于更好地传播产品特征；为开发整合营销传播策略提供了依据。

五、复习思考题

1. 什么是自我概念？自我概念有哪四种类型？
2. 营销者如何运用关于自我概念的知识？
3. 生活方式是指什么？哪些因素决定和影响生活方式？
4. 营销者如何运用关于生活方式的知识？

六、实训

1. 案例分析

生活方式营销策略的应用

未来的主导产品和主流消费方式就在消费者生活方式的碎片中，产品概念的开发不仅在于产品开发理念上的创新，也同样在于信息捕捉方式的创新。而灵活运用正确的研究方法来获取潜藏在大众生活方式中的元素，是企业洞察未来消费趋势的最好选择。

美国和日本早已将生活方式视为市场研究中的一项重要内容与方法。所以美国和日本的生活方式对世界影响最大，他们的产品也最畅销。

日本的博报堂在中国就是通过研究当前中国知识型青年的生活方式，来进一步判断二十一世纪中国市场的消费模式。因为知识型青年是未来的消费风向标，消费主流。其调查方式非常独特，采用拍照为主、简单答卷为辅的调查手段。他们让年轻人用照相机拍下周围的环境和人物，包括喜欢的或不喜欢的，群体的生活方式跃然纸上。然后日本的厂商可以根据博报堂对生活方式的统计结果来细分市场，组合营销策略。如日本本田汽车公司，通过生活方式来研发和推广他们的新车。他们表面上是钻研技术，实际上已经将造车推向了一个新高度：从研发一部好车，到创造一种生活态度，再到一种生活方式。使本田公司成为日本成长最快的公司之一。

生活方式也可以用在百货商店、购物中心、超级市场中的商品摆放上。商品的传统摆放方式已经让位于按照生活方式进行摆放。著名的法国拉法耶特百货商店就做到了这一点。其管理者认为这样的摆放对消费者更有视觉刺激和消费联想，更能激发购买欲望，更能使消费者在卖场保持一种持久的兴奋感和冲动感。事实证明效果出乎意料的好。

（资料来源：http：//wenku. baidu. com/link？ url ＝ 2xQXRy8BSvDqoJ7QFxf4-GaN-Ko1DBg8XzIfkpzSzwurGe73wvHDAlLQa-pewRqwbjs21fUox0Q57q1BX6gTQAaRwrDfcQf-U0nSmSqGU4Pci)

思考和训练

你对中国企业进行生活方式营销是如何认识的?

(参考答案 中国很多企业虽然做了很多年，但是对于自己产品在消费行为和结构中所处的位置却并不是很清楚，这样导致对新产品到底应该切中哪个细分市场，在产品的创意和概念上做什么样的创新很难形成正确的判断。如何引领生活方式，如何做好企业的产品创新和市场布局？中国很多企业在这个方面还缺乏足够的认识。甚至可以说，从来没有从生活方式的概念角度来思考过企业的问题。未来的市场竞争中，如果中国公司仍然没有把生活方式作为思考的方向，肯定会在产品创新与市场布局中落后于致力于创造生活方式的美国、日本公司。所以生活方式营销策略应该被广泛接受和重视并应用到实践中去。)

2. 技能训练

分组讨论在家庭生命周期的不同阶段，改变家庭生活方式的可能性有多大？

项目 4 消费者决策过程

模块 17 影响消费者行为的情境因素

一、教学目标

1. 能力目标

能运用情景相关资料，分析解决消费者心理和行为问题。

2. 知识目标

理解情境的本质。掌握购物环境与消费者行为的关系、情境影响与营销策略的关系。

3. 素质目标

完成任务的态度；知识应用能力；信息搜集处理能力；理解、分析、表达能力；交流沟通能力；与人合作能力；自学能力；解决问题能力；应变能力；组织能力；敬业精神。

二、案例

1. 案例介绍

"Advertiming"服务

信息专业公司提供一种称为"Advertiming"的服务。这种服务依赖一个内容广泛的计算机数据库。该数据库将各种消费模式和现在的气候进行比较。以观测到的天气与产品销售之间的关系为基础，该公司可以根据预测到的天气情况向委托人提供各种建议，包括购买、销售及购物点展示等各个方面。

一些公司有时使用这种方法中更为简便的形式。例如，布利斯泰克斯（Blistex）公司以及坎贝尔（Campbell）汤料公司多年以来一直根据天气预报决定其广播广告。然而，信息专业公司还提供关于产品与天气之间关系尚不明显的一些数据。例如，热可可是在暖和但阴暗的冬天卖得好还是在寒冷但晴朗的天气下卖得好？答案是阴暗而暖和的天气下卖得好。因此，可可广告在阴暗、多云的天气进行促销较在平时气候条件下或寒冷但晴朗的天气下为佳。

（资料来源：http：//share. yoao. com/download. asp？ id＝18684）

2. 案例分析

商品的销售，一部分有季节性，非一年四季皆宜。营销者可以调整其营销策略，推出不同的广告促销策略或强调商品针对不同情况的独特设计，努力使物质情境与目标顾客的生活方式相一致。但是，很多情况下，营销者既不能控制也不能影响消费者面临的物质情境，如汤料消费时的气候条件。此时，需要改变营销组合中的某些因素使之与目标消费者的预期与需要相适应。可可广告在阴暗、多云的天气进行促销就是根据冬天环境中物质因素的变动及消费者对这种变动的反应来调整其广告策略，以扩大其营销通路，增加销售量的。

3. 思考·讨论·训练

“Advertiming”服务对市场营销有何启示？

三、理论知识

1. 情境的本质

情境因素既包括环境中独立于中心刺激物的那些成分，又包括暂时性的个人特征，如个体当时的身体状况、情绪等。一个十分忙碌的人较一个空闲的人可能更少注意到呈现在其面前的刺激物。处于不安或不快情境中的消费者，会注意不到很多展露在他面前的信息，因为他可能想尽快地从目前的情境中逃脱。

(1) 情境的含义 情境是指在某一特定时间和地点的环境中所产生的暂时状况或环境，既不是个别消费者稳定而持久的个人属性，也不是刺激（产品、电视广告等）的特征，但消费者仍对其做出反应（购买产品、收看广告等）的各种事物。

情境影响（situational influences）是指在消费者的信息接收行为、购物行为和消费行为发生的当下，周边的环境和情景对其行为发生的影响。

美国消费者行为研究专家所罗门（Michael R. Solomon）将消费情境定义为：除了个人和产品特性以外，影响产品和服务的购买和（或）使用的因素。我国学者符国群认为，所谓情境或消费情境，是指消费或购买活动发生时个体所面临的短暂的环境因素，如购物时的气候、购物场所的拥挤程度、消费者的心情。由此可知，消费情境是一种并非由个人和产品引起的暂时性的因素，并对消费者的行为产生影响。反过来，消费者的行为又反映了消费者对情境和产品的要求。

情境、产品和消费者三者之间互相影响、互相作用。Assael（1995）将情境、产品和消费者之间的这种交互影响机理进行分析与归纳，建立了一个情境模型，如图4-1所示。

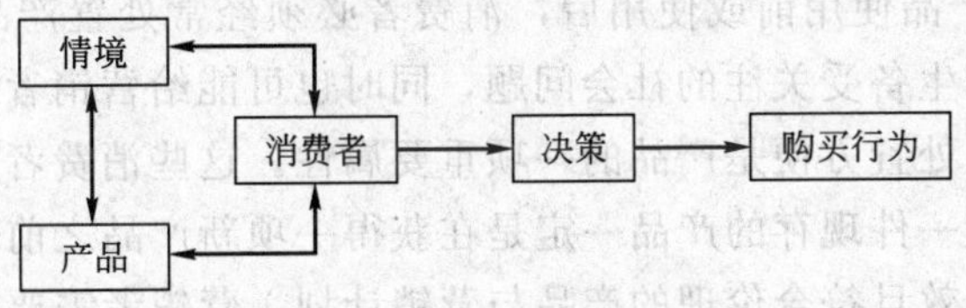

图4-1 消费者行为情境模型

消费者是把行为归于情境，还是归于产品？把行为归于产品，意味着消费者忠诚于某一特定品牌，在什么情况下都会购买该产品；归于情境，说明消费者在不同情况下购买不同产品，决定因素是情境而不是产品。

行为可能由于对品牌忠诚引起而不是情境，或由于情境引起而不是考虑产品，但更可能由两者相互作用而引起（双箭头表示）。

(2) 情境类型 消费过程发生在四种广泛的情境下：传播情境、购买情境、使用情境以及处置情境。

① 传播情境。传播情境是指对消费者行为产生影响的信息接受情境。我们独处还是与他人在一起，心情好坏，匆忙与否，都影响我们接收营销信息的程度。是在一个愉快的电视节目上做广告好还是在一个悲哀的节目中做广告好？抑或是在平静还是激动人心的节目中播放广告好？这是经理们必须回答的涉及传播情境的一些问题。

如果我们对产品感兴趣并处于某种反应状态的传播情境下，营销者就能传递有效的信息给我们。然而，发现处于这种传播情境且具有浓厚兴趣的潜在购买者并非易事。

② 购买情境。各种购买情境同样能影响产品的挑选。和孩子一起购物比没有孩子陪同，购买决定更易受孩子的影响。缺乏时间，诸如在课间购物，会影响对店铺的选择、所考虑品牌的数量以及你愿意支付的价格。

为了发展旨在提高其产品销售的营销策略，营销者必须理解购买情境是如何影响消费者的，借以采取能够促使消费者购买其产品的营销策略。例如，在以下购买情境下，你将如何改变购买一种饮料的决定?

a. 你处于非常糟糕的情绪中。

b. 一位好朋友说："那种饮料对你有害。"

c. 你有些反胃。

d. 你入店时看见付款处排队的人犹如长龙。

e. 你与某位想给其留下特别印象的人在一起。

③ 使用情境。在招待客人时饮用的葡萄酒可能不同于消费者自斟自饮时喝的葡萄酒。营销者需要理解他们的产品适合或可能适合哪些使用情境。在对此有些了解后，营销者才能传递有关他们的产品是如何在每种使用情境下适合消费者需要的信息。例如，广告中可以显示哪种品牌的法国葡萄酒适合休闲时饮用，哪种适合正式场合饮用。

在下面每种使用情境下，你将倾向于消费什么饮料?

a. 你完成最后一门考试后的星期五下午。

b. 同你父母共进午餐。

c. 在一个寒冷并有暴风雨的晚上，刚用完晚餐。

d. 同一个你几年未见的朋友一起进餐。

e. 在一个炎热的下午，刚打完一场篮球。

④ 处置情境。在产品使用前或使用后，消费者必须经常处置产品或产品的包装。涉及处置情境的决策可能产生备受关注的社会问题，同时也可能给营销者提供机会。

一些消费者认为，处置方便是产品的一项重要属性。这些消费者也许只购买那些易于回收的物品。通常，处置一件现存的产品一定是在获得一项新产品之前或与新产品的获取同时发生。为了发展更为有效且符合伦理的产品与营销计划，营销者需要了解情境因素是如何影响处置决定的。政府和环境保护组织为了鼓励对社会负责的处置决定，同样需要了解这方面的知识。

(3) 情境特征 广为人们所接受的是将情境影响分为五种类型：物质环境、社会环境、时间观点、购买任务和先前状态。

① 物质环境。物质环境包括装饰、音响、颜色、气味、灯光、气候以及可见的商品形态或其他环绕在刺激物周围的有形物质。物质环境是一种得到广泛认可的情境影响。例如，店铺的内部装修通常设计成能引起购物者的某种具体情感以便对购买起到信息提示或强化作用。一个经营时尚、流行服装的商店希望通过其购买地的物质环境特征将其经营特色传递给顾客。附属装置、家具和颜色应统统反映这种时尚、新潮的整体气氛。另外，商店的员工应将这种主调展现于他们的外表和服装上。所有这些将产生关于零售环境的合适感觉，由此反过来影响消费者的购买决定。

有证据表明，消费者对在井然有序的专业性环境下获得的服务较那些杂乱无序环境下获得的服务更为满意。

a. 颜色。红色有助于吸引消费者的注意和兴趣。然而，虽然它有物理刺激作用，但是红色会令人感到紧张和反感。较柔和的颜色（如蓝色）虽有较少的吸引力和刺激性，但被认为能引起平静、凉爽和正面的感觉。哪一种颜色最适合室内装饰？调查显示，就对零售商的销售和消费者满意方面产生的效果而言，蓝色优于红色。

b. 气味。虽然关于这方面的研究并不多，但越来越多的证据表明，气味能对消费者的购物行为产生正面影响。一项研究发现，有香味的环境会产生再次造访该店的愿望，会提高对某些商品的购买意愿并减少费时购买的感觉。另外一项研究发现，某种香味增加了在拉斯维加斯赌场的老虎机的使用。此外，还有一项研究发现，花香四溢的零售环境增加了耐克鞋的销售。

尽管发现了上述有用结果，关于气味应在什么时候和条件下和如何有效地运用于零售环境尚不十分清楚。另外，香味的偏好是非常个人化的。对某些人来说是令人愉悦的香味，对另一些人来说这种香味也许令人厌恶。再有，一些购物者对精心添加到空气中的香味会有反感，而另一些人则担心过敏。

c. 音乐。音乐影响消费者的情绪，而情绪又会影响众多的消费行为。慢节奏音乐似乎使消费者更为放松并延长在餐馆的用餐时间，从而增加从吧台购买商品的数量。更多依赖顾客周转的餐馆播放快节奏音乐可能更好。

一项关于超市环境中音乐影响力的研究表明，音乐的节奏（快或慢）并不影响购买行为。然而，播放符合消费者偏好的音乐对购买行为有明显影响。

d. 拥挤状态。当很多人进入空间过多地被货物占用的商店或店铺时，越来越多的购物者会有一种压抑感。很多消费者会觉得这令人不快，并采取办法改变这种处境。最常用也是最基本的方法是减少呆在商店内的时间，同时买得更少、决策更快或更少运用店内可资运用的信息。结果是，消费者满意度降低、不快的购买体验、再次光顾的可能性减少。营销者在设计卖场时，应尽量减少顾客的拥挤感。

e. 物质环境与营销策略。对情境的物质方面予以控制或施加影响，企业应发挥主动性并努力使物质情境与目标顾客的生活方式相一致。但是，很多情况下，营销者既不能控制也不能影响消费者面临的物质情境，如饮料消费时的气候条件。此时，需要改变营销组合中的某些因素，使之与目标消费者的预期与需要相适应，以扩大其营销通路，增加销售量。

② 社会环境。社会环境是指消费者的行动通常受周围人的影响，如是否有客人、社会场合，购买或消费产品时朋友或邻居意见的重要性。例如，华裔美国人、墨西哥人或英裔美国人在与商业同僚用餐和与父母一起用餐时会偏爱不同的食品。个体倾向于服从群体预期，在公开的行为上尤其如此。因此，社会环境对人们的行为而言是一种重要的影响力量。

③ 时间观点。时间观点是指这样一些情境特征，它们涉及时间对消费者行为的影响。时间作为一种情境因素在很多方面展示其作用。可以花在某一购买上的时间数量对消费者购买决策有重要影响。一般来说，可用的时间越少，信息搜寻越少，能够运用的信息越少，从而购买更仓促，由此造成次优甚至糟糕的购买决定的可能性增加。

时间也影响人们对店铺的选择。有限的购买时间会导致所考虑的备选产品数量的减少。双职工家庭和单身父母所面临的日益增长的时间压力将导致品牌忠诚尤其是对全国性品牌形成忠诚。时间压力的增大还会导致对高品质、易准备的食品及其他节约时间的产品的大量需求。例如，促销猪肉的广告强调，用猪肉准备一顿晚餐仅仅需要15分钟时间。

④ 购买任务。购买任务提供了消费活动发生的理由。营销者运用的两分任务法是将购买任务分为自用购买和送礼目的的购买。自用购买和送礼目的的购买会有不同的购买决策和购买准则。馈赠或希望获得的礼品类型会随场合和性别的不同而异。研究发现，结婚礼品倾向于带有功利性（最重要的四个属性是耐用性、有用性、受礼者的需要和性能），而生日礼物则倾向于有趣（最重要的四个属性是愉悦性、独特性、耐用性和性能）。因此，无论是一般性的购买任务还是具体的购买任务（送礼的具体场合）都会影响购买行为。

⑤ 先前状态。先前状态是指心情和暂时状态等非持久性的个人特征，如短暂的情绪状态或条件。例如，我们每个人都会有情绪高昂和情绪低落的时候，而这并非我们个人长久性格的一部分。

a. 心情。心情是一种不与特定事件或事物相连的暂时性情感状态。心情作为一种情感没有情绪那么强烈，而且能够在个体没有意识的情况下产生。通常它不如情绪那样对正在进行的行为产生如此大的影响。个人通常运用高兴、平静、悲哀、忧伤、压抑等词汇来描述心情。

心情既影响消费过程同时又受消费过程的影响。例如，电视、广播和杂志内容能够影响我们的心情和激活水平，反过来，后者又会影响我们的信息处理活动。

心情还影响我们的决策过程以及对不同产品的购买与消费。正面、积极的心情与冲动性购买和增长的“举债”相联系。负面的心情也会增加某些类型消费者的冲动性购买。心情还影响对服务和等待时间的感知。

除了对由心情引发的消费者需要做出反应外，营销者还试图影响消费者的心情，并且用能激发或诱发积极心情的事件来安排各种营销活动的恰当时机。餐馆、酒吧、购物中心和其他很多零售场所在设计时就考虑如何激发顾客的正面心情。播放音乐就是基于这一原因。很多公司偏向于在轻松的节目中安排或播放广告，因为此时受众在观看这些节目时处于一种更好的心情。

b. 暂时状态。心情反映了心绪，而暂时性条件则是指疲倦、生病、得到一大笔钱或破产等这样一些暂时性状态。就像对心情一样，这里指的暂时性条件作为一种先前状态，必须是短暂的，而不是经常性的或与个体长时相伴随的。例如，一位暂时缺钱和一位总是经济拮据的人的行为会有明显差别。和心情一样，消费者也会积极改变其暂时状态，而且有可能是借着购买产品和服务来寻求改变。

2. 购物环境与消费者行为

星巴克将自己定位成除了工作场所、家庭之外的第三空间。他们所提供的不只是一杯好喝的咖啡，而是讲究店内布置，营造一种轻松惬意的气氛，给生活在紧张枯燥的忙碌城市的现代人提供了一个可以放松心情的好去处，吸引了不少客人。他们在那里逗留，品尝咖啡并交谈，减轻生活压力。

星巴克咖啡店的建筑通常都非常有特色——鲜明的店徽，加上其浓郁的咖啡香，每次经过总会令人舍不得走，甚至进去喝一杯；宽敞舒适的空间、柔和的灯光、动听的音乐、亲切的服务态度，让人有种远离都市尘嚣，悠然自得之感；高雅的环境更是情侣约会、洽谈公事最佳的选择，它成功地营造了高雅、宁静的气氛。

购物环境是商店内部建筑、设施、柜台摆放、商品陈列、装饰风格、色彩、照明、音响、空气等状况的综合体现。

(1) 柜台设置与商品陈列

① 柜台设置。柜台与货架是陈列商品的载体。柜台与货架的设置方式直接影响消费者的购买心理。

a. 按照售货方式不同，可以选择开放式和封闭式的货架陈列。

开放式柜台采取由消费者直接挑选商品的方式。消费者可以根据自己的需要和意愿，任意从货架上拿取、选择和比较商品，从而最大限度地缩短与商品的距离，增强亲身体验和感受；可以获得较大的行为自由度，产生自主感和成就感；可以减轻心理压力和其他因素的干扰，在自由接触商品中形成轻松愉悦的情绪感受；可以使消费者感受到商店对自己的尊重和信任。这些都会进一步激发消费者的购买欲望，促成购买行为。书店、鲜花商店、家具商店、超级市场、专卖店等大多采用开放式柜台。现在，一级大商场也采用开放式货架陈列，如服装区、儿童玩具区等。

封闭式柜台是依靠售货员向消费者递拿、出售商品的设置形式。这种形式增加了消费者与商品联系的中间环节，扩大了距离感，降低了个人的行为自主性，同时增加了与售货员产生人际摩擦的可能性，对消费者心理的负面影响较多。但在诸如珠宝首饰、钟表、化妆品、电器、副食等不宜或无法直接挑选的商品销售中，封闭式柜台仍不失为较为妥当的柜台形式。

b. 按照排列方式不同，可以采用直线式和岛屿式两种方式。

直线式柜台是将若干个柜台呈直线排列。这种方式便于消费者通行，视野较开阔和深远，但不利于迅速寻找和发现目标。一般常用于小型商店的柜台设置。

岛屿式柜台是将一组柜台呈环状排列，形成一个“售货岛屿”。这种排列方式可以增加柜台的总长度，扩大商品陈列面积，还可以按经营大类划分和集中陈列商品，以便于消费者迅速查找和发现所要购买的商品。这种方式还有利于营业现场的装饰和美化，通常为大型商场所采用。

c. 按照经营商品的特点及消费者的购买特点，可以选择不同的设置区位。

在柜台的摆放地点或区位设计中，应以经营商品的性质及消费者的需求和购买特点作为主要依据。对于人们日常生活必需品，价格较低、供求弹性小、交易次数多、无售后服务的便利商品，如香烟、糖果、电池、饮料等柜台，应摆放在出入口附近，以满足消费者求方便、求快捷的心理；对于一些价格较高、供求弹性较大、交易次数少、挑选性强、使用期较长的选购商品，如时装、家具等，应相对集中摆放在宽敞明亮的位置，以便让消费者观看、接近、触摸商品，从而满足消费者的选择心理；对于一些高档、稀有、名贵、价格昂贵的特殊商品，如彩电、照相机、工艺品、珠宝首饰、古董等柜台，可以摆放在距出入口和便利品柜台较远、环境幽雅的地方，以满足消费者求名、自尊、私密等特殊需求。

② 商品陈列。商品陈列是指柜台及货架上商品摆放的位置、搭配及整体表现形式。根据国外的成功经验，通过顾客购买行为调查，按照需求取向灵活配置商品布局比例，是目前最有效的办法。应根据消费者的心理特性讲求商品摆布艺术，使商品陈列做到醒目、便利、美观、实用。

不同的零售业态因为其经营特点、出售商品和服务对象的不同，在商品陈列上也表现出不同的形式。总的来说，商品的陈列可采用以下方法。

a. 醒目陈列法。商品摆放应力求醒目突出，以便迅速引起消费者的注意。具体有以下几个方面。

ⓐ 陈列高度。商品摆放位置的高低会直接影响消费者的视觉范围及程度。心理学研究表明，正常人眼睛的视场与距离成正比；视觉清晰度与距离成反比。通常，消费者在店内无意注意的展望高度是0.7～1.7米。同视线轴大约30°角上的商品最容易为人们清晰感知。在1米的距离内，视场的平均宽度为1.64米；在2米的距离内，视场的平均宽度达3.3米；在5米的距离内，视场的平均宽度达8.2米；到8米的距离内，视场的平均宽度就扩大到16.4米。商品摆放高度要根据商品的大小和消费者的视线、视角来综合考虑。一般来说，摆放高度应以1～1.7米为宜，与消费者的距离为2～5米，视场宽度应保持在3.3～8.2米。

ⓑ 商品的量感。所谓量感，是指陈列商品的数量要充足，给消费者以丰满、丰富的印象。量感可以使消费者产生有充分挑选余地的心理感受，进而激发购买欲望。据一项市场调查显示，有明确购买目标的顾客只占总顾客的25%，而75%的消费者属于随机购买和冲动型购买。因此，如何增强商品的存在感，使店内商品最大限度地变得让顾客目之可及，伸手可得，进而吸引顾客更长时间停留，最终实现冲动购买，便成为一个关键性问题。

ⓒ 突出商品特点。商品的功能和特点是消费者关注并产生兴趣的集中点。将商品独有的优良性能、质量、款式、造型、包装等在陈列中突出出来，可以有效地刺激消费者的购买欲望。例如，把气味芬芳的商品摆放在最能引起消费者嗅觉感受的位置；把款式新颖的商品摆放在最能吸引消费者视线的位置；把名牌和流行性商品摆放在显要位置，都可以起到促进消费者购买的心理效应。

b. 重点陈列法。现代商店经营商品种类繁多，少则几千种，多则几十万种。要使全部商品都引人注目是非常困难的。为此，可以选择为消费者大量需要的商品作为陈列重点，同时附带陈列一些次要的、周转缓慢的商品，使消费者在先对重点商品产生注意后，附带关注大批次要商品。对重点陈列，业内有一种商品布局中的磁石理论。所谓磁石，顾名思义，即卖场中最能吸引顾客眼光，最能引起购买冲动的地方。要发挥磁石的作用，必须依靠一些布局技巧来完成。在商品布局中运用磁石理论，具体而言就是在卖场中最优越的位置陈列最合适的商品促进销售，并且以此引导顾客顺畅地逛遍整个卖场，达到增加顾客随机消费和冲动性购买的目的。

c. 连带陈列法。许多商品在使用上具有连带性，如牙膏和牙刷、照相机和胶卷等。为引起消费者潜在的购买意识，方便其购买相关商品，可采用连带陈列方式，把具有连带关系的商品相邻摆放。此外，还应注意到消费者的无意注意。无意注意是指消费者没有目标或目的，在市场上因受到外在刺激物的影响而不由自主地对某些商品产生的注意。如果在售货现场的布局方面考虑到这一特点，有意识地将有关的商品柜组设置在一起，如妇女用品柜与儿童用品柜、儿童玩具柜邻近设置，向消费者发出暗示，引起消费者的无意注意，诱导其产生购买冲动，会获得较好的效果。

d. 裸露陈列法。好的商品摆放，应为消费者观察、触摸以及选购商品提供最大便利。为此，多数商品应采取裸露陈列，应允许消费者自由接触、选择、试穿试用、亲口品尝商品，以便减少消费者心理疑虑，降低购买风险，坚定购买信心。

e. 季节陈列法。季节性强的商品，应随着季节的变化不断调整陈列方式和色调，尽量减少店内环境与自然环境变化的反差。这样不仅可以促进应季商品的销售，而且可以使消费者产生与自然环境和谐一致、愉悦顺畅的心理感受。

f. 艺术陈列法。这是通过商品组合的艺术造型进行摆放的方法。每种商品都有其独特的审美性。在陈列中，应在保持商品独立美感的前提下，通过艺术造型使各种商品巧妙布局，相映生辉，达到整体美的艺术效果。

在实践中，上述方法经常可以灵活组合，综合运用。同时，要适应环境和需求变化，不断调整，大胆创新，使静态的商品摆放充满生机和活力。

(2) 店内通道设计　在现代零售企业，通道设计也成为改善店内环境，为消费者提供一个舒适购物环境的重要因素。良好高效的通道设计，要求能引导顾客按设计的自然走向，步入卖场的每一个角落，能接触尽可能多的商品，消灭死角和盲点，使入店时间和卖场空间得到最高效的利用。售货现场的通道设计要考虑便利消费者行走、参观浏览、选购商品，同时，特别要考虑为消费者之间传递信息、相互影响创造条件。

合理的通道设计还起到了诱导和刺激消费者购买的作用。进入商店的人群大体可分为三类，即有明确购买动机的消费者、无明确购买动机的消费者和无购买动机的消费者。引起后两类消费者购买欲望的是零售企业营销管理的重要内容之一。

通道设计应注意以下几点。

① 宽度要保证顾客提着购物筐或推着购物车，能与其他顾客并肩而行或顺利地擦肩而过。对大型综合超市和仓储式商场来说，为了方便更多顾客的流动，其主通道和副通道的宽度可以基本保持一致。同时，也应适当放宽收银台周围通道的宽度，以保证收银处的通畅。

② 通道要尽可能采用笔直的单向通道设计，避免迷宫式通道。在顾客购物过程中尽可能依货架的排列方式，将商品以不重复、顾客不回头走的设计方式布局。

③ 通道地面应保持平坦。处于同一层面上，有些门店由两个建筑物改造连接而成，通道途中要上或下几个楼梯，有“中二层”、“加三层”之类的情况，令顾客眼花缭乱，不知何去何从，显然不利于门店商品销售。

④ 少拐角。事实上，一侧直线进入，沿同一直线从另一侧出来的店铺并不多见。这里的少拐角是指拐角尽可能少，即通道途中可拐弯的地方要少。有时需要借助于连续展开不间断的商品陈列线来调节。

⑤ 通道上的照明度比卖场明亮。通常通道上的照度要达到1000勒克斯（Lux，勒克斯：照度单位。1流明的光通量均匀分布在1平方米面积上的照度，就是1勒克斯，简称勒。流明：光通量单位。1国际烛光照射在距离为1厘米、面积为1平方厘米的平面上的光通量，就是1流明，简称流），尤其是主通道，相对空间较大，是客流量最大、利用率最高的地方。

⑥ 没有障碍物。通道用来诱导顾客多走、多看、多买商品。通道应避免死角。在通道内不能陈设、摆放一些与陈列商品或促销无关的器具或设备，以免阻断卖场通道，损害购物环境。

(3) 内部建筑形式的心理影响　内部装饰是指商店内部的建筑形式、设施、色彩、照明、音响、空气等。这些要素与商品摆放一样，是内部环境不可分割的组成部分，对消费者的心理有重要影响。

① 商店店门。店门是商店内部与外部的分界线，也是消费者进入商店的必经之路。对店门形式与大小的选择，不仅应利于消费者进入，还要从内部装饰的角度考虑对消费者心理的影响。店门通常有三种类型。

a. 封闭型。这种形式可将店内与外部环境完全隔离开来，形成安静、高雅的购物气氛。这种类型适合高层次的购物消费，如美容中心。

b. 开放型。这种形式将店门前面全部开放，消费者可以从外部直接观看店内全貌，并方便出入。内部琳琅的商品陈列可以吸引消费者的注意，并刺激其购买欲望。专卖店一般都采用这种方式。

c. 半开放型。即将上面两种形式结合起来，配设橱窗，并根据季节和客流量变化调节大门的开放度。百货商场、精品店常用这种类型。

② 建筑的使用功能和辅助设施。

a. 空间设计。商店的室内高度要与面积相适应，要保证通风和采光。多层商店中，底层高度不宜过低，以免使消费者产生压抑感。空间结构可采用丰富多变的设计手法。如各层中央留有垂直空间，使消费者从每一层都可以看到商店全貌，给人以宏大感。

b. 楼梯。合理的楼梯设计应以方便消费者上下行走为原则，要尽可能扩大客流量。现代大型多层商店中，自动滚梯的商店可以将高层商场的客流量提高1～3倍。

c. 辅助设施。辅助设施是指商店内为消费者提供非商品销售的服务性设施，如临时幼儿寄托室、休息室、问询处等。这些设施可以为消费者提供托儿、休息、咨询指导等多方面的服务，使消费者在购买过程中获得极大便利感，并对商店的内部环境产生良好的印象。

③ 色彩。色彩指商店内部四壁、天花板和地面的颜色。在商店内部环境设计中，色彩可以用于创造特定的气氛。它既可以帮助顾客认识商店形象，也能使顾客产生良好的记忆和深刻的心理感觉。不同的环境色彩能引起顾客产生不同的联想和不同的心理感受，激发人们潜在的消费欲望，同时还可以使顾客产生即时的视觉震撼。

一般而言，商店内部装饰的色彩以淡雅为宜。如象牙白、乳黄、浅粉、浅绿色等，会给人以宁静、清闲、轻松怡人的感受，同时也易突出所陈列的商品，达到浓淡相宜、色彩协调的整体效果。反之，配色不适或色调过于浓重，会喧宾夺主，使人产生杂乱、沉重的感觉。

④ 照明。照明直接作用于消费者的视觉。营业厅明亮、柔和的照明，可以充分展示店容，宣传商品，吸引消费者的注意力；可以渲染气氛，调节情绪，为消费者创造良好的心境；还可以突出商品的个性特点，增强刺激强度，激发消费者的购买欲望。

灯光照明是对商场的“软包装”，体现着商家在一定时期内销售主体的诉求意向，也是向顾客传递购物信息的媒介。店内的照明光源一般分两大类，一类是为了保持整个商店空间亮度的基本照明光源，又称为总照明，另一类是以装饰功能为主兼作照明的装饰光源，又称附加照明，包括特别照明和装饰照明。前者是为增加柜台光度配置的，多采用聚光灯、探照灯等照明设备定向照射。后者的配置一般要视主要商品的特性而定，大多采用彩灯、壁灯、吊灯、落地灯、霓虹灯等照明设备。不同光线、不同光源能使环境形成不同气氛。

店内的灯光照明应与消费者通过视觉所反映的心理感受相适应，这样才能增强感官刺激强度，渲染店内气氛，激发顾客的购物情绪。店内灯光照明的科学化、艺术化可以渲染烘托整个商店的气氛，突出商店的格调和商品的特性，对顾客产生强烈的诱惑，同时也会给顾客带来舒适、愉悦的心理感受。

针对经营商品的不同，在灯光的应用上也应采取不同的方案。为吸引消费者的注意力，对消费者挑选性强的商品，如妇女用品、结婚用品、各式服装等，照明度要强一些；对消费者挑选不细的商品，如日用杂品、化学用品等，照明光度可以弱些。珠宝首饰、工艺美术品、钟表眼镜等贵重、制作精密的商品，可用定向光束直射，凸显商品的灵秀、华贵、精细，使消费者产生稀有、珍贵的心理感受。

⑤ 音响。声响也是商店气氛的重要组成部分。用音乐来促进销售，可以说是古老的经商艺术。早在传统商业时期，叫唱或敲击竹梆、金属器物等就成为小商小贩招揽生意的独特

形式。

心理学研究表明，人的听觉器官一旦接受某种适宜音响，传人大脑中枢神经，便会极大地调动听者的情绪，造成一种必要的意境。在此基础上，人们会萌发某种欲望，并受到欲望驱使而采取行动。但是，并不是任何音响都能唤起消费者的购买欲望。相反，一些不合时宜的音响会使人产生不适感。店内的各种声响一旦超过一定限度，不仅使顾客心情烦乱，注意力分散，还会使顾客反感。一些轻松柔和、优美动听的乐曲能抑制噪音并创造欢愉、轻松、悠闲的浪漫气氛，使进店顾客产生一种舒适的心情，放慢节奏，甚至流连忘返。一项调查结果显示，有77%的调查对象在其购物活动中偏爱有背景音乐的伴随。

商店背景音乐的选择一定要结合商店的特点和顾客特征，以形成一定的店内风格。同时，还应注意音量高低的控制。既不能影响顾客用普通声音说话，又不能被店内外的噪声淹没。音乐的播放也要适时有度，以免使顾客产生不适感，甚至厌烦而达不到预期的效果。

⑥ 气味。宜人的气味也通常对人体生理有积极的影响。空气污浊有异味的商店顾客不会久留，无味的商店易使顾客感到疲劳，而清新的、令人心旷神怡的购物环境则使顾客得到美的享受。商店内部如能根据所经营的商品特征适宜地散发一些宜人的气味，能使顾客在购买活动中精神爽快、心情舒畅。

有的食品零售店利用气味对消费者的影响来诱发消费者的购物动机，以此增加销售。一些糕饼店人为地制造出诱发人食欲的气味，吸引过往行人的注意，并刺激其购买行为。一些出售小装饰品、礼品的精品店使用轻淡的花香型香料，营造店内温馨、雅致的氛围，可以与其陈列的精美商品相呼应，给消费者以美的享受，进而激发其购买欲望。

(4) 店内售货现场景点设计 售货现场景点是零售商场景点的一个组成部分。零售商场景点作为当代国际上流行的零售营销手段传播到我国后，越来越受到零售业界的青睐。尤其是大中型零售商场，开始将这一营销手段运用于企业整体营销战略之中。零售商场景点是指零售商业组织为了吸引消费者，在商场外与售货现场内营造的可供消费者观赏、浏览的景致，包括非商品因素的活动项目或活动设施。它是现代商场环境因素的重要组成部分，既能为消费者提供良好的购物环境，又能独立地吸引消费者并非因购物而光顾商场。因此，营造零售商场景点与促进商品销售有着密切的关系。

3. 情境影响与营销策略

苏打原来用于工业原料，后用来冰箱除臭，随后又用于冲洗牙齿；某企业发现自己的石蜡产品被消费者用于汽车时，导入了汽车石蜡。

个体并不会随机地面临各种情境，相反，大多数人“创造”他们所面对的很多情境。由此使营销者能够以各种生活方式的人可能遇到的情境为基础设计广告和进行市场细分。

(1) 导入新的使用情境 同一产品如果导入新的使用情境，会达到预期的效果，但是必须找出可能影响产品消费的各种情境，同时分析各种情境中消费者最可能消费的商品，从而拟定适当的广告和定位策略。如JOHNSON的石蜡之所以成功地说服消费者把家具石蜡用于汽车，是因为“让你的汽车看起来和你的餐桌一样闪闪发亮”的广告让消费者明显看到这一用途扩展是合情合理的。而百事可乐没能说服消费者早餐时喝百事可乐的原因，是使用这种境况与消费者现存的有关碳酸饮料的观念不一致。

(2) 以现存使用情境为目标市场

① 以产品用途为依据细分使用者。例如，快餐店将使用者分成以下几种：看中营养的（一般正餐时间食用）；心虚的消费者（倾向于错开正餐时间吃快餐）；留意体重的（正餐）；

聚会时食用的（在社交场合吃）；价格导向的（在小食品打折扣时才购买）；无差别消费者（大多数情况下都吃）。

② 新产品开发。例如，TIMEX为各种不同的体育境况开发出新的手表系列。百事为“二战”后出生的一代开发早餐饮料（失败了，因为消费者不能接受早晨喝碳酸饮料的建议）。

③ 产品定位。例如，将食品分成下面四大类：特殊用餐（烤肉、新鲜蔬菜）；家庭用餐（孩子们欢迎的）；零食和快餐（冷食、烤奶酪松饼）；日常用餐（汉堡、热三明治等）。

④ 广告。如果消费者购买某种饮料是用于社交场合，则应该以此为内容进行广告宣传。广告告诉消费者从产品使用经验中寻求什么利益。例如，摩托罗拉寻呼机就被表现为一种在各种情境中与自己所爱的人保持联系的手段；SWATCH防水手表广告则展现在水中戴该手表的场面。

广告能反映季节性使用。例如，夏季的冰茶和冬季的热汤等。GATORADE公司试图通过广告让消费者相信该产品不仅是夏季激烈体育运动后的解渴良剂，也是防止感冒和流感的妙药。

以情境为基础的广告，不仅需要描绘情境，而且要渲染产品利益和该情境间的联系。摩托罗拉的广告强调只要与心爱的人联系，就可以心境平和，就可获得“专心致志做重要事情”的自由。

四、小结

营销经理应当根据消费者面临的情境来分析消费者和用于影响消费者的各种营销活动。消费者情境是指既不依赖消费者个人特性也不依赖于产品本身属性或特征的一系列因素。

消费过程发生在四种广泛的情境下：传播情境、购买情境、使用情境以及处置情境。

情境被分成五种可以客观衡量的类型。物质环境包括装饰、音响、颜色、气味、灯光、气候以及可见的商品形态或其他环绕在刺激物周围的有形物质。

社会环境是指消费者的行动通常受自己周围的人的影响，如是否有客人、社会场合，购买或消费产品时朋友或邻居意见的重要性。

时间观涉及时间对消费者行为的影响。时间影响信息搜寻和店铺的选择等。

购买任务反映了从事购买行为的目的与理由。例如，购买作为结婚礼品的餐具明显不同于购买自用餐具时的情境。

先前状态是指那些非持久性的或短暂存在的个人特征。心情是每个人都经历过的，它是诸如压抑、亢奋等短时期的情绪状态。暂时性条件则是诸如疲劳、生病、获得大笔钱财等暂时性状态。

购物环境是商店内部建筑、设施、柜台摆放、商品陈列、装饰风格、色彩、照明、音响、空气等状况的综合体现。个体并不会随机地面临各种情境，相反，大多数人“创造”他们所面对的很多情境。由此使营销者能够以各种生活方式的人可能遇到的情境为基础设计广告和进行市场细分。

五、复习思考题

1. 情境指什么？它对营销人员理解消费者购买行为有何重要意义？
2. 消费购买活动中的情境类型有哪些？

3. 什么是物质环境？举例说明物质环境因素对消费过程的影响。
4. 什么是社会环境？举例说明社会环境因素如何影响消费过程。
5. 什么是时间观？举例说明它如何影响消费过程。
6. 什么是购买任务？举例说明它如何影响消费过程。
7. 什么是先前状态？举例说明先前状态如何影响消费过程。
8. 什么是心情？它与情绪有何不同？心情怎样影响行为？
9. 心情与暂时性条件有何不同？
10. 如何理解消费者行为情境模型？

六、实训

1. 案例分析

超市卖场的5个磁石点

第一磁石点。第一磁石点位于卖场中主通道的两侧，是顾客必经之地，也是商品销售最好的地方。此处配置的商品主要是：主力商品、购买频率高的商品和采购力强的商品。这类商品大多是消费者随时需要，又时常要购买的。例如，蔬菜、肉类、日用品（牛奶、面包、豆制品等），应放在第一磁石点内，可以增加销售量。

第二磁石点。第二磁石点在第一磁石点的基础上摆放，主要配置以下商品：流行商品，色泽鲜艳、引人注目的商品和季节性强的商品。第二磁石点需要超乎一般的照明度和陈列装饰，以最显眼的方式突出表现，让顾客一眼就能辨别出其与众不同的特点。同时，第二磁石点上的商品应根据需要隔一定时间便进行调整，保持其基本特征。

第三磁石点。第三磁石点指的是超市中央陈列货架两头的端架位置。端架是卖场中顾客接触频率最高的地方，其中一头的端架又对着入口，因此配置在第三磁石点的商品，就是要刺激顾客。一般为高利润商品、季节性商品和厂家促销商品。

第四磁石点。第四磁石点通常指的是卖场中副通道的两侧，是充实卖场各个有效空间的摆设商品的地点。这是个要让顾客在长长的陈列线中引起注意的位置，因此在商品的配置上必须以单项商品来规划，即以商品的单个类别来配置。为了使这些单项商品能引起顾客的注意，应在商品的陈列方法和促销方法上对顾客作刻意表达诉求，主要有：热门商品、有意大量陈列的商品和广告宣传的商品等。

第五磁石点。第五磁石点位于收银处前的中间卖场。各门店可按总部安排，根据各种节日组织大型展销、特卖活动的非固定卖场。其目的在于通过采取单独一处、多品种大量陈列方式，造成一定程度的顾客集中，从而烘托门店气氛。同时，展销主题的不断变化，也给消费者带来新鲜感，从而达到促进销售的目的。

（资料来源：http：//www.bjczy.edu.cn/xfzxw/article/2008/0520/article_125.html）

思考和训练

在商品布局中如何运用磁石理论？

（参考答案 现代商店经营商品种类繁多，少则几千种，多则几十万种。要使全部商品都引人注目是非常困难的。为此，可以选择为消费者大量需要的商品作为陈列重点，同时附带陈列一些次要的、周转缓慢的商品，使消费者在先对重点商品产生注意后，附带关注大批次要商品。对重点陈列，业内有一种商品布局中的磁石理论。所谓磁石，顾名思义，即卖场中最能吸引顾客眼光、最能引起购买冲动的地方。而要发挥这些磁石的作用，必须依靠一些布局技巧来完成。在商品布局中运用磁石理论，具体而言就是在卖场中最优越的位置陈列最合适的商品促进销售，并且以此引导顾客顺畅地逛遍整个卖场，达到增加顾客随机消费和冲动性购买的目的。)

2. 技能训练

列出与校园附近餐馆有关的10～20种用餐情境。然后，走访10名学生，要求他们指出曾遇见过其中哪些用餐情境并根据发生或出现的可能性对列出的用餐情境排序。讨论一个餐馆在吸引学生就餐时如何运用这些信息。

模块18 问题认知过程

一、教学目标

1. 能力目标

能运用问题认知相关资料，分析解决消费者心理和行为问题。

2. 知识目标

理解消费者决策的本质、理解问题认知的本质。掌握影响问题认知的不可控因素、问题认知与营销策略。

3. 素质目标

完成任务的态度；知识应用能力；信息搜集处理能力；理解、分析、表达能力；交流沟通能力；与人合作能力；自学能力；解决问题能力；应变能力；组织能力；敬业精神。

二、案例

1. 案例介绍

"洪都拉斯脂松木"的营销策略

迪恩伯莱木材公司开发出一种新燃料——洪都拉斯脂松木。这种天然木材即使在潮湿的情况下也能用火柴一点即燃，且能持续燃烧15～20分钟。在燃烧过程中它不会爆出火花，因而安全性相对较高。这种木材可加工成15～18英寸长、直径为1英寸的木棍用于壁炉点火，或压成碎片用于引燃烧烤用的木炭。

在将该产品推向市场之前，公司进行了一项市场调查以预测需求和以此指导其营销策略的制定。两组潜在消费者接受了调查。第一组被访者被询问如何点燃壁炉，以及在此过程中遇到了哪些问题。几乎所有的被试都回答是用报纸，很少有人认为这有什么问题。接着，公司向他们介绍了脂松木这种新产品，并询问他们购买该产品的可能性。结果只有很小一部分人表示有购买兴趣。

然而，富有戏剧性的是，在这些人实际使用该产品几个星期后，竟纷纷感到它是对现有引火方法的极大改进，并表示了继续使用该产品的强烈愿望。由此清楚地表明，问题是存在的（因为试用者均感到它大大优于旧产品），只是大多数消费者没有意识到这一点。这就是被动型问题。在产品能够成功销售之前，公司必须唤起消费者对问题的认知。与此形成对照，在关于点烧木炭的一组被试中，相当多的人表达了他们对于液体点火器安全性的担忧。这些人对安全性能更高的点火产品有着强烈的兴趣。这就是主动型问题。在此情况下，公司不用担心消费者对问题的认知，而应将营销重点放在向消费者描述该新产品是如何更好地解决消费者已认识到的问题。

（资料来源：http：//share. yoao. com/download. asp? id＝18684）

2. 案例分析

主动型与被动型问题需要运用不同的营销策略。主动型问题仅仅要求营销者令人信服地向消费者说明其产品的优越性，因为消费者对问题已经有了认识。对于被动型问题，营销者不仅要使消费者意识到问题的存在，而且还要使其相信企业所提供的产品或服务是解决该问题的有效方法。

3. 思考·讨论·训练

此案例说明主动型与被动型问题营销策略有何不同？

三、理论知识

1. 消费者决策的本质

扩展型消费者决策过程是由一系列的活动组成的：认识问题、搜寻信息、评估与选择品牌、店铺选择与购买以及购后过程。然而，扩展型决策只在消费者购买介入程度特别高的情形下偶尔发生。低水平的购买介入会导致有限的或名义型决策。

（1）消费者决策含义　一般意义上的决策，是指为了达到某一预定目标，在两种以上备选方案中选择最优方案的过程。就消费者而言，消费者决策是指消费者谨慎地评价某一产品、品牌或服务的属性，并进行理性的选择，即用最少的成本购买能满足某一特定需要的产品的过程。通常，消费者都是以此方式做出决策，但也有许多消费者在做购买决策时并未做出多少有意识的努力。有的消费者在决策时甚至并不注重产品属性，而是更多地关注购买或使用时的感受、情绪和环境。此时，选择某个品牌并非是由于其独特的属性（价格、样式、功能、特点），而仅仅因为“它使我感觉良好”或“我的朋友们会喜欢它”。

购买决策在消费者购买活动中占有极为重要的关键性地位。

① 消费者购买决策进行与否，决定了其购买行为发生或不发生。

② 决策的内容规定了购买行为的方式、时间及地点。

③ 决策的质量决定了购买行为的效用大小。

正确的决策会促使消费者以较少的费用、精力，在短时间内买到质价相符、称心如意的商品，最大限度地满足自身的消费需要。反之，质量不高或错误的决策，不仅会造成时间、金钱的损失，还会给消费者带来心理挫折，对以后的购买行为产生不利影响。所以，决策在购买行为中居于核心地位，起着支配和决定其他要素的关键作用。

（2）消费者决策类型　如图 4-2 所示，存在着不同类型的消费者决策过程。当消费者的购买介入程度由低到高变化时，其决策过程也随之复杂化。我们用名义型、有限型、扩展型决策来描述不同类型的购买决策过程。需要指出的是，这三种类型之间并非泾渭分明，而是相互交叉的。

在描述一种决策过程之前，有必要将“购买介入”的概念界定清楚。我们把购买介入程度定义为：消费者由某一特定购买需要而产生的对决策过程关心或感兴趣的程度。因此，购买介入是某个人、某个家庭或某个单位的一种暂时状态，它受个人、产品、情境特征的相互作用的影响。应当指出，购买介入不同于产品介入。你可能会非常钟情于某一品牌或某类产品（牙膏或汽车），但（由于品牌忠诚、时间压力或其他原因）购买该产品的介入程度却很低。想想你最喜欢的饮料品牌，你可能对该品牌非常忠诚，觉得它胜过其他任何品牌，从而对其形成强烈的偏好。当购买饮料时，你无须多加思考，总会毫不犹豫地选择你所喜爱的这一品牌。

另一种情况是，你可能对某一类产品的介入程度相当低（如文具或汽车轮胎），但购买时的介入程度却很高。原因是你想为孩子们做个榜样，给一位同事或朋友留下深刻印象，或纯粹为了省钱。

图 4-2 介入程度与决策类型

① 名义型决策。名义型决策，有时也称习惯型购买决策，实际上就其本身而言并未涉及决策。如图 4-2 所示，一个问题被认知后，经内部搜索（长期记忆），浮现一个偏爱的品牌，该品牌随之被选择和购买。只有当被选产品未能像预期那样运转或表现，购后评价才会产生。名义型决策往往发生在对购买的介入程度很低的情况之下。

一个纯粹的名义型决策甚至丝毫不考虑选择其他品牌的可能性。比如，你发现家里的中华牌牙膏快用完了，于是决定下次逛商店时再买几支，而根本没想到用别的牌子来代替它。在商店里，你浏览货架寻找中华牌牙膏，对其他牌子和它们的价格或其他潜在的相关因素则压根儿没予考虑。

名义型决策通常分为两种：品牌忠诚型决策和习惯型购买决策。

a. 品牌忠诚型购买。你可能曾经对选择牙膏有着很高的介入程度，并运用了扩展型决策过程。作为这一过程的结果你选定了中华牌牙膏。之后，虽然选择最好的牙膏对你仍然很重要，但你可能会不加思考地一再选择此品牌。此时，你已对中华牌产生了忠诚和信赖，因为你认为它能最有效地满足你的需要。一旦形成了情感上的依赖（你喜欢这个牌子），你就成了中华牌牙膏的忠诚顾客，其他竞争者很难赢得你的惠顾。

在这个例子里，由于品牌忠诚，你对产品的介入程度相当高，但对购买的介入程度则很低。假如中华牌牙膏的优越性受到挑战，比如从新闻报道中了解到更好的牙膏的出现，你也许会更换品牌，但很可能要经历一次高介入度的决策过程。

b. 习惯型购买。与前面例子形成对照的是，你可能会认定所有的番茄酱都是一样的，因而对番茄酱这类产品及其购买关心甚少。在试了 Del Monte 牌并感到满意之后，你就会一再选择该品牌。于是，你成了 Del Monte 番茄酱的重复购买者，但你并不忠诚于这一品牌。当你下次需要番茄酱时，假如遇到了买 Del Monte 牌是否明智的困惑（比如别的牌子在打折），你可能会转换品牌且无须更多的斟酌和思考。

② 有限型决策。有限型决策是介于名义型决策和扩展型决策之间的一种决策类型。从最为简单的情形看（购买介入最低时），它与名义型决策相似。比如，在超市里你注意到了陈列在货架上的德夫巧克力条，并顺手拿了两个。此时，你凭借的只是印象中的“德夫味道还不错”或“我已经好久没尝过德夫巧克力条了”，此外并未搜集更多的信息。你最多会为买不买略为犹豫，而不会再考虑选择其他品牌。还有一种情况是，你可能遵循某一条决策规则，比如选择最便宜的速溶咖啡品牌。当家里的咖啡用完时，你若置身于商店，就会查看一下各种咖啡的价格，挑选一个最便宜的牌子。

有限型决策有时会因情感性需要或环境性需要而产生。比如，你决定买一个新的产品或品牌，此时，你并不是对目前使用的产品和品牌不满，而是因为你对它们产生了厌倦感。这类决策可能只涉及对现有备选品新奇性或新颖程度的评价，而不涉及其他方面。你也可能会根据别人实际的或预期的行为对购买进行评价。比如，你会通过观察或猜测你同桌的人就餐时点不点、点什么样的葡萄酒来决定自己的选择。

总的来说，有限型决策涉及对一个有着几种选择方案的问题的认知。信息的搜集主要来自内部，外部信息搜集比较有限，备选产品不太多，而且运用简单的选择规则对相对较少的几个层面进行评价。除非产品在使用过程中出问题或售后服务不尽如人意，否则，事后很少对产品的购买与使用进行评价。

③ 扩展型决策。如图 4-2 所示，扩展型决策发生在购买介入程度很高的情况下。这种类型的决策涉及广泛的内、外部信息搜集，并伴随对多种备选品的复杂比较和评价。消费者在购买产品之后，很容易对购买决策的正确性产生怀疑，从而引发对购买的全面评价。相对来说，达到如此复杂程度的决策并不多。然而，在诸如房屋、个人电脑及多功能休闲性商品（如背包、帐篷）等产品的购买上，扩展型决策比较多见。

即使带有强烈情感色彩的决策也可能涉及相当程度的认知努力。例如，当我们在做出是否外出旅游的决定时，被满足的需要和被评价的标准均是情感因素而非属性特征。而且，由于外部信息的缺乏，所采用的评价标准也比较少。即使这样，在做决定时我们仍然会左思右想、举棋不定。

2. 问题认知的本质

几乎每一天，我们都要面对各种消费问题。日常性的购买问题，比如汽油快用完了需要补充、常备的食物需要购买等。一旦意识到，很快就会解决。某些使用频繁的大件商品（比如冰箱）突然出了毛病这样意料之外的问题则是容易认知，却不易解决。对其他问题的认知，比如对一台笔记本电脑的需求，则要多费点时间，因为此类问题通常较复杂，且决策缓慢。

随着时间的推移，各种情绪（如厌烦、焦躁或抑郁）会或快或慢地产生。这些情绪常被作为支配购买行为的问题而被认知（“我心情不好，所以我要去逛逛商店或看场电影或到外面吃顿饭”）。有时，这些情绪会导致未经认真思考的细分行为。如一个感到焦躁不安的人会下意识地决定去吃顿快餐。在这种情形下，“问题”并未真正被认知（在有意识的层次上)，其尝试的解决方法通常也并不奏效(大吃一顿并无助于焦躁情绪的缓解)。

营销者不仅通过发展各种产品来帮助消费者解决问题，也常试图帮助消费者认识各种消费问题，有时甚至是在这些问题尚未萌芽之时。

(1) 问题认知的含义　问题认知涉及消费者理想状态(消费者所喜欢的)和现实状态(消费者意识到已存在的)之间的差距。理想状态与现实状态均受消费者的生活方式和目前情境的影响。如果两种状态间的差距足够大且非常重要，消费者将着手寻求解决问题的方法。

问题认知是指消费者意识到理想状态与实际状态存在差距，从而需要采取进一步行动。比如，你也许不想让星期五晚上沉闷无聊。当你发觉自己在周末孤孤单单、心情烦躁时，你会把它作为一个问题看待了，因为你的实际状态(心情烦躁)与理想状态(快乐而充实)之间有差距。怎么办?你可以看电视、租影碟、给朋友打电话、出门逛逛或干其他的事情。

作为对问题认知的反应，消费者采取何种行动还取决于问题对于消费者的重要性、当时情境、该问题引起的不满或不便的程度等多种因素。

缺乏对问题的认知，就不会产生决策的需要。图 4-3 描述了这种当消费者的理想状态(消费者所期望的)与实际状态(消费者觉察到的、已经存在的)不存在差距时的情形。因此，当周末的晚上你发觉自己沉浸在一本小说里，你快乐充实的愿望(理想状态)与你享受阅读乐趣的现状是一致的，你也就没有理由去寻找别的消遣活动。

相反，当消费者的愿望与其觉察到的实际状态有差别时，问题认知便产生了。图 4-3 表明，一旦理想状态强于或不及实际状态，问题便存在了。比如，过得快乐而充实(理想状态)要胜过感到心烦(实际状态)，结果便形成了问题认知。然而，假如你的室友出乎意料地组织了一个热闹的聚会，你发觉自己比平时期望的状态更加兴奋(实际状态)，这同样会引起问题认知。

生活方式与问题认知的关系如下。

① 消费者期望的生活方式与当前状态(时间压力、周围环境等)共同决定消费者对理想状态的认知(图 4-3)。因此，自我概念与理想生活方式集中于户外活动的消费者会有频繁参加此类活动的愿望，高山上的积雪、海边的温暖宜人的气候会使他们的这类愿望更加强烈。

② 消费者的生活方式与当前情境还决定消费者对实际状态的认知(图 4-3)。消费者的生活方式是决定其实际状态最主要的因素，因为生活方式是在资源约束条件下消费者选择如何生活。例如，一个选择哺育一大堆孩子、拥有大量财产、追求事业成功的消费者通常没有什么时间进行户外活动(实际状态)。此外，当前状况(放一天假、一个大项目即将交付、孩子生了病)也会对消费者如何认识其所处的实际状态产生重要影响。

需要强调的是，导致问题认知的是消费者对实际状态的感知或认识，而并非“客观的”现实状态。例如，抽烟的消费者总相信抽烟并不危害健康，因为他们并没有把烟吞进肚子里。也就是说，尽管“现实”是抽烟有害，但这些消费者并未认识到这是一个问题。

意识到某一问题后，解决这一问题的动机受哪些因素影响呢?

消费者解决某一特定问题的动机水平取决于两个因素：①理想状态与现实状态之间差距的大小；②该问题的相对重要性。举个例子，某个消费者希望自己的汽车不仅要满足他对型号与马力的要求，还要达到平均每加仑至少跑 25 英里的油耗水平。如果他现在的汽车油耗水平是每加仑 24 英里，尽管这二者存在差距，但这一差距并没有大到促使该消费者产生购买新车的地步。

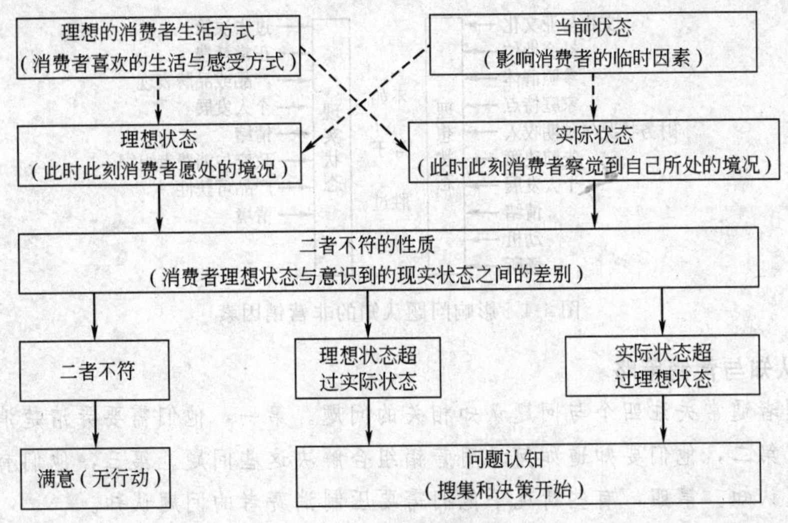

图 4-3 问题认知过程

此外，即使理想与现实之间差距很大，如果问题并不十分重要，消费者也不一定着手搜集信息。例如，某个消费者现在拥有一辆开了 10 年的旧丰田车，他希望能有一辆福特公司的 Mustang 汽车，应当说差距是相当大的。但是，与他面临的其他一些消费问题（如住房、用具、食物）相比，这个差距的相对重要性可能很小。相对重要性是一个很关键的概念，因为所有的消费者都要受到时间和金钱的约束，只有相对更为重要的问题才会被重视和解决。总的来说，重要性取决于该问题对保持消费者理想的生活方式是否关键。

(2) 消费者问题的类型　消费者问题可分为主动型与被动型。主动型问题是指消费者在正常情况下就会意识到或将要意识到的问题。被动型问题则是消费者尚未意识的问题。

主动型与被动型问题需要运用不同的营销策略。主动型问题仅仅要求营销者令人信服地向消费者说明其产品的优越性，因为消费者对问题已经有了认识。对于被动型问题，营销者不仅要使消费者意识到问题的存在，而且还要使其相信企业所提供的产品或服务是解决该问题的有效方法。显然，做到这一点难度是很大的。

3. 影响问题认知的不可控因素

一则出现在男性杂志上的威士忌广告语是：“年轻的时候，你也不喜欢女孩子。”该广告语下面的是一位富有魅力的女人和一瓶威士忌。

消费者的理想状态与实际状态之间的差距是产生问题认知的必要条件。导致差异存在的因素很多。这些因素有的与消费者的欲望有关，有的与消费者对现在状况的认识有关，而且它们远非营销人员所能直接控制的。图 4-4 概括了影响问题认知且不能由营销人员直接控制的主要因素。

从图 4-4 发现，大多数影响问题认知的非营销因素是显而易见和合乎逻辑的。比如，个人的文化背景几乎会影响其理想状态的所有方面。同样渴望成为个性独立、与众不同的人，由于文化背景的不同，其表现方式在美国和在日本会截然不同。又比如，买一辆山地车或雪橇的先前决策会导致购买一个放置它们的车辆挂架的愿望。一个买房的先前决策会引发购买多种家居物品和花园用品的欲望。再比如，个人发展也会引起理想状态的许多变化。随着年龄的增长，我们的需求和愿望也会发生显著的改变……

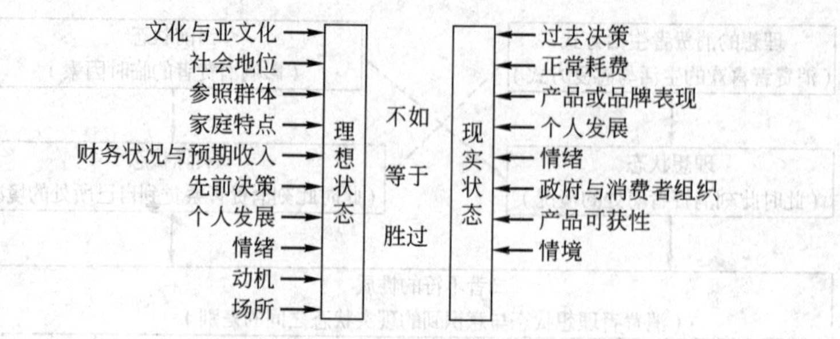

图 4-4 影响问题认知的非营销因素

4. 问题认知与营销策略

营销管理者通常关注四个与问题认知相关的问题。第一，他们需要弄清楚消费者面临的问题是什么。第二，他们要知道如何运用营销组合解决这些问题。第三，他们有时需要激发消费者的问题认知。第四，有些情况下他们需要压制消费者的问题认知。

（1）问题认知的测量 发现消费者面临的问题有很多种方法，比较典型的研究技术有四种。第一种是调查，即询问大量消费者以了解他们所面临的问题。第二种是集中小组访谈。小组由 8～12 名身份相近的人，如大学男生、律师或十几岁的女孩组成。将这些人集中到一起讨论一个特定的话题，在现场则有一位主持人来引导，以防止讨论偏离正题。第三种是人体因素研究。它既不依赖于调查，也不依赖于集中小组访谈。第四种是情绪研究，旨在揭示情绪在问题认知中所起的作用。

调查也好，集中小组访谈也好，都需要运用下列三种方法之一来识别问题。这三种方法是：活动分析、产品分析、问题分析。

① 活动分析。活动分析集中于对某一具体活动（如准备晚餐、修剪草坪或引燃壁炉之类活动）的分析。调查法或集中小组访谈法试图找出在活动过程中消费者觉得会发生什么问题。如约翰森·万克斯公司进行了一次面向妇女的全国范围的调查，内容是她们怎样护理头发及遇到了哪些问题。调查揭示了一个现有的洗发水品牌均未能解决的问题——油腻。结果，该公司有针对性地开发出了 Agree 香波和 Agree Creme 清洗液，均大获成功。

最近在家庭主妇中做的有关“厨房问题”的调查显示，主妇们最感头痛的问题是厨房用品的摆设缺乏条理。相对而言，大多数人并不把食物的储藏当成什么问题，剩饭剩菜处理也不是大的问题。

② 产品分析。产品分析与活动分析类似，但研究的是某一个特定的产品或品牌的购买与使用。比如，消费者被问到的问题可能与使用山地车或笔记本电脑有关。Curlee 服装公司使用集中小组访谈法来分析男士服装的购买和使用。结果表明，很多人在购买男装时感到非常不放心，原因主要是对零售人员的动机和能力的不信任。于是，Curlee 公司发起了一项大规模的培训活动，通过专门设计的培训课程和拍摄的影视节目来培训其员工。

③ 问题分析。问题分析采用了与上述几种方法截然相反的途径。它由一系列问题开始，要求被调查者指出哪项活动、产品或品牌会涉及这些问题。例如，涉及包装的一项研究其问卷中会列出如下问题：

a. 包装难以开启；

b. 包装难以重新密封；

c. 不便于倾到；

d. 包装不适合货架；

e. 包装浪费的材料太多。

④ 人体因素研究。人体因素研究试图测试人的诸多能力，如视力、力量、反应时间、灵活性、疲劳程度，以及影响这些能力的因素（如亮度、温度、声音等）。用于人体因素研究的方法多种多样，其中观察法（如慢动作拍摄和放映录像、录音等）对营销者来说尤为有用。

人体因素研究主要用于确定消费者意识不到的功能性问题。比如，它有助于设计像吸尘器、割草机、电脑之类以减轻使用者疲劳程度为目的的产品。近年来，腕部综合征，即由于长时间重复同样的动作（如往电脑里输入数据）而受到的身体伤害，导致了人们对人体因素研究的极大兴趣。

⑤ 情绪研究。营销者对情绪在决策过程中的作用的研究才刚刚起步。比较通常的方法是集中小组访谈和面对面的访谈。研究重点集中在两个方面：一是与某一个特定产品相联系的情绪；二是能够减轻或激发某种情绪的产品。对于比较细微或敏感的情绪或产品，采用投影技术比较合适。

（2）解决问题的营销组合　一旦某个消费者问题被识别，营销者随即可能制订营销组合方案来解决该问题。这可能涉及产品开发或改进、分销渠道的变更、价格或广告创意的改变。举例来说，很多人出于健康或减肥的目的希望减少脂肪的摄入量，但他们又舍不得放弃享受美味食品和零食。于是，霍希公司便研制出了“约克”牌薄荷小方糖——一种低脂糖果来解决这个问题。

当你临近毕业，你会面对诸如买保险、申请信用卡等很多在经济独立、生活方式改变之初必然要经历的种种问题。企业对这些问题的了解会导致它们开发各种产品来解决这些问题，并通过人员推销和广告等手段将解决办法告知与你境况相似的人。

周末和晚间营业，是零售商对消费者在其他时间段无暇购物这一问题的反应。解决这一问题对双职工家庭来说尤为重要。

营销者对消费者问题认知的反应方式很多，上面描述的例子仅仅反映了其中很小的一部分。总之，每个公司都必须了解它能够解决哪些消费者问题，哪些消费者有此类问题，以及这些问题发生的条件。

（3）问题认知的激发

① 一般性问题认知与选择性问题认知。引起问题认知有两种基本方式，即一般性问题认知和选择性问题认知。这两个概念与经济学中的一般性需求与选择性需求的概念相似。

一般性问题认知中涉及的差别即理想状态与现实状态之间的差别可以通过同一类产品中的不同品牌来缩小。大致说来，当一个公司着力于影响消费者的一般性问题认知时，这个问题对消费者往往是潜在的或目前不甚重要，并且：

a. 它处于产品生命周期的前期；

b. 该公司占有很高的市场份额；

c. 问题认知之后的外部信息搜集相对有限；

d. 需要全行业协作努力。

电话销售经常试图激起问题认知，一部分原因是因为销售人员能将外部信息收集限于一个品牌。协作式或合作式广告通常集中于一般性问题认知。类似地，垄断性企业，如在湿鼻烟草生产上处于垄断地位的美国烟草公司往往集中于一般性问题认知，因为任何销售量的增加都可能来自他们自己的品牌。

然而，如果一家小公司为某类产品创造一般性问题认知，其最大的受益者可能是竞争企业而不是该公司自己。如果激发一般性问题认知的活动不经认真策划，即使占有较大市场份额的公司也会逐步失去市场。例如，Borden's Creamette 是全美销售量最大的面条品牌，它大张旗鼓地进行促销并改进其面条的配方。结果显示，与 5.5％的全行业增长率相比，其销售量仅增长了 1.6％。显然，其促销努力在很大程度上帮助了它的竞争对手。

选择性问题中涉及的差别只有某个特定的品牌能够予以解决。虽然增加一般性问题认知通常会导整个市场的扩大，但企业更多地试图激发选择性的问题认知来增加或保持其自身的市场份额。

② 激发问题认知的方法。公司如何才能影响问题认知呢？由于问题认知是由理想状态与现实状态的差异大小及其重要性所决定，因此，公司可以通过改变理想状态或对现实状态的认识来影响二者间差距的大小；或者，它可以通过影响消费者对现有差距重要性的认识来达成目的。

有证据表明，对于改变理想状态或现实状态的尝试，不同个体以及同一个体在不同产品领域的反应均存在差异。因此，营销者必须确保其选择的方式对于其所在产品领域和选择的目标市场均是合适的。

许多营销努力旨在影响消费者的理想状态。营销者常常通过广告宣传其产品的优越之处，并希望这些优点成为消费者欲求的一部分。另一种可能是通过广告影响消费者对现有状况的认识。

③ 问题认知的时机。消费者常常在购买决策发生困难或找不到解决方法时产生问题认知：

a. 当被困在大风雪中时我们才知道需要防滑履带；

b. 在事故发生之后我们才想到买保险；

c. 在春天我们想要一花圃的郁金香却忘了在秋天时种下；

d. 当我们觉得不舒服又不想驱车去药店时才想到该备点感冒药。

有时，营销者试图在事后再帮助消费者去解决问题，比如送货上门，但是更常用的策略是在问题发生之前就激发起问题认知。也就是说，如果消费者能够在潜在问题暴露之前就意识到并解决它们，那么对消费者自身和营销者来说都是有益的。

有些公司，如保险公司，试图通过大众媒体的宣传引起问题认知，另外一些公司则更多地依赖卖场商品陈列和其他商场内影响手段引起问题认知。制造商和零售商都参与了这方面的努力。比如，在雪季来临之前，一家大五金商店就在店内醒目处放了一个巨大的雪铲，旁边的广告牌上写道："还记得去年冬天你需要雪铲的时候吗？冬天将近，快快准备！"

（4）压制问题认知　如前所述，竞争者、消费者组织、政府机构有时会在市场上传播引起某些问题认知的信息，而这些问题认知却往往是某些营销者希望避免的。美国烟草行业曾花大力气试图弱化消费者对与吸烟有关的健康问题的认知。比如，一则 Newport 香烟广告画面上是一对快乐的夫妇，标题是"享受人生"。显而易见，它可以被理解为试图减少由广告下方的强制性警示"吸烟有害健康"而带来的问题认知。

在名义型或有限型决策条件下购买的品牌，制造商往往不希望现有顾客对其品牌所存在的问题产生认知。此时，有效的质量控制与分销显得格外重要。另外，能使消费者对其购买产生踏实感的包装、说明等也有非常重要的作用。

四、小结

消费者决策是指消费者谨慎地评价某一产品、品牌或服务的属性，并进行理性的选择，即用最少的成本购买能满足某一特定需要的产品的过程。

消费者决策随购买介入程度的增加而更显复杂。购买介入程度最低的是名义型决策。此时，问题被认知后，长时记忆提供一个唯一偏好的品牌。该品牌被购买，且只有非常有限的购后评价产生。当一个人由有限型决策向扩展型决策转变时，信息的搜集量随之增加，对备选方案的评估也更加广泛和复杂，购后评价更为全面深入。

问题认知涉及消费者理想状态（消费者所喜欢的）和现实状态（消费者意识到已存在的）之间的差距。理想状态与现实状态均受消费者的生活方式和目前情境的影响。如果两种状态间的差距足够大且非常重要，消费者将着手寻求解决问题的方法。

很多无法由营销者直接控制的因素会影响问题认知。理想状态通常受到以下因素影响：文化与亚文化、社会地位、参照群体、家庭特点、财务状况与预期收入、先前决策、个人发展、情绪、动机、场所。现实状态则受以下因素影响：过去决策、正常耗费、产品或品牌表现、个人发展、情绪、政府与消费者组织、产品可获性、情境。

在营销者对由外界因素产生的问题认知做出反应之前，他们必须衡量消费者问题。建立在活动、产品、问题分析基础上的调查法和集中小组访谈法是衡量消费者问题的常用方法。人体因素研究是从观察角度衡量消费者问题，情绪研究则集中于研究产品购买和使用方面的情绪性原因与反应。

一旦营销者认识到目标消费者的问题认知模式，就能据此反应，即通过制定营销组合解决被认知的问题。这可能涉及产品开发或改进、分销渠道的变更、价格或广告创意的改变，或一系列其他营销策略。

营销者通常希望影响问题认知，而非被动地做出反应。他们可能希望产生一般性问题认知，消费者关于理想状态与现实状态的差别可通过同类产品的不同品牌来缩小。他们也可能希望引发选择性问题认知。在这种情况下，前述差别只有某个特定的品牌才能消除。激发问题认知的努力通常针对理想状态。然而，使消费者认识到现实状态的消极方面也非常普遍。营销者还试图在潜在问题发生之前就使消费者认识到该问题，从而影响问题认知的时机。最后，营销者还试图弱化或压制其品牌的现有顾客群对问题的认知。

五、复习思考题

1. 什么是消费者决策？
2. 什么是购买介入？购买介入与产品介入有何不同？
3. 随着购买介入程度的增加，消费者购买决策如何改变？
4. 名义型决策、有限型决策和扩展型决策有何不同？两种类型的名义决策又存在什么差别？
5. 什么是问题认知？
6. 生活方式与问题认知有何关系？
7. 意识到某一问题后，解决这一问题的动机受哪些因素影响？
8. 主动型问题与被动型问题有何差别？这种差别为什么很重要？
9. 影响理想状态的不可控因素主要有哪些？
10. 影响现实状态的不可控因素主要有哪些？
11. 如何测量问题认知？

12. 解决问题的营销组合方式有哪些？举例说明。
13. 一般性问题认知与选择性问题认知有何区别？公司在什么条件下试图影响一般性问题认知？为什么？
14. 公司如何影响消费者对问题的认知？试举例说明。
15. 公司如何压抑问题认知？

六、实训

1. 案例分析

问题认知与酒精饮料的消费

消费者组织和政府官员一直对许多消费者认识不到饮酒给健康和其他方面带来的危害深感忧虑。从 1989 年 11 月起，政府规定所有酒精类饮料包装器具上必须标明如下警示。

政府忠告：①经权威医生证实，妇女在怀孕期间不得饮酒，否则极易造成婴儿先天性缺陷；②饮酒会妨碍汽车驾驶和机器操作，进而导致健康损害。

除上面的标签警示外，一些组织希望在一切酒类广告中包含警告语。也曾有人提议在所有印刷品及广播广告中插入五条健康忠告之一的立法，但未获通过。这五条健康忠告有两条是这样的：

医生忠告：孕妇饮酒会导致婴儿智力迟钝及其他先天性缺陷。怀孕期间请勿饮酒。

忠告：酒精与其他药品如止痛药、处方药或非法药物混用将损害健康。

调查表明，目前的警示措施效果并不尽如人意。但是，酒精饮料企业并不希望出现有损其产品形象或者使消费者处于不必要警觉状态的警示。因此，当务之急是制定出既能清楚地表明喝酒有害，又能在适当的人群中产生问题认知，同时又不过分增加消费者忧虑的警示。

（资料来源：http：//share. yoao. com/download. asp？ id＝18684）

思考和训练

① 为什么消费者组织、政府机构试图在饮酒的消费者中激发问题认知会遭到某些营销者和企业的反对？

② 是否可能在有效地提醒饮酒有害的同时，不毁坏酒类产品的形象？

（参考答案 ①消费者组织和政府机构经常试图通过讨论、宣传和抵制等手段改变单个企业或整个行业的营销实践。用得比较多，而且为很多消费者组织所青睐的是政府规制或管制。消费者组织、政府管制机构和有责任感的营销者都希望消费者拥有酒精饮料准确和足够的信息，以便做出较明智的购买选择。而这些问题认知却往往是某些营销者和企业希望避免的。他们曾花大力气试图弱化消费者对与酒精饮料有关的健康问题的认知，这样能够给他们带来丰厚利润。②有可能，但效果不明显。）

2. 技能训练

调查 5 名同学，找出他们最近做的名义型决策、扩展型决策和有限型决策的例子各 3 个（总共 9 个决策例子）。每一决策类型与哪些具体因素相联系？

模块 19 信息搜集过程

一、教学目标

1. 能力目标

能运用信息搜集过程相关资料，分析解决消费者心理和行为问题。

2. 知识目标

了解外部信息搜集的收益与成本。理解信息搜集的本质。掌握信息搜集模式与营销策略。

3. 素质目标

完成任务的态度；知识应用能力；信息搜集处理能力；理解、分析、表达能力；交流沟通能力；与人合作能力；自学能力；解决问题能力；应变能力；组织能力；敬业精神。

二、案例

1. 案例介绍

外部信息搜集量

7项历时40年、涉及两大类产品、四项服务、两个国家的独立研究发现，消费者所进行的外部信息搜集从量上看具有惊人的一致性。这些研究根据总的外部信息搜集情况将消费者分成3类：不搜集信息者、有限信息搜集者、大量信息搜集者。如表4-1所示，将近半数的购买者实际上未进行外部信息搜集，近1/3的人进行有限的信息搜集，只有12%的人在立即购买之前进行广泛的信息搜集。

表4-1 部分产品外部信息搜集汇总

国别/产品/年份	不搜集外部信息者/%	有限外部信息搜集者/%	大量外部信息搜集者/%
美国/电器产品/1955	65	25	10
美国/电器产品/1972	49	38	13
美国/电器产品/1974	65	27	08
澳大利亚/汽车/1981	24	58	18
美国/电器产品/1989	24	45	11
美国/专业服务/1989	55	38	07
澳大利亚/专业服务/1995	53	35	12

注：资料来源于 http：//share. yoao. com/download. asp? id=18684。

2. 案例分析

大多数消费者在进行耐用消费品的购买之前只进行很少的外部信息搜集。所购商品的重要性越小，信息搜集水平就越低。有限的信息搜集并不必然意味着消费者没有采取明智的购买策略，更不意味着他们没有运用大量的内部信息。

3. 思考·讨论·训练

有关外部信息搜集量的结论是什么？

三、理论知识

1. 信息搜集的本质

假设你的电视机出了毛病，或发现汽油快用完了，或是感到极度焦虑，或决定添件新外套……对这些意识到的问题你会怎样解决呢？你可能首先会想一下或回忆一下自己平时是怎么解决这类问题的。这可能会产生一个令人满意的解决办法（停在下一个Texaco加油站加油），或者，你认为自己应获得更多信息（查一下电话号码簿，看看谁负责修理这个牌子的电视机）。

(1) 信息搜集的性质　某个问题一旦被认识，消费者就会利用长期记忆中的相关信息确定是否有现存的令人满意的解决办法，各种潜在解决办法有什么特点，如何对各种解决办法进行比较等，这就是内部搜寻。如果通过内部搜寻未能找出合适的解决办法，那么搜集过程将集中于与问题解决有关的外部信息，这被称为外部搜寻。

内部信息搜集就是消费者从记忆中提取信息，这是消费者对记忆中原有信息的回忆过程。这种提取信息的方法，很大程度上来自以前购买商品的经验。例如，某个得了感冒的消费者想起“白加黑”曾治愈过他类似症状的感冒，于是在没有做进一步的信息搜集或评价的基础上，就近买了一瓶“白加黑”。这种类型的决策就是我们在模块 18 中论述的名义型决策，它是内部搜索（长期记忆）的结果。

有限型决策就是同时运用内部和外部信息的结果，但有限型决策主要涉及内部信息搜集。例如，某个消费者可能会被购买点陈列的某个新产品所吸引。在读了该产品的性能说明后，联想到它能解决过去未能解决的某个问题。此时，消费者在没有进一步搜集信息的基础上就可能做出购买决定。

当我们转向扩展型决策时，涉及更广泛的内、外部信息搜集，但外部信息搜集就更加重要。然而，即使在扩展型决策条件下，内部信息也常常能够提供一部分或全部备选方案、评价标准和各种选备方案的特点。

（2）信息来源　假如你要买一台电脑，为了获得相关信息，你可能回忆你所了解的电脑知识，就此与朋友或网上用户进行讨论，查询《消费者导报》，阅读电脑杂志上的文章，与销售人员交谈，或者亲自对几台电脑进行检测。这些代表了消费者获得信息的主要来源，也是消费者从内外部同时收集信息的过程，如图 4-5 所示。

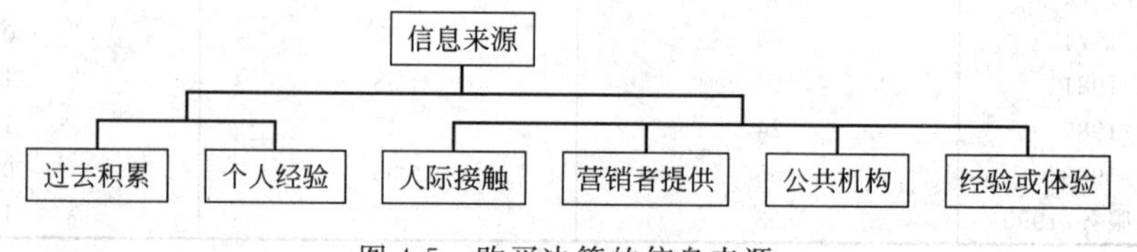

图 4-5　购买决策的信息来源

在大多数情况下，消费者以内部信息作为其主要的信息来源。应当指出，长期记忆形成的信息最初也是来自外部信息。也就是说，你可以只凭或主要凭借存储在记忆中的信息来解决某个消费者问题。然而，在某个时点上，你仍是从某种外部来源获取该信息，如直接的产品经验、朋友介绍等。外部信息来源可以分为四类。

① 人际来源。人际来源主要包括家人、朋友、同学、同事、同龄人、邻居、熟人等。这方面来源的信息，对消费者的购买决策影响很大。

② 营销来源。营销来源主要包括广告、推销员、经销商、展示会等。这方面来源的信息量最大。

③ 公共来源。公共来源包括大众传播媒体，如广播、电视、报刊、杂志、消费者组织、专家学者等。这方面来源的信息极具客观性和权威性。

④ 经验来源。经验来源主要指消费者个人购买和使用商品的经验及对产品认知等。这方面来源的信息，对决策初期和最后是否做出购买决策具有决定性。

每一信息来源对消费者购买决策所起的影响和作用是不一样的。其中，最有效的是人际来源。它对购买决策起认同或评价的作用。营销来源则起告知作用。

（3）被搜寻信息的类型　消费者决策通常需要如下的信息：解决某个问题的合适评价标

准；各种备选方案或办法的存在；每一备选办法在每一评价标准上的表现或特征。

如图 4-6 所示，信息搜寻就是寻找上述三种类型的信息。

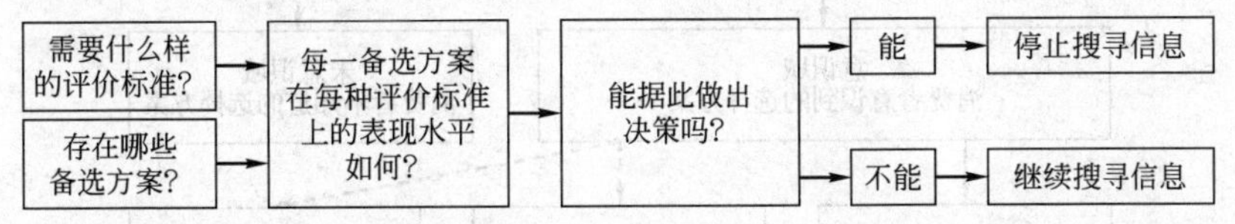

图 4-6　消费者决策中的信息搜寻

① 评价标准。假如你想买一台笔记本电脑，而你最近好长时间没去电脑市场，你的第一个想法可能是“我希望这台电脑有什么样的特点”，接下来你会进行内部信息搜寻来确定什么样的特点能满足你的需要。这些希望拥有的特点就是你的评价标准。如果你对电脑了解较少，你或许还需要进行外部搜寻以弄清一台好电脑应具备哪些特点。你会和朋友商量，看电脑杂志上的评论，请教销售人员，或亲自检查几种电脑。

因此，无论是内部还是外部搜寻，其潜在目标是决定恰当的评价标准。营销者和政府机构都向消费者提供旨在影响其评价标准的信息。

② 合适的备选方案。在选择合适的评价标准之后，你也许要找合适的备选方案——在这里是品牌或商店。假如你想买一台笔记本电脑，此时，你会再一次从内部信息搜寻开始。你也许会对自己说：“IBM、东芝、苹果、NEC、金星、惠普都生产个人电脑。以我哥哥的经验看，我决不能买金星。据说 IBM、苹果、惠普都不错，我得好好比较一下。”

你考虑作为潜在备选品的六个品牌，被称为意识域或考虑域。意识域由三个对营销者来说特别重要的次级域组成。它们是激活域、排除域和惰性域。你决定进一步比较的三个品牌称为激活域。激活域是消费者为了解决某一特定问题将要进行评价的品牌。如果你尚未形成对笔记本电脑的激活域，或是对已形成的激活域缺乏信心，你可能会进行外部搜寻去了解其他的品牌。这些其他的可接受的品牌构成了决策过程中的偶然因素。因此，信息搜寻的重要结果是形成了一个完整的激活域。

如果一开始你就对激活域感到满意，信息搜寻将集中于激活域中的品牌在特定评价标准上的表现。可见，激活域对随后的信息搜寻和购买行动具有特殊的重要性。

那些你认为完全不值得进一步考虑的品牌构成了所谓的排除域。排除域中的品牌是消费者所不喜欢和不予考虑的。即使有关这些品牌的信息垂手可得，它们也会被置之一旁。

在上面的例子中，东芝、NEC 被你意识到了，但你对它们既无恶意，也没有特别的好感。这些品牌被称为惰性域或不活跃域。消费者通常会接受有关这些品牌的正面信息，但它们不会主动搜寻这些信息。当偏爱的品牌无法获得时，惰性域中的品牌通常是可以接受的。图 4-7 列出了各类被选品之间的大致关系。

应当指出，在所有情况下，激活域都远远小于意识域。由于消费者通常是从激活域中选择最终品牌，因此，营销战略仅仅以提高品牌知名度为目标是不够的。营销者必须努力使消费者在做购买选择时想起自己的品牌，同时觉得值得一试。

③ 被选方案的特征。为了选定最终购买的品牌，消费者会运用有关的评价标准对激活域中的品牌进行比较。这一过程要求消费者搜集在每一个评价标准下各个品牌的相关信息。比如，在上面购买电脑的例子中，你可搜集各备选品牌在价格、内存、速度、重量、屏幕清晰度、扩充内存的能力等各方面的信息。

总之，消费者既进行内部搜寻也进行外部搜寻，其目的是确定合适的评价标准；确定存

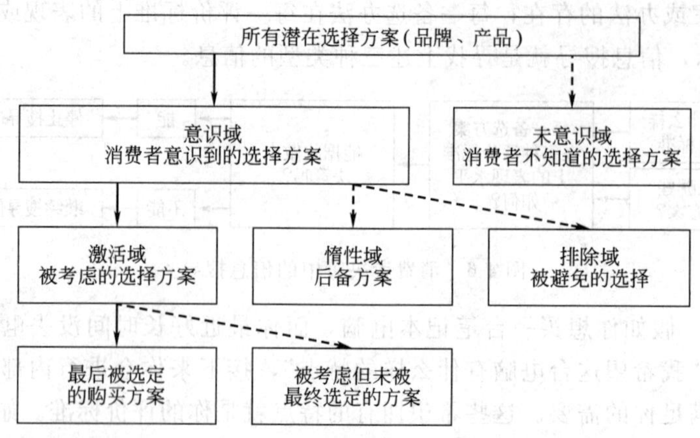

图 4-7　备选方案的分类

在哪些潜在解决方案；确定潜在方案的特征。广泛的信息搜寻通常发生在少数消费决策中，绝大多数消费者决策属于名义型和有限型，很少涉及主动的外部信息搜寻。另外，消费者常常经低介入度学习而并非有意的搜寻获得大量的信息。最后，虽然我们的讨论集中于功能性信息的搜集，情感和情绪方面的信息在许多购买中也相当重要。

2. 外部信息搜集的收益与成本

关于购物行为的调查显示，大多数耐用消费品的购买是在消费者仅去了一家商店之后做出的。被考虑的选择方案的数目也表明购买前的信息搜集数量十分有限。虽然被考虑的备选品牌或型号的数目随着该产品价格的上升而增加，但对有些产品（如手表）来说，近半数的购买者只考虑一种品牌、一个样式。另一项研究发现，27%的大件电器购买者只考虑一个品牌。

大多数消费者都能在成本-收益分析或估计的基础上做出是否搜集和在多大程度上搜集外部信息的决定。

外部信息搜集的利益可以是有形的，如更优惠的价格、更偏爱的样式或更高的产品质量。这种利益也可以是无形的，如风险的减小、对购买信心的增加，甚至是增添乐趣。消费者对这些利益的认识会随消费者的市场经验、媒体使用习惯、消费者与他人相互影响的程度或所属的参考群体的不同而存在差别。所以，50%的大件家用电器购买者很少或不进行外部信息搜集，原因之一是他们没有感觉到由此会带来很大的利益。另外，外部信息的获取并非不需成本。消费者只进行有限的外部信息搜集可能是因为搜寻成本超过预期收益所致。

搜寻成本可以是货币成本也可以是非货币成本。货币成本（monetary costs）包括与搜寻活动相关的费用支出，如交通费、停车费和与时间有关的成本，包括损失的工资、放弃的机会、照顾孩子的花费等。搜寻的非货币成本相比之下不太明显，但可能比货币成本影响更大。如每一种外部搜寻活动都涉及某种体力和心力的损耗。除了疲劳之外，搜寻中的挫折，搜寻活动与其他更想做的事情之间的冲突也可能削减搜寻努力。

影响搜寻的预期收益与感知成本的四类基本因素是：市场特征、产品特征、消费者特征和情境特征。

（1）市场特征　包括备选方案的数目、价格幅度、商店分布和信息可获程度。

① 很明显，解决某一问题的备选方案（产品、商店、品牌）越多，消费者越可能进行更多的外部信息搜集。极端的情况是，在完全垄断状态下，如接受公用事业服务和办理驾驶

执照，根本无须搜集外部信息。然而，如果可获的型号和品牌太多，信息超载可能导致消费者购物减少。特别是当每家商店的商品型号均不相同时，数量繁多的品牌会使搜集过程变得事实上无法进行。

② 消费者对同一产品领域不同品牌价格变动幅度的感知是影响外部信息搜集的又一个重要因素。就消费者对价格变动的反应而言，韦伯法则似乎也同样适用。也就是说，购物中的费用节省比例可能如同节省的绝对数量一样重要。如果消费者感到购买200美元的商品有机会节约50美元支出，他或她就有足够的动力去从事更多的外部信息搜寻。同样，节约50美元，如果是在购买1000美元商品的情境下发生的，他或她可能就没有这种搜寻动力。

③ 店铺分布，包括店铺数目、位置、彼此之间的距离，也会影响消费者最终购买前访问商店的数量。商店彼此邻近将增加外部信息搜集。

④ 一般来说，信息的可获性直接与信息使用有关。然而，太多的信息会引起信息超载，导致信息使用的减少。此外，随着时间的推移，随处可获的信息还会引发学习，这也会减少在购买前进一步搜寻外部信息的需要。广告、购物点陈列、销售人员、包装、其他消费者和《消费者导报》之类的公众信息来源是消费者获取信息的主要渠道。

（2）产品特征　价格水平和差异性等产品特征会影响外部信息搜集。一般来说，更高的价格和更大程度的产品差异，将导致外部搜寻活动的增加。

在其他条件一样的情况下，消费者似乎喜欢寻找那些积极或正面性的产品，即那些能够带来正面强化的产品。例如，购买花草、服装、体育用品、照相机被很多消费者视为美好的体验。相反，购买负面性或消极产品（即其主要利益是负面强化和消除某种外在不快）则没有如此令人愉快。逛杂货店、除虫服务、汽车修理对大多数人来说并不是件惬意的事。

（3）消费者特征　很多消费者特征影响他或她对预期利益、搜寻成本以及需要从事某一特定水平搜寻的感知。对某一品牌的令人满意的体验是一种正面的强化过程，它会增加重复选择该品牌，同时减少外部信息搜集的可能性；对某一产品领域的各种品牌只有有限经验的消费者更趋于搜集外部信息；消费者对产品或服务了解得越多，他搜寻的范围小，效率就越高，搜寻时间也就越少；自信心强的消费者，信息搜寻的范围小、时间短，自信心弱的人，则反之；一般来说，消费者对某商品越感兴趣，就越关注该商品，就会花费越多的时间去搜集信息。

中等收入的消费者较更高或更低收入水平的消费者搜寻水平更高，外部信息搜寻程度似乎随社会地位的增加而增加。购买者的年龄与信息搜集呈反比。新组成的家庭，以及步入家庭生命周期新阶段的家庭较之于既有家庭对外部信息有更大的需求。

消费者倾向于形成一般的外部搜寻方式或模式。这些一般的模式被称为购物导向。虽然在不同的情境和产品领域个体在一般模式上会呈现出很大的变异，然而很多人在大多数产品的购买和不同购买情境下会展现某种较为稳定的购物方式。另外一些个体从事广泛的即时信息搜寻，这些人就是市场通。新涌现的一代消费者，即“网络一代”，则正在发展一种完全不同以往的信息搜寻模式。

对某一产品领域介入程度很高的消费者一般会即时搜集与该领域有关的信息。这种即时搜集和由此形成的知识背景可能导致这些消费者在购买前无须进行外部信息搜集。当然，这也可能随他们对该类产品介入程度的不同而变化。

消费者在购物时，都有一定的风险意识。下列情况导致风险更大：

① 缺乏产品类别信息；

② 产品是新产品；

③ 产品技术复杂；

④ 对品牌评估缺乏自信；

⑤ 品牌间质量变化幅度大；

⑥ 价格高；

⑦ 购买对消费者很重要。

一般来说，购买风险预期越大，可能导致更高的信息搜集水平和对个人与经验信息来源的更大程度的依赖。例如，买房购买决策是一项风险较大的决策，为了降低风险，购房者会广泛地搜集有关商品房的信息，包括质量、价格、位置、交通、小区景观、周边环境、物业管理费用等。相反，风险小的购买决策，只要做简单的信息收集工作，甚至只需内部信息就可以决定。此外，对同一产品来说，由于消费者的个性不同，消费者的风险知觉也不同，因而会影响到他搜寻信息的范围与努力程度。

(4) 情境特征　情境变量对搜寻行为具有重要影响。例如，面对拥挤的店堂，消费者最基本的反应是尽量减少外部信息搜集。对搜寻行为而言，时间观也许是最重要的情境变量。解决某一特定消费问题的可用时间越少，外部信息搜集水平就会越低。

礼品购买情境下，由于知觉风险增加，外部信息搜集也随之增加。身体和情绪状态不佳的购物者将较其他购物者更少搜寻外部信息。令人愉快的物质环境有助于增加信息搜集。社会环境既可以增加也可以减少搜集水平，这要取决于社会环境的性质。

3. 信息搜集模式与营销策略

有效的营销战略要考虑目标顾客在购买前所进行的信息搜集的性质。两个层面特别需要考虑：决策类型，它影响信息搜集水平；激活域水平，它影响信息搜集方向。

表 4-2 描述了一个以上述两个层面为基础的战略矩阵。该矩阵给出了 6 种营销战略，下面将分别予以讨论。虽然这些战略彼此有重叠，但每一战略均有独特的驱策力。

表 4-2　基于信息搜集模式的市场营销战略

品牌位置	目标市场决策模式		
	名义型决策（无信息搜集）	有限型决策（有限信息搜集）	扩展型决策（广泛信息搜集）
激活域中的品牌	保持战略	捕获战略	偏好战略
不在激活域中的品牌	瓦解战略	拦截战略	接受战略

(1) 保持战略　如果品牌被目标消费者习惯性地购买，企业的战略是保持这种行为。这要求保持产品品质的一致，避免渠道中存货的短缺，同时强化广告宣传。另外，企业还要谨防竞争者的瓦解性战术。总之，企业需不断开发和改进产品，以抵消竞争者通过诸如奖券派送、价格折让、购物点陈列等策略对消费者所产生的影响。

(2) 瓦解战略　如果品牌没有进入消费者的激活域，而且目标消费者采用的是名义型决策，则企业的主要任务是瓦解现存的决策模式。由于消费者并不搜寻外部信息，甚至在购买前不考虑各种备选品牌，因此，完成这一任务相当困难。随着时间的推移，低介入度学习可为产品创造一个良好的位置，但仅仅依靠它还不足以改变行为。

从长期看，产品的重大改进伴随引人注目的广告可以引导目标消费者进入更广泛的信息搜寻型决策。在短期内，旨在打破习惯性决策的具有吸引力的广告可以获得成功。免费样品、优惠券、折让是瓦解名义型决策的最常用的方法。同样，独特的包装设计和购物点陈列，也可以打破习惯性购买序列。比较性广告也常用于此目的。

(3) 捕获战略 有限型决策通常涉及运用少数几个标准（如价格或可获性）对少量品牌进行比较。大部分信息搜寻发生在购物点或容易获得的媒体上。如果企业的品牌属于被考虑的品牌之列，目标应是尽可能占有较大的购买份额。

由于消费者从事有限的信息搜集，企业需要了解他们在何处搜寻信息和搜寻何种信息。一般来说，企业希望通过在地方媒体上做合作性广告或通过购物点的陈列和足够大的货架空间向顾客提供有关价格、可获性等方面的信息。企业也应关心保持产品品质的一致性和足够的分销覆盖。

(4) 拦截战略 如果目标消费者从事有限决策，而企业的品牌又不在其激活域中，企业的目标则是在消费者寻找有关激活域品牌的信息过程中对其实施拦截。同样，这里的重点将是地方媒体上的合作性广告、购物点陈列、货架空间、包装设计等，赠送奖券也非常有效。由于消费者对企业的品牌不予关注，吸引消费者的注意将至关重要。

除了上述各项策略，低介入度学习、产品改进、免费样品也可以用来帮助企业品牌进入目标市场的激活域。

(5) 偏好战略 当消费者决策属于扩展型决策，企业的品牌又在消费者激活域里时，要求采用偏好战略。由于扩展型决策一般涉及好几个品牌、很多产品属性和信息来源，简单的捕获战略可能是不够的。相反，企业需要构建一种信息方案，以使其品牌受到目标消费者的偏爱。

第一步是在那些对目标消费者十分重要的属性上建立强势地位。其次，信息必须提供给所有合适的渠道。这可能要求对那些虽然不买该产品但可能向他人推荐该产品的群体进行广泛的宣传。应鼓励非商业性独立组织或群体检测该品牌，应当给销售人员提供有关产品属性的详细信息。另外，应当给销售人员额外的刺激，以鼓励他们推荐该品牌。购物点陈列与宣传手册也应精心设计。

(6) 接受战略 接受战略与偏好战略极为类似。然而，更为复杂的是，目标消费者将不会搜寻有关企业品牌的信息。所以，除了前面偏好战略下所提到的各种活动，企业还需吸引消费者注意或促使企业了解企业的品牌。

旨在鼓励低介入度学习的长期广告是获得接受的又一有效途径。大量重点强调增加受众吸引力的广告也非常有效。采用这两种途径的主要目的并非“销售”品牌，而是寻求使品牌进入消费者的激活域。这样，当某种购买情境出现时，消费者将搜寻关于该品牌的更多的信息。

四、小结

认识问题之后，消费者可能进行广泛的内部与外部信息搜集，有限的内、外部信息搜集或仅仅是内部信息搜集。消费者搜寻以下方面的信息：①问题解决方案的合适评价标准；②各种备选方案；③每一种备选方案在每一评价标准上的表现。

消费者内部信息，即储存在记忆中的信息可能是通过以前的搜集或个人经验积极地获得，也可能是经低介入度学习被动地获得。除了从自己的记忆中获得信息，消费者可以从四种主要的来源获得外部信息：①人际来源，如朋友和家庭；②公共来源，如大众传播媒体、消费者组织；③营销来源，如销售人员与广告；④经验来源，如产品的认知与使用经验。

当面临某个问题，大多数消费者会回忆起少数几个可以接受的备选品牌。这些可接受的品牌，即激活域，是在随后的内、外部信息搜寻过程中消费者进一步搜集信息的出发点。因此，营销者非常关注他们的品牌是否落入大多数目标消费者的激活域。

问题认识之后，显性的外部信息搜集是较为有限的，因为信息获取是需要成本的。市场特征、产品特征、消费者和情境特征相互作用，共同影响个体的信息搜集水平。

有效的营销战略应考虑目标消费者从事的信息搜集的性质。信息搜集水平与企业品牌是否处于激活域以及位置如何是两个非常重要的考虑层面。以此为基础，提出了6种潜在的信息战略：保持战略、瓦解战略、捕获战略、拦截战略、偏好战略、接受战略。

五、复习思考题

1. 信息搜集发生在什么时候？内部信息搜集与外部信息搜集有何差别？
2. 消费者获取信息的来源主要有哪些？
3. 在外部信息搜集过程中，消费者搜寻哪些类型的信息？
4. 什么是评价标准？它与信息搜集有何关系？
5. 消费者的意识域如何影响信息搜集？
6. 在消费者信息搜集过程中，激活域、惰性域和排除域各起何种作用？
7. 哪些因素影响信息搜寻的总体成本？这些因素对不同的消费者是否存在差别？
8. 市场特征如何影响信息搜集？
9. 消费者特征如何影响消费者信息搜集活动？
10. 产品特征如何影响消费者信息搜集活动？
11. 情境特征如何影响消费者信息搜集活动？
12. 描述导致下列战略的信息搜集特征。

(1) 保持战略
(2) 瓦解战略
(3) 捕获战略
(4) 拦截战略
(5) 偏好战略
(6) 接受战略

13. 描述12题中的每一种战略。

六、实训

1. 案例分析

网络一代

有些人称那些二十岁出头的年轻人为“网络一代”，或“N一代”。“网”在这里指因特网，或更广意义上指计算机和计算机通信。这一代人是有史以来伴随着家用电脑成长起来的第一代人。电脑不仅深刻地影响他们的成长，而且还将改变商业尤其是营销运作方式。

对许多老一代消费者来说避之不及或操作起来障碍重重的电脑，在年轻消费者的手里则显得得心应手。研究表明，教一个四岁的孩子使用鼠标仅需5分钟，而教一个成年人花的时间则几倍于此。现在，大多数幼儿园的孩子已经开始使用电脑。

据估计，在美国有大约超过700万不满18岁的少年是因特网的活跃用户。超过90%的在校大学生在宿舍、寓所或学校图书馆上网。全世界因特网的使用者人数正以每6个月翻一番的速度递增。

这些孩子通常比他们的父母具有更多计算机及相关产品的知识。下面这段话是出自一位

12岁的孩子之口，讲述的是他和父亲一起购买电脑的经历。

“我爸爸只知道询问价格，但我却更在乎它的性能怎么样。电脑公司十有八九会对你说Windows之类的软件已经事先安装好而并不真正把软盘给你。我要确定事实是否真的如此，并且拿到软盘以防在使用中机器崩溃。”

这些年轻人不仅对电脑本身颇为熟悉，他们还在进一步学习如何利用电脑迅速了解想知道的一切。他们知道怎样进入公司网页、如何利用消费者报道、政府研究以及了解那些网上购物者的意见。他们正日益成为家庭重要商品购买的研究者。

“N一代”正从电视机前离开。目前孩子们比他们的父母看电视要少，而且随着时间的推移，他们会看得越来越少。他们的业余时间几乎都花在计算机和网上。网络的灵活性与互动性正塑造孩子们对有关购物、信息搜集、品牌和市场营销其他所有方面的观念和看法。

一位作家这样描述“N一代”以及他们给营销者带来的挑战：“‘N一代’不是观众，不是听众，也不是读者，他们是用户。他们拒绝所谓的专家意见，而是自己以光速筛选着所需要的信息。要想说服他们接受任何既定东西都是困难的。”

（资料来源：D. Tapscott，“The Rise of the Net-Generation，” A d v e rtising Age，October 14，1996，p. 31；and B. Layne，“MeetYour Future，” A d v e rtising Age，November 20，1995，p. S-12.）

思考和训练

针对网络一代特征，你对广告主有什么建议？

（参考答案　品牌除了要从价值观和态度上找到网络一代选择一个品牌的驱动因素之外，还需要特别重视社交媒体的作用，因为在今天，网络一代不会轻易相信单纯的广告信息，他们会通过互联网、通过社交媒体的力量去了解一个企业的信息是不是和他有联系、是不是值得信赖。在这种情况下，企业一定要注重自己在社交媒体中扮演的角色，当企业通过SNS营销让信息的分享在消费群体中间产生涟漪效果的时候，企业所花的时间和金钱才会更少，而效果却很好。）

2. 技能训练

访问一家网上商店，比较它提供的信息与购物中心内的一家类似商店所提供的信息是否存在差异？

模块20　购买评价与选择过程

一、教学目标

1. 能力目标

能运用购买评价与决策相关资料，分析解决消费者心理和行为问题。

2. 知识目标

理解评价标准。掌握决策规则及其在市场营销中的应用。

3. 素质目标

完成任务的态度；知识应用能力；信息搜集处理能力；计算能力；理解、分析、表达能力；交流沟通能力；与人合作能力；自学能力；解决问题能力；应变能力；组织能力；敬业精神。

二、案例

1. 案例介绍

决策规则应用

表 4-3 是某个消费者在购买便携式电脑的过程中所应用的评价标准、标准重要程度、可接受的表现水平以及对各个品牌的表现判断。

表 4-3 六种便携式电脑的评价排序

评价标准	标准重要程度	可接受的最低表现	备选品牌					
			爱普生	佳能	康柏	奇乐	IBM	东芝
价格	30	3	5	3	3	4	2	1
重量	25	4	3	4	5	4	3	4
处理器	10	3	5	5	5	2	5	5
电池寿命	5	1	1	3	1	3	1	5
售后服务	10	2	3	3	4	3	5	3
显示质量	20	3	3	3	3	5	3	3

注：1. 1＝极差，2＝差，3＝一般，4＝好，5＝极好。

2. 资料来源于 http：//share. yoao. com/download. asp? id＝18684。

2. 案例分析

应用补偿式决策规则，奇乐取得最高偏好度，它的计算结果如下。

$$
\begin{aligned}
R_{\text{奇乐}} &= 30\times4+25\times4+10\times2+5\times3+10\times3+20\times5 \\
&= 120+100+20+15+30+100 \\
&= 385
\end{aligned}
$$

所以，应用补偿式决策规则会选中奇乐牌（$R_{\text{爱普生}}=370$、$R_{\text{佳能}}=345$、$R_{\text{康柏}}=370$、$R_{\text{IBM}}=300$、$R_{\text{东芝}}=295$）。

3. 思考·讨论·训练

讨论在应用补偿式规则时会选择何种品牌？

三、理论知识

1. 评价标准的本质

图 4-8 描述了消费者在备选产品之间进行评价和选择的过程。

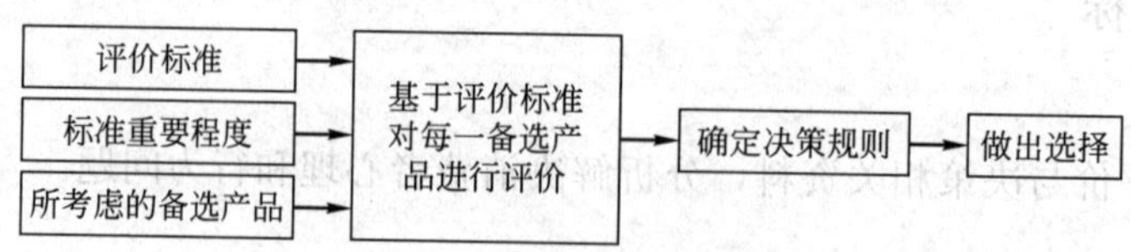

图 4-8 购买评价与选择过程

我们将重点讨论三个方面。首先是评价标准（即产品应提供的利益）的性质和特征。由于消费者是按各产品基于所持评价标准的表现来进行选择，所以评价标准十分重要。考察了评价标准之后，我们将重点考虑消费者根据评价标准判断产品功效的能力。最后，我们将分析消费者从所考虑的各种产品中进行选择时所采用的决策规则。

（1）评价标准的含义 评价标准是消费者在选择产品品牌时所考虑的产品的属性，即消费者在面临某个特定消费问题时所寻求的一些特性或利益。如在购买电脑之前，你会关心价格、速度、内存、操作系统、显示器以及售后保障。这些因素可能成为你选择电脑的评价标准。同样是购买电脑，其他的人可能会应用一套完全不同的评价标准。

评价标准可能在类型、数量和重要性上有差异。某一消费者在一次购买决定中采用的评价标准类型可能很多，从显性的成本、功能特性到无形因素（如样式、味道、声望以及品牌形象等方面）不等。在很多购买决策中，具有同等重要性的是我们对某一品牌的感觉。对某一品牌所产生的情感或情绪，消费者很难用语言表达出来，营销管理者也很难衡量和操纵。然而，无论是购买软饮料还是购买汽车，各种决策中情感因素确实扮演着重要角色。

购买决策中运用的评价标准的数量依产品、消费者和情境的不同而不同。显然，对那些相对简单的产品（如牙膏、肥皂或面巾）来说，评价标准的数量很少。相反，在购买汽车、立体声音响或住房时会涉及多种评价标准。个体特征（如产品熟悉程度、年龄）、购买情境特征（如时间压力）也会影响评价标准的数目。

市场营销者尤为感兴趣的是消费者赋予每一评价标准的重要性。三位购买便携式电脑的顾客可能都应用价格、处理器、显示器质量、内存、重量、售后服务六个评价标准。但若对每一标准赋予的重要性不同，他们购买的品牌就可能各不相同。顾客甲主要关心价格和售后服务，顾客乙要求运算速度和能力，顾客丙则看重使用的便利。假设他们各自代表一大群的顾客，我们便会得到基于同样标准但各自被赋予不同重要性而形成的三个截然不同的细分市场。当然，若考虑其他标准或附加另外的标准，如考虑嵌入式的调制解调器或电池寿命，我们便会得到另外的细分市场。

对不同的消费者，各种评价标准的重要性是不同的。即使对同一个消费者来说，评价标准的重要性也会因环境或情景而异。举个例子说，某一消费者在大多数情况下把食品的价格看成最重要的标准，但在赶时间的情况下，服务速度和购买的便利会变得更重要。

评价标准及个体赋予它的重要程度不但会影响品牌选择，还会影响是否及何时认识到某一问题，以及是否和何时做出购买决定。例如，那些关注汽车样式、品牌形象更甚于舒适度和价格的顾客，比那些具有相反重要性排序的顾客更频繁地购买新车。

市场营销者之所以必须理解消费者使用或可能用来评价其品牌的评价标准，其原因有二。首先，了解这些标准对发展合适的品牌特征并把这些特征传达给目标市场至关重要。其次，市场营销者常常企图影响顾客所采用的评价标准。

（2）评价标准的衡量 当营销经理或公共政策制定者准备采用一个可靠的策略去影响顾客选择时，她（他）必须了解：顾客采用了什么评价标准；在每一评价标准上，顾客如何看待不同的备选品；每一标准的相对重要性。

① 决定采用什么评价标准。要判定某一具体购买决策中消费者采用了什么评价标准，市场营销研究人员可采用直接方法或间接方法。直接方法包括询问消费者在特定购买决策中使用了何种信息，或者在某一特定环境中或集中小组访谈中观察消费者的言行。当然，直接方法是建立在消费者能够并且愿意提供有关产品属性信息的假设之上。

与直接方法不同的是，间接方法假定消费者不会或不能陈述他们的评价标准。常用的间接方法很多，投射技术是其中的一种技术。该技术让受访者指出“他人”可能会采用的标准。这个“他人”当然很可能就是受访者本人，由此我们能间接确定他所应用的标准。这种方法在发现和识别情感型标准时尤为有效。

知觉映像或知觉图是另一种有用的间接方法。消费者判断备选品牌的相似性，然后将这些判断用电脑处理后得出各品牌的知觉映像（或知觉图）。消费者并没有指明具体的评价标准，而只是对所有配对品牌的相似性进行排序。最后获得一个知觉图，消费者的评价标准实际上就是这个知觉图的维度。

② 决定消费者对各个备选品牌在每一具体评价标准上的表现。要判定消费者对备选品牌在具体评价标准上的表现可以采用很多方法，如分层排序量表（rank ordering scales）、语义差别量表（semantic differential scales）和李克特量表（likert scales）。其中，语义差别量表应用最广泛。

语义差别量表按相反的表现水平列出每一个评价标准，如快与慢、昂贵与便宜等。如下表 4-4 所示，这些语义相反的两极间被 5～7 等分隔离，并置于被评价品牌下。

表 4-4　语义差别量表（苹果笔记本电脑）

昂贵	—	×	—	—	—	—	—	便宜
高质	×	—	—	—	—	—	—	低质
重	—	—	—	—	×	—	—	轻
显示易读	—	—	×	—	—	—	—	显示难读

消费者被要求在图中标记出最能反映其对该品牌属性表现的看法。两端点表示“极为”，次点表示“很”，次中点表示“某种程度或有一点”，中点表示“既不，也不”。例如，表中消费者对苹果笔记本电脑的评价是：很贵，质量极高，比较轻，显示既不容易也不难读。

③ 决定评价标准的相对重要性。消费者赋予各评价标准的重要程度能用直接或间接方法来衡量。恒和量表或常数和量表是最常用的直接方法。这种方法要求消费者依各个标准的重要性打分，所有标准的得分之和为 100 分。

最常用的间接衡量方法是关联分析或接点分析。在该方法中，受访者被置于一系列产品或关于这些产品的描述面前，其中潜在的评价标准各不同。

关联分析对象限定于研究者所列出的属性，但若某一重要属性被忽略，那么很可能得出错误的市场份额预测结果。另外，关联分析并不适合于测试情感型的或受感情左右的产品决策，如在对香水进行的关联分析测试中，你能列出哪些可供测试的属性呢？

2. 个体判断与评价标准

如果你准备买一台便携式电脑，你很可能对不同品牌在价格、质量、显示清晰度等属性方面进行比较。由此得出的结论不一定完全正确。例如，五分钟测试期内读屏最轻松的显示器对超过两小时的工作就不一定如此。其他诸如重量等不能直接进行比较的属性，你可能要依赖品牌名称或价格来判断了。直接比较的准确性和应用一个属性来判断另一属性的好坏（替代指示器），对营销者来说是很关键的问题。

（1）个体判断的准确性　普通消费者并未接受足够的训练来判断各竞争品牌在诸如质量、耐用性等复杂评价标准上的表现。然而，对大多数较为直接的标准而言，多数消费者能够做出，事实上也做出了判断。价格一般能直接判断和比较，但有时候也会变得很复杂。如到底是买 1 升标价 95 美分的可口可乐还是买 1 夸脱标价 89 美分的更合算呢？消费者组织一直在推动单位标价以使得这种比较更容易。联邦真实信贷法（the federal truth-in-lending law）已被通过，它使消费者对不同销售者的价格进行直接比较更便利。

个体辨识相似刺激物的能力被称为感觉辨别力。它涉及对诸如立体声音响的声音、食品的味道、显示屏的清晰度等的辨别。能够被识别并且使某一品牌区别于另一品牌的最小差别称为最小可觉差异。但是，多数消费者并未在这方面形成很好的辨识能力。

有研究指出，大体而言，消费者一般不能辨识品牌之间相对很小的差异或品牌属性相对较小的变化。另外，许多产品和服务十分复杂，有些方面的产品表现只有在大量使用之后才能做出判断，由此使得在品牌之间做出精确比较变得困难。

消费者不能准确评价许多现代产品，这使他们产生了很多不合适或不明智的购买（如超出所需，以较高的价格购买了较低质量的产品）。

(2) 替代指示器的使用　消费者常使用产品的一个可察觉属性（像价格、尺寸和色彩等）来判断另一个不易观察属性（如质量、耐久力和健康属性等）的好坏。如多数人常以价格作为判断产品质量的参照物，至少对某些产品是如此。某个代表或判断另一属性的属性被称为替代指示器。

消费者对作为替代指示器属性的依赖，是该产品属性的预测值（predicative value）和信心值（confidence value）的函数。预测值是消费者认为能从某一属性准确预测另一属性的能力。信心值是指消费者根据替代指示器对不同品牌差异做出辨识的能力。例如，某个消费者认为食品的成分能精确判断其营养价值（高预测值），但如果他有能力进行品牌之间营养价值的精确比较，他就不会将食品成分作为指示器（低信心值）。

最广泛应用的替代指示器也许是价格，部分因为它的高信心值。研究发现，价格能影响人们对许多产品质量的知觉，如袜子、收音机、刮须后用的洗液、器械、地毯、汽车等。价格对产品质量知觉的影响确实很大，但如果产品可观察差异增加，或者消费者具有更多使用经验、拥有更多的信息，价格的影响就会减少。不幸的是，许多产品的价格和按功能衡量的质量之间关联性很低，所以用价格作为替代指示器的消费者常不能做出最优购买选择。

品牌名称也常被作为质量的替代指示器。人们发现，当品牌是消费者所知的唯一信息时，它变得很重要。品牌名称与价格相关联，有时会取代价格的影响力。

原产国也是一个广泛应用的替代指示器。你会选择一台日本造的立体声音响还是选择俄罗斯制造的呢？多数消费者会感到日本造的更好。由于很多消费者不能直接判断如立体声音响之类产品的质量，原产国就成为一个很重要的质量指示器。

保证是消费者用来指示质量的另一线索。保修期越长，保修内容越广，人们会觉得其质量越好。做过广告的品牌和服务常被认为比未做广告的好。类似地，包装、色彩、样式也会影响对质量的知觉。

替代指示器是基于消费者的如下信念，即两个属性（如价格水平和质量水平）通常是“关联”或“匹配”的。消费者也会认为轻和坚固、味道好和热量低、高纤维和高蛋白质是不会共存的，并形成信念。营销者如果企图推广两个或两个以上消费者认为互斥的属性，此时除非传递出非常令人信服的信息，否则失败的概率是很大的。所以，充分了解消费者关于其产品属性之间可能联系的信念对市场营销者来说是很重要的。

(3) 评价标准、个体判断和营销策略　市场营销者已开始认识到消费者判断评价标准的能力和应用替代指示器的倾向，并对此做出了反应。例如，多数新消费品最初都经过了与其竞争者相比较的蒙眼测试。方法是在测试时不让受测试者知道产品的品牌名称。这种测试使得市场营销者能评估产品的功能特征，并判定在没有受品牌偏好和厂商偏好影响的条件下，新产品是否较竞争产品具有可觉察的显著差异。

市场营销者也会直接运用替代指示器。安代克（Andecker）公司的广告称其啤酒为“味道最贵的啤酒”（the most expensive taste in beer）。很显然，该广告试图利用许多消费者对啤酒持有的价格-质量关联。有时，为促进销售而提高价格就是基于人们持有的价格-质量关联观点。例如，有一种用陶器包装的芥末在49美分时并不好销，但在定价于1美元时却销的非常好。

市场营销者频频应用品牌名称作为质量的替代指示器。艾默（Elmer）公司在推广一种超级胶水时就强调其品牌的良好声誉。艾默超级胶水的广告称：“与您可信赖的名字粘在一起”。还有一些公司强调“美国制造”、“意大利风格”或“德国工程设计”等。

其他类型的替代指示器也被采用。一位营销者若想强调其奶制品的丰富口味，他就会将产品做成彩色而不是纯白色；一种香辣的酱汁会做成红颜色。通用电气公司对其大型器械产品做出保证，客户在90天内不满意可以无条件退货。这一策略不但大大减少了与购买该公司的大型器械相联系的知觉风险，同时还是其产品质量的一个强有力的替代指示器。

3. 决策规则

假设你已经从价格、重量、处理器、电池寿命、售后服务和显示质量6个方面对激活域中六种品牌的便携式电脑的某个型号做出了评价。我们还进一步假设每一品牌在某一属性上的表现特别突出而在其他某个或多个属性上表现稍差，你会选择那个品牌呢？答案在于你所采用的决策规则。

消费者常常单独或同时应用五种决策规则或模式：联结、析取、排除、编纂和补偿式。联结式规则和析取式规则可能产生几个可接受的选项，而其他三种规则通常只产生一个“最佳”选项。

（1）联结式决策规则　指消费者为商品的各种属性规定了一个最低可接受水平，只有所有这些属性都达到了规定水平，该商品才可被接受，而对没有达到这一可接受水平的商品不予以考虑。可以用一句话来概括联结式规则，即“我将考虑所有（或我将首先购买）符合我认为重要的属性标准的品牌”。运用这一原则，可以排除某些不必要的信息干扰，减少处理信息的数量和规模。但是，这种决策所导致的可接受的品牌可能不止一个，因此消费者还需借助另外的方法做进一步的筛选。

（2）析取式决策规则　析取式规则对每一个重要属性建立一个最低可接受的表现水平（它通常比较高）。任一品牌只要有一个属性超出了最低标准，都在可接受之列。可以用一句话来概括析取式规则，即“我将考虑所有（或首先购买）在任一我认为重要的属性上表现确实好的品牌”。在应用析取式规则时，你可能购买第一个你发现可接受的品牌，也可能借助其他决策规则，或者加入附加标准。

（3）排除式决策规则　排除式规则要求消费者对评价标准按重要程度排序，并对每一标准设立删除点。从最重要的属性开始，对所有品牌进行检查。那些没有超过删除点的被选品被排除在外。如果不止一个品牌超出删除点，考察过程将根据第二重要的标准重复进行，这将持续到仅剩一个品牌为止。即该消费者的逻辑是“我将购买那个具有其他品牌所不具有的最重要属性的品牌”。

（4）编纂式决策规则　消费者先将产品的各种属性按照重要程度排序，然后在最重要的属性上对各品牌进行比较，在该属性得分最高的品牌将成为被选品牌。如果有两个或两个以上的品牌等序，它们将再按次重要属性进行评价，直到只剩下一个品牌。消费者的思想可以这样表述："我将选择在对我而言最重要的属性上表现最好的品牌。如果有两个等序，我将根据次重要属性选择表现最好的一个。"

编纂式规则与析取式规则很相似，差别只是编纂式规则在每一步都寻求最佳表现的品牌，而析取式规则只是寻求表现满意的品牌。

将这一规则应用于目标市场中，你必须保证你的产品在最重要的属性上的表现等同于或超过其他任何竞争品牌。这是十分关键的。如果不能在最重要的属性上具有竞争力，那么次重要属性上再好的表现也无关紧要。

（5）补偿式决策规则　亦称为期望值选择规则。按照该规则，消费者将按品牌属性的重要程度赋予每一属性以相应的权数，同时结合每一品牌在每一属性上的评价值，得出各个品牌的综合得分，得分高者成为最终被选择品牌。补偿式规则陈述的是消费者将选中在有关评价标准的判断上总体表现最好的品牌。

4. 决策规则在市场营销中的应用

我就要结婚了，我们正寻找举行婚礼的地方，已经找了五六个地方……这里不太好……那个也不太合适……然后我们来到 Glens Falls 一个叫 Highlander 的地方。我一进大厅就立刻知道：我们已经找到了。它是如此洁净无瑕，地板不仅铺着大理石，而且还嵌成了不同类型的图案……餐厅的大门是用铅条和玻璃做的，怎样看都觉得顺心……你走进那里，马上就确信它是如此适合举行婚礼。

实际上，消费者并不真的对每个重要属性赋予详尽的数值型权重，他们也不会对不同品牌的表现水平打一个数值分数。这些决策规则仅仅是代表消费者在品牌选择时常用到的模糊的决策规则。

迄今为止，我们并不能回答消费者在何种场合下会应用何种决策规则。但特定环境下所做的研究表明，人们的确用到了这些规则。低复杂度的购买涉及相对简单的决策规则（联结式、析取式、排除式或是编纂式），因为消费者会试图减少做出这类决策所付出的精神"代价"。高复杂度的决策和购买因为涉及相当高的知觉风险，人们会趋于更仔细的评价。不仅会应用更复杂的决策规则（补偿式规则），而且还有决策的阶段性。每一阶段中，应用不同决策规则评价不同属性。当然，个体特征、产品特征和环境特征也会影响消费者所采用的决策规则。

不同的决策规则需要不同的营销策略。每个市场营销管理者都必须清楚，对于考虑范围之内的细分市场，消费者最可能应用的决策规则或规则组合是什么，并制定出相应的营销策略。Vigor 的广告中，企业认定消费者将价格列为购买这种产品的最关键的考虑因素。与之相比，同一杂志刊登的 Winbook 广告则将速度列为最关键。二者都假设它们会是一个复杂的决策过程，所以还提供了很多的其他属性方面的信息。

四、小结

评价标准是消费者在选择产品品牌时所考虑的产品的属性，即消费者在面临某个特定消费问题时所寻求的一些特性或利益。消费者应用的评价标准的数量、类型和重要性因消费者和产品类别的不同而不同。

在运用评价标准制定营销策略时，关键的一步是衡量以下三个问题：①消费者应用了哪些评价标准；②消费者在每一标准上对各个备选对象的看法如何；③每个标准的相对重要性如何。

对于像价格、尺寸和色彩等的评价标准，消费者很容易准确判断。另外一些标准，如质量、耐久力和健康属性等的评价则要困难得多。这时，消费者常用价格、品牌名称或其他一些变量作为替代指示器。

当消费者根据几个评价标准来判断备选品牌时，他们必须用某些方法从各选项中选择某一品牌。决策规则就是用来描述消费者如何比较两个或多个品牌的。五种常用的决策规则是联结式、析取式、编纂式、排除式和补偿式。不同的决策规则需要不同的营销策略，市场营销管理者必须意识到目标市场所用的决策规则。

五、复习思考题

1. 什么是评价标准？
2. 你如何确定消费者应用了何种评价标准？
3. 有哪些方法可用来衡量消费者关于各品牌在特定属性上的表现？
4. 如何了解消费者赋予各评价标准的重要程度？
5. 最小可觉差异是指什么？
6. 什么是替代指示器？在消费者的评价过程中它们是如何应用的？市场营销者在对不同产品定位时如何应用替代指示器？
7. 什么是联结式决策规则？
8. 什么是析取式决策规则？
9. 什么是排除式决策规则？
10. 什么是编纂式决策规则？
11. 什么是补偿式决策规则？
12. 了解消费者在一个特定购买中可能使用的决策规则对企业制定市场营销策略有何帮助。

六、实训

1. 案例分析

决策规则应用

表 4-5 是某个消费者在购买便携式电脑的过程中所应用的评价标准、标准重要程度、可接受的表现水平以及对各个品牌的表现判断。

表 4-5 六种便携式电脑的评价排序

评价标准	标准重要程度	可接受的最低表现	备选品牌					
			爱普生	佳能	康柏	奇乐	IBM	东芝
价格	30	3	5	3	3	4	2	1
重量	25	4	3	4	5	4	3	4
处理器	10	3	5	5	5	2	5	5
电池寿命	5	1	1	3	1	3	1	5
售后服务	10	2	3	3	4	3	5	3
显示质量	20	3	3	3	3	5	3	3

注：1. 1=极差，2=差，3=一般，4=好，5=极好。

2. 资料来源于 http：//share. yoao. com/download. asp？ id=18684。

思考和训练

讨论在分别应用联结式规则和编纂式规则时会选择何种品牌。

（参考答案 ①应用联结式规则会选中佳能、康柏。在联结式规则下，消费者选择所有超出了这些最低标准的品牌。任何低于这些最低标准的品牌都将被排除在进一步考虑之外。参考表

4-5，我们可看到有四个品牌：IBM、爱普生、奇乐和东芝被排除，因为它们没能够符合所有的最低标准。在这种情况下，剩下的两个品牌佳能和康柏被选中。也许品牌佳能和康柏具有相等的满意度，也许消费者会再应用其他决策规则从中只选择一个。②应用编纂式规则会选中爱普生。消费者先将产品的各种属性按照重要程度排序，然后在最重要的属性上对各品牌进行比较，在该属性得分最高的品牌将成为被选品牌。如果有两个或两个以上的品牌等序，它们将再按次重要属性进行评价，直到只剩下一个品牌。参考表4-5，结果会选择爱普生，因为它在最重要的属性中表现最佳。)

2. 技能训练

访问两位销售以下产品的商人。弄清他们设想消费者在购买这种产品时使用的评价标准、权重、决策规则和替代指示器。

(1) 汽车

(2) 家具

(3) 保险

(4) 自行车

(5) 时装鞋

(6) 珠宝

模块21 店铺选择与购买过程

一、教学目标

1. 能力目标

能运用店铺选择与购买过程相关资料，分析解决消费者心理和行为问题。

2. 知识目标

了解店铺选择与产品选择的关系、消费者特征与店铺选择的关系。掌握消费者选择零售店铺标准、影响购买数量和所购品牌的店内影响因素。

3. 素质目标

完成任务的态度；知识应用能力；信息搜集处理能力；理解、分析、表达能力；交流沟通能力；与人合作能力；自学能力；解决问题能力；应变能力；组织能力；敬业精神。

二、案例

1. 案例介绍

《广告时代》上1992年关于西尔斯的报道

“西尔斯面临的任务非常艰巨，它必须制定全新的策略，以便对新的情况做出反应。最重要的是它必须增加店铺的吸引力。现在，消费者有大量的购物选择，而且他们仍然保持着谨慎、节俭的习惯。零售商首先要使消费者愿意消费，其次要使他们的消费发生在自己的店铺里。西尔斯在这方面并不擅长，也没有其他方面的特色。你知道有哪一位女士会喜欢西尔斯的鸡尾酒礼服吗？它的‘硬’商品（即耐用消费品）妨碍了其‘软’商品（如纺织品）的销售，反之亦然。”

西尔斯决定迎接挑战。它关闭了113家日渐衰落的店铺，用23个分类目录代替了原先电话本一样厚的目录大全，开始接受信用卡，服装向时装转移。剩下的店铺则耗资40亿美元重新进行装修。它还创设了一些新型店铺，如独立的五金工具店和家具专卖店等。

1993年，西尔斯发起了一场名曰“西尔斯温柔的一面”的活动，以吸引中等收入的女性到西尔斯购买“软”商品和时髦商品。发起这项活动的理由之一是调查表明，虽然女性是西尔斯“硬”商品（如家用电器、家具和技工工具）的主要购买者，她们却到其他地方去采购时尚品和个人用品。西尔斯只能提供少数几种名牌，而它自己开发的品牌知名度并不高。

1994年4月，西尔斯推出了自己的化妆品牌——美丽圈（Circle of Beauty）。这一产品线包括600种由不同产品、颜色及规格构成的组合，价格比伊斯汀·劳德（Estee Lauder）低得多，又略高于露华浓（Revlon）。如同国际宝迪公司（Body Shop International）的产品一样，美丽圈含有天然植物成分，并且没有使用动物做试验，包装采用优雅的墨绿色，但并没有注明“西尔斯”。为了满足黑人和西班牙裔美国人的需求，该产品线的颜色比竞争品牌多两倍，使用手册与说明书上采用西班牙语和英语两种语言。

西尔斯所进行的集中小组访谈表明，许多在连锁店购买商品的人，对百货商店将化妆品陈列在玻璃柜台里感到很不自在。然而，他们仍然希望有人帮助他们选择合适的产品和颜色。这在大多数百货店和折扣店里都是不可能的。西尔斯让购物者自己试用美丽圈产品，而不去主动提供帮助。不过，它仍然培训店员使其具备提供有效帮助的能力。购物者在选好自己所要的产品后，就可以到收银台付款了。

虽然评价美丽圈产品是否成功还为时过早，但西尔斯这一整套计划却堪称名作。它的销售额和利润的增长大大超过去三年来的工业平均水平，每平方英尺营业面积的利润也由1992年底的289美元上升到1995年底的353美元。

（资料来源：http：//share. yoao. com/download. asp? id=18684）

2. 案例分析

对于西尔斯等零售店的经理来说，店铺选择是十分重要的。

（1）注重店铺形象　耗资40亿美元重新进行装修。它还创设了一些新型店铺，如独立的五金工具店和家具专卖店等。其形象集中于给顾客提供方便，致力于开发一个或多个对某个顾客群或某种情境中的大多数顾客来说十分重要的属性或特色——吸引中等收入的女性到西尔斯购买“软”商品和时髦商品。

（2）注重商店品牌　西尔斯还另辟蹊径，一方面利用其在硬商品方面的声誉获利，另一方面又为其化妆品和时装塑造特定的品牌形象，发展自有品牌。这些品牌或者使用商店的名字，或者使用独立名称，西尔斯是这一领域的开创者。自有品牌不仅为零售店带来了可观的利润，而且如果发展得当的话，它们还会成为零售店铺的重要特色，即成为吸引消费者到该店购物的原因之一。

此外，西尔斯还利用店内影响因素来影响品牌——美丽圈产品的销售。例如，利用人员销售来推广“美丽圈”系列化妆品，培训店员使其具备提供有效帮助的能力。在购买阶段还使用信用卡结算方式来吸引消费者。

3. 思考·讨论·训练

西尔斯运用了哪些影响零售店铺选择的因素？

三、理论知识

1. 店铺选择与产品选择

消费者选择零售店铺的过程，即消费者首先意识到需要为解决某个问题选择一家商店，然后他会进行内部和可能的外部调查，评价相关店铺，最后按照某种决策规则做出选择。

消费者在做出购买决定时，一般有三种选择顺序：先品牌后店铺、先店铺后品牌、同时选择品牌和店铺。

实际上，先品牌后店铺这种形式的购买是最常见的一种形式。以上一模块中购买计算机为例。首先，你会阅读一些计算机方面的刊物，并向经验丰富人的请教。在这些信息的基础上，你会做出品牌的选择，然后以最低的价格（或最佳的地点、形象、服务或其他商店特点）作为标准，选择一家商店进行购买。

对许多顾客和商品来说，商店而非品牌形成了消费者的激活域。在计算机的例子中，你可能对某一商店，如“校园计算机店”比较熟悉，知道那里出售个人计算机。于是，你决定到这个商店去看看，然后从店里现有的品牌中选择中意的产品。

第三种是在你所感兴趣的商店里对你所感兴趣的品牌做出比较选择。这种决策涉及对商店和产品同时进行评价。因此，你可能会选择在一家店员友善、服务一流的商店中购买你只是较为喜欢的品牌，或者，你会选择在没有服务设施、缺乏人情味的商店里购买你最喜爱的产品。

零售商和制造商要制定适当的营销策略，有赖于目标市场所使用的选择顺序。那么，消费者首先选择品牌还是商店，对制造商的营销策略有何影响呢？品牌优先的选择顺序意味着需要塑造品牌形象和具有个性的广告以及比较狭窄的分销渠道。店铺优先的选择顺序则要求零售商和制造商注重店内广告、通过重点或关键性渠道分销、布置好货架空间以及加强人员服务等。表 4-6 揭示了建立在消费者选择顺序基础上的营销策略。

表 4-6　建立在消费者选择顺序基础上的营销策略

选择顺序	在渠道中所处的位置	
	零售商	制造商
先店铺后品牌	形象广告、货架空间的毛利管理、商品陈列、店铺位置分析、适当定价	主要店铺分销、购物现场、货架空间和位置、强化现有渠道的经营计划
先品牌后店铺	大量品牌或主要品牌、品牌合作广告、特价品牌、罗列品牌的黄页簿	更多的排他性分销、品牌可获性广告、品牌形象管理
同时选择	销售人员店内布置培训、多品牌或主要品牌、高服务水平或低价价	激励销售人员的计划、重点渠道分销、合作广告

2. 影响零售店铺选择的因素

特定零售店铺的选择，无论是在品牌选择之前还是之后做出的，都涉及根据消费者的评价标准对可供选择的店铺进行比较。消费者选择零售店铺时通常采用的评价标准包括：店铺形象、商店品牌、零售广告、店铺位置与规模。

(1) 店铺形象　某个消费者或目标市场对一个零售店铺所有特点的整体印象，被称为店铺形象。表 4-7 列出了构成店铺形象的 9 个方面 23 项具体的组成成分。例如，商品层面要考虑质量、品种、式样、价格等要素，而服务层面则包括信用、资金、送货和销售人员等要素。店铺气氛层面的构成要素都带有强烈的感情色彩。

表 4-7 中列出的店铺形象构成适用于商店，对于其他零售渠道（如跳蚤市场、农贸市场、交易会等），则需要做适当的调整。

表 4-7 店铺形象构成层面与构成要素

构成层面	构 成 要 素	构成层面	构 成 要 素
商品	质量、品种、式样、价格	促销	广告
服务	提供按月付款、销售人员、退货方便、信用、送货	店铺气氛	温馨、有趣、兴奋、舒适
主顾	顾客	机构	店铺声誉
硬件设施	清洁、店堂布置、购买便捷、吸引力	邮购	满意
方便	店铺位置、停车		

营销者在制定零售策略时，需要大量地使用有关形象的数据。这是因为，首先，营销者控制着许多决定店铺形象的要素。其次，不同的消费群体喜爱各种零售店铺的不同层面。因此，对大多数零售商来说，塑造符合目标市场需求的形象极为重要。

传统上，百货商店试图“向所有人提供所有东西”。结果，在 20 世纪 80 年代，当市场越来越细分化的时候，它们在更为专业化的竞争对手面前损失惨重。原因是，百货商店的形象过于散乱，以致无法吸引消费者。为迎接挑战，许多百货商店逐渐演变为“店中店”或“专卖店集群”，具有针对特定目标市场的独特、鲜明的形象。西尔斯则另辟蹊径，一方面利用其在硬商品方面的声誉获利，另一方面又为其化妆品和时装塑造特定的品牌形象。

其他零售店铺则致力于开发一个或多个对某个顾客群或某种情境中的大多数顾客来说十分重要的属性或特色。目录展示店就成功地采用了前一种方式。它们吸引的顾客，是那些希望以低价买到名牌的人。这些人对店员的服务或店内布局并不在意。7-Eleven 食品店采用的是第二种方式，即“在顾客想要的时间、想要的地点，提供他们想要的东西”。这样，它们的形象集中于给顾客提供方便。这适用于“方便”是第一要素的情境。不仅个别商店具有特定形象，商店形式（如折扣店、百货店、旧货店等）、购物区（闹市区、大商场、邻近区域）和购物方式（邮寄、电话、目录等），也都有各自的形象。因此，零售商不仅要关心其自身的形象，还要关注商店所在购物区域的形象。塑造连贯、整体形象的能力，对商场来说非常重要。

（2）商店品牌　与商店形象密切相关的是商店品牌。从某种意义上，商店或店铺就是一个品牌。国际宝迪公司就是一个例子。它店里的所有商品都使用商店自有品牌。传统上，零售商只使用制造商品牌。到了 20 世纪 70 年代，许多商店开始发展商店品牌作为全国性品牌的廉价替代品。

然而，越来越多的零售商（如沃尔玛）正在发展高质量品牌。这些品牌或者使用商店的名字，或者使用独立名称。自有品牌不仅为零售店带来了可观的利润，而且如果发展得当的话，它们还会成为零售店铺的重要特色，即成为吸引消费者到该店购物的原因之一。最重要的是，没有其他店铺可以使用它们的品牌。因此，商店品牌就成为它们的重要特色。

实际上，所有购物者至少在某些时候购买商店品牌。商店品牌占到超级市场销售额的 32%，在家用电器市场上它同样占有很大的销售份额。

商店品牌获得成功的关键因素是产品的高质量。消费者调查和学术研究均表明，消费者对店铺品牌质量的感知是其成功的关键。以低价提供质量适中的商品，这一传统模式并不是最好的。事实上，如果品牌与店名重合，或与商店密切相关的话，那么强调物有所值则会带来更大的利益。

(3) 零售广告　一项涉及各类商品（包括床单、电子表、长裤、套装、礼服和床垫等）的报纸广告调查显示，零售广告依产品类别的不同而存在很大差异。例如，在受礼服广告吸引的人中，只有 16％会购买。总体而言，受广告产品影响而进入商店的人中，大约有 50％会购买这些产品。

因被广告产品吸引进入商店的顾客购买其他产品被称为“外溢销售”。研究表明，外溢销售额几乎与被广告产品的销售额相等。还有一项研究得出了下面的结果：零售店在评价价格或其他促销手段带来的利益时，应该考虑它们对商店的整个销售额和利润额的影响，而不仅仅是对那些做了广告的商品所做的贡献。

尽管大部分零售广告强调的都是价格特别是促销价格，但是很多研究表明，价格往往不是消费者选择零售店的主要原因。这意味着对很多零售商来说，通过强调服务、选择范围或给消费者带来的情感利益，效果可能会更好。

(4) 店铺位置与规模　零售商店的位置在消费者选择商店的过程中起着重要作用。在其他条件大致相同的情况下，消费者一般会就近选择购物点。同样，零售商店的规模也是消费者选择商店的一个重要考虑因素。在其他条件都相同的情况下，除非消费者特别注重快速服务或方便，否则，较大的零售店会比较小的更受欢迎。

3. 消费者特征与店铺选择

研究表明，短袜和汽油的经济风险和社会风险都很低，而发型和礼品的经济风险低，社会风险却很高。其他商品，如个人电脑和汽车维修等，社会风险低但经济风险很高。最后，汽车和家具等商品的经济和社会风险都很高。情境对知觉风险的影响。比如，当葡萄酒为家人消费时，其社会和经济风险都很低，但是当它用于宴请时，社会风险就变得很高。

前面的讨论大致说来集中于商店属性，而没有涉及特定目标消费者的特征。然而，不同消费者的消费欲望和动机是截然不同的。在这一部分，我们将研究与商店选择密切相关的两个消费者特征：知觉风险和购物导向。

(1) 知觉风险　产品购买涉及产品使用后达不到预期效果的风险。例如，产品失灵会带来很高的成本或损失。风险类型如下：

① 社会成本（如一套不为同伴所欣赏的服装）；

② 金钱成本（如一次费用昂贵的度假，却遇到连绵阴雨）；

③ 时间成本（如修理汽车要先将车开到车库，并把车留下，过一段时间才能取回）；

④ 精力成本（如计算机在运行重要软件时，硬盘崩溃）；

⑤ 身体方面的损害（如一种新药产生毒副作用）。

消费者对风险的知觉依过去经验和生活方式而异。基于此，知觉风险既被视为是产品特征，也被认为是消费者特征。例如，很多人对汽车品牌的社会风险浑然不觉，另一些人却恰恰相反。和不同产品类别一样，不同零售店也被认为具有不同程度的风险。传统零售店的知觉风险很低，但较为新颖的零售方式（如直接邮寄、网上购物和电视购物等）知觉风险则较高。

上述发现导致对零售策略的一系列新的洞悉。

① 非传统零售渠道如果销售具有高经济风险或社会风险的商品，就应当尽量减小消费者在这些渠道购物的知觉风险。例如，通过强调免费订购、24 小时免费顾客服务专线以及 100％满意的承诺降低顾客的知觉风险。满意顾客的口传进一步增强了这些政策的效果。

② 非传统零售渠道尤其是折扣店，在高知觉风险产品领域，应当销售有品牌的产品。

科玛特正在实施这种策略，并力图以此改善商店的整体形象。

③ 传统零售店在销售高知觉风险产品方面，具备很大的优势。一般来说，这类产品应当成为它们的销售重点。低风险产品可以用来填充整个产品集合，这类产品可以通过店头广告和价格折扣来促销。

④ 经济风险可以通过提供担保或保证来减少，社会风险的降低则比较困难。降低社会风险的常用方法是雇用娴熟的销售人员和销售著名品牌。

(2) 购物导向 人们购物不仅仅是为了获得产品，而是有着更为复杂的原因。调节生活、运动、感官刺激、社交、了解时尚，甚至获取权力（当店员的“老板”）等，都可能成为逛商店的理由。当然，在不同的人之间，或者一个人在不同的情境中，这些动机的相对重要性是不同的。

特别强调某些活动的购物方式或风格被称为购物导向。购物导向与一般生活方式密切相关，并且受到类似因素的影响。例如，研究发现，与零售商交往的经验，所处家庭生命周期阶段以及收入等，都有助于预测一个人的购物导向。

企业可以根据不同购物导向的消费者的行为特征分别制定有针对性的营销策略。例如，不活跃型购物者也许特别欢迎送货上门；积极型购物者同过渡型购物者一样，会对娱乐气氛浓厚的商店做出良好的反应。然而，当一家商店试图吸引更多的目标顾客时，它不能使所有顾客满意的风险也就变大。除非商品一应俱全，否则一家商店很难同时满足顾客各种各样的欲望。

4. 影响购买数量和所购品牌的店内影响因素

到一家零售店来想购买某一品牌的商品，结果却购买了另一个品牌或者附带着购买了其他东西，这种情形并不少见。店内因素诱发更多或更进一步的信息处理，从而影响最终的购买决策。有5个变量单独或一起影响着店内品牌的选择。它们是：店内陈列、减价、商店布局、脱销和销售人员。

消费者经常购买计划外品牌或者购买其他商品，这一事实引起了人们研究冲动型购买的兴趣。所谓冲动型购买，一般是指消费者在店内做出的购买，这些购买并不在消费者进店前计划的购买之列。冲动型购买或其更准确的代名词——计划外购买，常含有缺乏理性和缺乏评价选择的意味，但是这也并不绝对。例如，选择购买“百事可乐”而不是“可口可乐”，可能是因为前者在降价销售，这种选择并非不合理性。意外购买了难得一见的新鲜草莓，这种计划外购买也是合情合理的。

大多数消费者是在进店之后才做出购买何种商品或品牌的决定的。因此，营销经理不仅要激发目标市场的购买欲望，还应当努力影响潜在消费者的店内决策。零售商不仅要吸引消费者到商店里来，还要设计好购买环境，使其能最大限度地激发计划外购买。

(1) 店内陈列 店内陈列在零售中非常普遍，对品牌销售影响极大。应当指出，产品类型会影响店内陈列的有效性。陈列对销售的影响随陈列类型和地点而变化。这种影响在不同类别的商品之间以及同一类商品内不同品牌间有着很大的不同，但总体上说，影响是很强烈的。

(2) 降价与促销 降价和促销（赠券、综合折扣、赠品等），通常与某些购物点材料的运用相伴相随。因此，每种方法的相对影响有时难以截然区分。不过，已经有足够的证据证明，店内降价对品牌选择有着很大的影响。根据美国、英国、日本和德国做的调查，销售在价格刚刚降低时，会有大幅上升，随着时间推移或者降价结束，销售又会落回到正常水平。

降价带来的销售增长有四个来源。

① 现有品牌使用者提前购买未来所需的产品（储存）。由于产品的可获性，储存常常会带来更多的消费。

② 竞争品牌的使用者可能会转向降价品牌。这些新的品牌使用者可能会也可能不会成为该品牌的重复购买者。

③ 从来没有使用这类产品的消费者也许会购买该产品，因为它比替代品或没有该产品时能带来更多的价值。

④ 不经常在此店购物的消费者，也许会来光顾和买该品牌。

不是所有的家庭对降价或促销都做出类似的反应。资源富有的家庭（指财政基础雄厚而非收入高）比其他家庭更喜欢利用各种促销的好处。因此，面向财务上具有较好基础的家庭出售商品的商店，可以期待顾客对降价和促销会有积极的反应。同样，易于储藏的商品比易变质商品有更大的价格弹性。这表明，促销手段更适用于不易变质的商品。对于不同产品的促销，消费者也常有不同的心理反应。

(3) 商店布局与店内气氛　商店内产品的摆放位置，对产品和品牌选择有重大影响。显然，一种商品越容易被看到，它被购买的机会就越多。

商店布置不仅能影响商店的客流量，还会影响商店的气氛或环境。这反过来又影响购买者访问和停留于商店时的情绪和意愿，以及消费者对商店质量和形象的评价。也许更重要的是，在商店中引发的情绪会增加顾客满意度，而这又导致了重复购买和店铺忠诚。

商店气氛通常受到下列因素的影响：灯光、布局、商品陈列、室内设施、地板、色彩、声音、气味、销售人员的着装与行为，以及其他顾客的数量、特征和行为。

商店气氛影响购物者行为的方式。首先，物质环境与个人特征相互作用，共同决定了反应方式。因此，受青少年喜爱的气氛也许会对年纪大的购物者产生负面影响。其次，商店气氛同时影响着销售人员和顾客，然后他们之间又互相影响。

(4) 产品脱销　脱销是指商店中的某种品牌暂时缺货。很明显，它会影响消费者的购买决策。顾客必须决定是在另一家商店买该品牌，还是转换一种品牌；是推迟购买，过一段时间再来该店购买该品牌，还是到别的商店购买该品牌或者干脆放弃购买。此外，消费者的口头评价和态度也会改变。

在脱销的可能后果中，没有一项是有利于脱销的商店或品牌的。例如，3/4 的购买行为都表现为转换品牌或推迟购买。如果另一品牌被购买，那么将来该品牌就比在原定品牌没有脱销的情况下更有可能被再次购买。制造商也会面临当前和未来销售的双重压力，因此，有效的分销渠道和存货管理对制造商和零售商均极为重要。

(5) 销售人员　销售人员对消费者的购买有着重要的影响。实际上，许多百货商店越来越重视对销售人员进行有效的训练。高成本和高店员转换率又促使另外一些商店向完全的自助服务形式靠拢。

对大多数低介入决策来说，自助或自我服务占支配地位。购买介入程度增大，顾客与销售人员发生相互影响的可能性也随之增大。因此，关于销售互动的有效性的研究，大多集中在高度介入的产品（如保险、汽车或工业产品）的购买上。有效的销售互动不是轻易能够解释清楚的，它要受到下列因素及它们彼此之间相互作用的影响。

① 销售人员的知识、技能和权威性。

② 顾客的购买目的及性质。

③ 顾客与销售人员之间的关系。

因此，为了确定最优的人员推销策略，有必要针对每一目标市场和产品类别进行专门调查。

5. 购买

信用卡的种类很多，通常可按以下六种标准划分：①按照信用卡发行机构划分，可以分为银行卡和非银行卡；②按照信用卡信息存储媒介划分，可以分为磁条卡和芯片卡；③根据清偿方式的不同，可以划分为贷记卡、准贷记卡和借记卡；④按照信用卡结算货币不同，可以分为外币卡和本币卡；⑤按照流通范围不同，可以分为国际卡和地区卡；⑥按照信用卡账户币种数目，可以分为单币种信用卡和双币种信用卡；⑦按照信用卡从属关系，可以分为主卡和附属卡；⑧按照信用卡发卡对象不同，可以分为公司卡和个人卡；⑨按照持卡人信誉地位和资信情况，可以分为无限卡、白金卡、金卡、普通卡；⑩按照信用卡形状不同，可以分为标准信用卡和异形信用卡。

一旦品牌和商店都已选定，消费者必须完成交易。这涉及通常所说的购买商品或租赁商品。传统上，顾客需要支付现金以取得对产品的各项权利。然而，在当今社会里，信用卡在消费者购买中占有非常重要的地位。随着社会经济的发展，信用卡结算的购买方式已广为流行。

当然，信用卡不仅是购买商品的一种手段，它本身也是一种商品。因此，当购买较为昂贵的商品时，可能会引起对信用卡的问题认知。既然存在着众多的信用卡可供选择，这个问题也会一再出现。

商店必须尽可能简化实际的购物程序。这既包括缩短付款排队时间这样简单的管理，也包括较为复杂的操作，如将信用卡账号输入计算机以便缩短信用卡审核时间等。许多商店好像忽视了这样一个事实，即实际的购买是购物过程中消费者与商店的最后一次接触。第一印象固然重要，但最后的印象也是如此。店员在这时不仅要保持工作的效率，也要乐于助人并富有人情味。他们的行为和态度代表了商店希望留给顾客的最终印象。

四、小结

消费者一般要对产品和店铺都做出选择。通常有三种决策方式：①同时选择；②先品牌后店铺；③先店铺后品牌。制造商和零售者都必须了解目标市场的选择顺序，因为它对制定营销策略有重大影响。

消费者选择零售店的过程如同选择品牌的过程一样，唯一的区别在于使用的标准不同。商店形象是消费者选择商店的一项重要评价标准。商店形象的主要构成层面是商品、服务、店员、物质设施、方便、促销、店堂气氛、机构和售后因素。商店品牌可以利用也可以拓展（或从中引申）商店形象。店铺位置对消费者来说是一个重要特点，因为大多数消费者喜欢就近购物。大零售店通常比小零售店更受欢迎。

与商店选择密切相关的两个消费者特征是知觉风险和购物导向。产品购买涉及产品使用后达不到预期效果的风险是知觉风险。某些活动的购物方式或风格被称为购物导向。了解目标市场对某类产品的购物导向对制定零售策略极为有用。

消费者常常购买与进店前所计划的不同的商品或品牌。这种购买被称为冲动型或计划外购买。遗憾的是，这两个术语都含有非理性或缺乏评价选择的意味。大多数消费者是在进店之后才做出购买何种商品或品牌的决定的。因此，营销经理不仅要激发目标市场的购买欲望，还应当努力影响潜在消费者的店内决策。零售商不仅要吸引消费者到商店里来，还要设计好购买环境，使其能最大限度地激发计划外购买。下面这些变量对销售模式有重大影响，它们是：店内陈列、减价、商店布局、脱销和销售人员。

一旦消费者选定了店铺和品牌，他一定会要求获得对所购产品的相应权利。信用特别是信用卡被越来越多地使用。

五、复习思考题

1. 品牌与零售店铺的选择顺序对品牌策略有怎样的影响？对零售商策略又有怎样的影响？
2. 什么是商店或店铺形象？它的构成层面和构成因素是什么？
3. 什么是商店品牌？零售商怎样使用商店品牌？
4. 描述零售广告对销售的影响。
5. 什么是外溢销售？
6. 零售商作价格广告时面临的主要决策是什么？
7. 零售店的规模与距离是怎样影响商店选择和购买行为的？
8. 购买的知觉风险是怎样影响商店选择的？
9. 什么是购物导向？
10. 在某一特定商店内，哪些店内特征会影响品牌和产品选择？试各举一例。
11. 产品脱销会带来什么影响？

六、实训

1. 案例分析

音乐对商店环境的影响

研究表明，音乐对消费者在商店或餐馆中逗留的时间、消费者的情绪以及对商场的整体印象都有一定的影响。音乐要与目标受众的特征相适应，这一点至关重要，如表4-8所示。

表4-8　音乐对商店环境的影响

	婴儿潮一代			更年长的消费者		
	古典摇滚乐	管弦乐	排行榜前40名歌曲	古典摇滚乐	管弦乐	排行榜前40名歌曲
购买的商品数量	31	11	15	4	12	14
花费的美元数	34	21	21	16	17	24
购物时间	27	16	29	21	30	28

注：资料来源于 http：//share. yoao. com/download. asp？id＝18684。

思考和训练

此案例对市场营销有何启示？

（参考答案　由表4-8可知，婴儿潮一代喜欢超市中播放的古典摇滚乐，但年纪大的人却不以为然。并且，音乐对他们的购物数量和购物时间都有一定的影响。启示：如果有着不同音乐偏好的人，在不同的时段进商店购物，那么商店就可以在一天、一周或一个月当中的不同时间播放不同的音乐。）

2. 技能训练

访问两家出售同类商品的零售店，并写一份关于他们使用购物现场陈列的报告。

模块22 购后过程

一、教学目标

1. 能力目标

能运用购后过程相关资料，分析解决消费者心理和行为问题。

2. 知识目标

了解产品使用和闲弃、产品与包装的处置。掌握购后冲突、购买评价、不满意反应、顾客满意、重复购买与顾客忠诚。

3. 素质目标

完成任务的态度；知识应用能力；信息搜集处理能力；理解、分析、表达能力；交流沟通能力；与人合作能力；自学能力；解决问题能力；应变能力；组织能力；敬业精神。

二、案例

1. 案例介绍

反应于消费者问题之前

在惠尔浦公司，计算机系统最近发出警告：

一些消费者反映洗衣机在仅洗了几缸衣服后就出现严重的漏水现象。工程师们很快就发现了问题所在——软管夹有毛病。生产被停止，所有在产品、库存品和经销商手中的产品被换上新的软管夹。更为重要的是，惠尔浦的消费者数据库找到了那些购买了该型号产品的数百名消费者。这些消费者很快接到通知并有电工上门为他们更换软管夹。

不仅消费者免于经历一起恼人并且可能危险的事件。惠尔浦也避免了潜在的不利舆论和财产损失索赔。正如消费者援助部门的主管所说："想象一下如果漏水发生在五楼公寓，它所带来的财产损失责任会有多大!"

惠尔浦保留有1500万消费者和2000多万已装设备的记录，有的可上溯到20世纪60年代。公司运用专门的计算机数据库浏览、分析这些记录，找到不明显却又重要的消费模式。

（资料来源：http：//share. yoao. com/download. asp? id=18684）

2. 案例分析

这种快速行动会导致顾客忠诚度和销售额的增加。

3. 思考·讨论·训练

惠尔浦公司反应于消费者问题之前，这种快速行动会导致什么结果?

三、理论知识

1. 购后冲突

图4-9反映了消费者购后行为。如图4-9所示，在某些购买后有一种称为购后冲突的现象。这种现象发生于顾客对购买行为的明智性产生怀疑时。另外一些购买则伴随不采用现象，即顾客将产品退还或保存而不加使用。对大多数购买来说，即使存在购后冲突或不和谐，仍会伴随产品使用。使用产品通常涉及包装和产品本身的处置。在使用过程中和使用

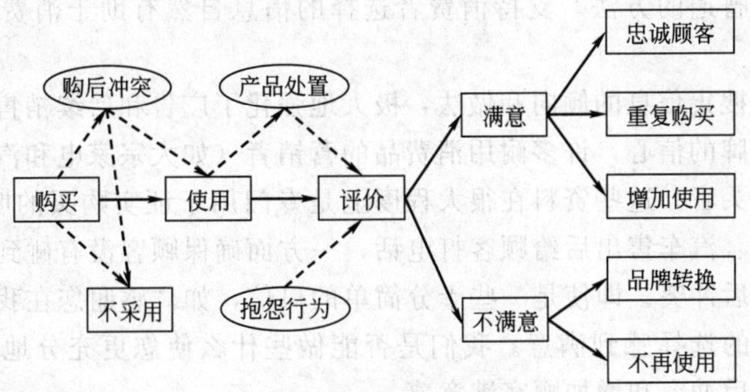

图 4-9 消费者购后行为

后，顾客会对购买过程和产品进行评价。不满意的评价会使顾客产生抱怨，而厂商做出的合适反应会减少顾客的不满情绪。购后的满意与不满，要么导致顾客的重复购买与忠诚，要么导致转换品牌或不再使用此类产品。

回想一下你最近的一次重要购买，由于提供品属性的不同，你需要在多个备选品中间做出选择。也许你所涉及的是在一所离家近、朋友多的大学还是一所名气更大但离家较远的大学之间的选择。一旦做出决定，你可能就想知道自己是否做出了最佳选择。

在相对较难下决心且具有长期影响的决定做出之后，这类反应是很常见的。这种对购买的怀疑和焦虑就叫购后冲突。图 4-9 显示，虽然不是所有的购买但确实有一部分购买会产生购后冲突。消费者产生购后冲突的可能性及其激烈程度，是由以下因素决定的。

① 忠诚度或决定不可改变的程度。决定越容易改变，购后的不和谐就越不易发生。

② 决定对消费者的重要程度。决定越重要，越有可能产生购后冲突。

③ 在备选品中进行选择的难度。越难做出选择，就越有可能产生冲突且冲突激烈程度越高。决策难度大小取决于被选品的数量、与每一备选品相联系的相关属性的数目以及各备选品提供的独特属性。

④ 个人体验焦虑的倾向。有些人更易感到焦虑，而越易于感到焦虑的人就越可能产生购后冲突。

购后冲突或不和谐之所以发生，是因为选择某一产品，是以放弃对另外产品的选择或放弃其他产品所具有的诱人特点为代价。这与个体希望获得这些富有吸引力的特点的欲望不相一致。在名义型决策和大多数有限型决策中，由于消费者不考虑被选产品不具有而其他替代品具有的特色，因此这类决策不会产生购后冲突。例如，某位消费者的激活域里有 4 个咖啡品牌。他认为这几个品牌除了价格外其他属性都旗鼓相当。此时，他会选择最便宜的品牌。这样一种购买一般不会带来购后冲突。

由于大多数购买介入度高的决策涉及一个或多个引发购后冲突的因素，因此，这些决策常伴随购后冲突。而且，由于冲突令人不快，消费者会设法减少冲突。消费者常用的减少购后冲突的方法有：

① 增加对所购品牌的欲求感；

② 减少对未选品的欲求感；

③ 降低购买决策的重要性；

④ 改变购买决策（在使用前退回产品）。

尽管消费者可以通过内心的再评价减少购后冲突，而搜集更多的外部信息来证实某个选择的明智性也是很普遍的方法。支持消费者选择的信息自然有助于消费者确信其决策的正确性。

消费者购物后搜集信息的倾向和做法，极大地强化了广告和后续销售努力的作用。为了培养顾客对所选品牌的信心，许多耐用消费品的营销者（如大宗家电和汽车推销商）会寄一些资料给近期的购买者。这些资料在很大程度上是专门用于证实购买的明智性与正确性的。地方零售商在家电、汽车售出后给顾客打电话，一方面确保顾客没有碰到产品问题，另一方面也是为了减少购后冲突。即使是一些十分简单的口信，如“感谢您在我处购买了新车，我们相信您会对自己的选择感到满意。我们是否能做些什么使您更充分地享用您的新车呢?”这些都可以减少购后冲突和增加顾客满意感。

很多广告既有助于吸引新的购买者，同时又有助于顾客在购后证实其选择的明智性。想象一下，在几番痛苦的斗争和权衡之后，你购买了奥迪牌汽车。买回来后，你对是否做了最好的选择心里没底。此时，你对有关奥迪牌汽车的正面信息将非常关注。一旦遇到宣传该品牌的广告，你可能会浏览和阅读，而在未买之前，你对此类信息可能根本未予留心和注意。

2. 产品使用与闲弃

坎贝尔汤料公司所做的调查显示，大多数家庭备有几听坎贝尔汤。因此，公司的主要目标是鼓励人们现在或尽快把放在家里的汤料喝掉。

（1）产品使用　大多数购买属于名义型或有限型决策，因此很少引发购买冲突。购买者或购买单位的其他人员在购得产品后根本不担心购买是否明智的问题，而是无忧无虑地加以使用。正像图 4-9 所示，即使在存在购后冲突的情况下，消费者仍会使用购得的产品。出于多方面的原因，营销者需要了解消费者如何使用其产品。弄清楚产品是以功能性方式还是以象征性方式被使用，有助于改进产品设计。例如，耐克公司通过观察市内球场上的篮球运动员，获得了球员所希望的关于运动鞋功能方面与式样方面特征的信息。观察中发现，比赛前穿上运动鞋和系上带子的过程充满了象征意义。从某种意义上说，这一过程类似于骑士在比武或战斗之前戴上头盔。耐克在设计运动鞋时，好几个方面都运用了这方面的知识。

使用创新是指消费者用一种新的方式使用产品。发现产品新用途的营销者能极大地扩大产品的销售。例如，WD-40 是一种润滑剂，消费者把它作为鱼饵添加剂、用它清除地毯上的口香糖等。它在广告中大肆宣传这些用途。

许多公司试图运用标准的调查问卷或集中小组访谈来获得关于产品使用的有关信息。这一类调查可以帮助企业开发新产品，为现存产品揭示新的用途或市场，为确定合适的沟通主题指明方向。

产品使用行为在不同地区亦存在差别。例如，喝咖啡时有的地区加奶油，另外一些地区则不加奶油；有的地区加糖或用无把杯子，而另一些地区则不加糖或用有把杯子。咖啡营销者了解这些情况，有助于在其地区性广告中加以反映。

某种产品的使用需要使用另一种产品的事实常常被零售商所利用。考虑以下产品组合：室内盆栽植物与肥料；独木舟与救生衣；照相机与相机套；运动外套与领带；衣服和鞋子。在每种情况下，一种产品的使用都因为另一种相关产品的使用变得更容易、更有乐趣或更安全。零售商可以对这些产品进行联合促销或培训推销员进行互补性销售。然而，要做到这一点，需要充分了解这些产品在实际中是如何运用的。

如果营销者发现消费者对如何正确使用其产品存在困惑，则应对消费者进行这方面的教育。有时候，厂商应通过产品重新设计使之更易使用，以此获得竞争优势。

（2）产品闲弃　如图4-9所示，并非所有卖出去的产品都被使用。产品闲弃是指买了一种产品将其搁置起来不用或相对于产品的潜在用途仅有很有限的使用。

对于很多产品和大多数服务，购买决策和消费决策是同时做出的。一个人在餐馆定餐时他同时也决定所订的食物。然而，在超级市场买回食品后还需要对食品的准备与消费再次进行决策。做出第二个决策的时间、情境与第一个决策明显不同。这样，由于购买时与潜在使用时环境或购买者的改变，就会发生产品闲弃。例如，卖场陈列将一种新食品展示为可用于做一道可口的小菜，此时会激发消费者联想到一种合适的使用情境，从而购买该食品。然而，一旦没有了展示时的刺激，消费者可能想不起该食品的用处。以下是一些常见的产品闲弃情形。

① 裙子—我一直想减肥，能穿上4号裙子而不是增加体重穿6号。很明显，我没能减轻体重，所以4号裙子太瘦了。

② 体育馆会员资格——根本不在运动状态。

在上述情形下，消费者浪费了金钱，营销者也不大可能获得重复销售。而且，营销者很难找到合适的补救措施和对消费者施加有效的影响。在另外一些情况下，通过提醒或在合适时机给予促动，消费者会使用所购的产品。由于消费者已拥有产品，因此促销的任务不是鼓励购买而是促使消费者赶紧消费。

3. 产品与包装的处置

宝洁公司80%的产品包装用可循环纸制造，它的产品如Span、汰渍、快乐、唐尼等的容器均是可循环利用的包装。

塑料业引入了一种编码系统，可用来识别容器的塑料树脂构成并显示是否可回收利用。

产品使用前、使用后及使用过程中均可能发生产品或产品包装容器的处置。只有完全消费掉的产品（如蛋卷冰淇淋）才不涉及产品处置问题。

除了工业废弃物，很多垃圾场由于家庭和商业废弃物的大量产生而被迅速填满，收集和倾倒垃圾的费用不断攀升。人们对与二氧化碳、铅、汞有关的环境污染问题的关注与日俱增。显然，产品处置是营销者必须予以正视的。

这些包装容器有的被消费者使用，更多的则是作为垃圾被扔掉或循环利用。用尽可能少的资源制造包装是企业的一项社会责任，在经济上也具有重要意义。生产易于回收和再利用的容器，影响之大远非社会责任所能概括。在有些细分市场，消费者将产品包装能否回收视为产品的一项重要属性。同样，这些消费者在选择评价阶段就将包装的处理看作品牌特点。因此，在赢得这类消费者的过程中，包装处理的简单易行（包括不使用包装）可作为营销组合中的重要变量。

对许多类别的产品而言，即使产品本身不再具有使用价值，其实物形态依然存在。一种产品迟早会不能以消费者满意的方式发挥作用，或不再具备消费者想要的象征意义。不能再开的汽车是产品失去功能价值的例子，而被车主视为过时的汽车则不再具有象征性功效（对特定消费者而言）。无论出于何种原因，消费者一旦做出替换决策（甚至在购买之前），他同时也要对原来的产品做出处置安排。遗憾的是，虽然“扔掉”不是唯一的选择，但却是迄今为止最广泛采用的处置办法。

倾向于选择某种特定产品处置方式的个人具有哪些人口统计和心理方面的特征，仍有待于进一步了解。某些情境因素，如储存空间的可得性、朋友们现在的需要、对回收或慈善机构的了解等是影响处置行为的重要因素。

为什么营销经理会关心旧产品处置问题呢？最好的解释也许是这些决策的累积效应会严重破坏环境质量，并影响当前及未来人类的生活。除此之外，还有一些短期的经济方面的考虑。处置决定不仅影响那些对产品进行处置的个体的购买决策，还会影响该市场上其他个体的购买决策。

处置决策主要通过以下方式影响厂商的营销策略。

首先，由于物理空间或财务资源的限制，在取得替代品之前必须处理掉原有产品。例如，住新公寓的家庭在买入新的卧房家具之前必须处理掉现有的家具。或者，某人需要卖掉旧车以筹钱购买新车。若现有产品难以处理，消费者可能会放弃新产品的购买。因此，协助消费者处置产品，无论是对制造商还是零售商均是有利的。

其次，消费者经常做出的卖出、交易或赠送二手产品的决策可能导致形成一个庞大的旧货市场，从而降低市场对新产品的需求。当某个消费者不经过中间商直接将产品卖给另外一个消费者时，消费者对消费者的销售就发生了。现场旧货出售、二手货集市交易、跳蚤市场、分类广告和电子公告板迅速发展。由商业性和非盈利性组织开办的出售旧衣服、旧家电和旧家具的节约商店也在发展中。虽然，对这类销售的总量缺乏精确的估算，但它们无疑也是经济的重要组成部分。低收入消费者是节约商店的主要惠顾者，而绝大多数经济敏感型群体均进行消费者对消费者的销售。制造商可能想通过购买或折价换购二手货或对其进行修理进入该市场。这种做法在汽车零部件（如发动机）的销售中运用较普遍，该方法在吸尘器销售中采用也较多。

最后，体现环境保护要求的处置既有利于整个社会也有利于作为社会成员的厂商。企业的股东、雇员和企业的消费者生活、工作在同一个社会和环境中，影响环境的处置决策实际上关系到社会的每一个人。因此，鼓励环境友善的产品和包装的开发，促进产品包装的合适处置符合社会成员的整体利益。

4. 购买评价

诚如在图 4-9 中新看到的，消费者的购买评价受购买本身、购后冲突、产品使用和产品处置的影响。不是所有的购买都受其中每一过程的影响。相反，这些过程只是对某一特定购买产生影响的潜在因素。应当注意的是，产品、出售产品的商店或两者同时卷入评价之中。消费者可能对购买的各个方面进行评价，如信息的可获性、价格、零售店服务、产品性能等。对一项购买的整体满意既包括购买过程的满意，如决策信息可获性和实际的购买体验，也包括对所购服务、产品本身的满意。然而，应当记住，对于名义型决策和很多有限型决策，只有因某些因素，如明显的产品功能失灵，才会导致购买者对购买的关注，从而引起主动的购买评价。

选择某种产品、品牌或零售店是因为人们认为它在总体上比其他备选对象更好。无论是基于何种原因选择某一产品或商店，消费者都会对其应当提供的表现或绩效有一定的期望。消费者期望水平可以从很低（这个品牌不怎么样，但我很饿，而且没有其他选择余地）到很高。正如你所预料的，期望水平和感知到的功效或表现水平并非相互独立。一般来说，我们倾向于将产品或商店的表现感知为与我们的期望相一致。

在产品使用过程中或产品使用之后，消费者会对产品的功效或表现形成感知。这一感知水平可能明显高于期望水平，也可能明显低于期望水平或与期望水平持平。如表 4-9 所示，

表 4-9　期望、功效和消费者满意

相对于期望的实际感知	期望水平	
	低于最小欲求功效	高于最小欲求功效
更好	满意[①]	满意与忠诚
相同	非满意	满意
更糟	不满意	不满意

① 假设实际感知水平超过最低欲求水平。

对购买的满意程度取决于最初的期望水平和实际感知水平。

在表 4-9 中，可以看到，如果一个商店或品牌的功效或表现符合一个低水平的期望，则结果通常既不是满意也不是不满意，而是非满意。即你可能不会失望，也不会抱怨该零售店或产品。但下一次遇到类似购买问题时，消费者可能会寻找更好的备选对象。

对一个品牌的感知功效低于期望水平通常会导致消费者的不满。如果感知水平与期望水平差别过大或原先的期望水平过低，消费者可能会重新开始整个决策过程。导致问题识别的品牌极可能被列入排除域，从而在新一轮决策中不再被考虑。不仅如此，抱怨和负面的传言也可能由此产生。

当对产品功效的感知与最小期望水平匹配，即功效水平等于或高于最小期望水平时，通常会导致消费者的满意。消费者满意会降低下次面临同样问题时的决策水平，即满意的购买具有奖赏激励作用，它将鼓励消费者在将来重复同样的购买行为。另外，满意的消费者可能会对所选品牌做正面的口头传播。

产品实际性能超过期望的功效时一般会导致满意甚至忠诚。在下一部分将深入讨论的"忠诚"是指消费者忠于某一品牌并对竞争品牌采取某种程度的漠视态度。

创造满意的顾客对促销水平的确定有重要的意义。既然"不满意"从某种程度上是由期望水平与实际感知的差别所决定，夸大和不实际的宣传应当尽量避免，因为它会助长消费者期望水平的上升，最终导致不满。

发展现实的消费者期望给营销经理提出了挑战。对希望被消费者选择的品牌或商店来说，它必须被视为在整体上优于其他被选对象。因此，营销经理很自然地要强调品牌或商店好的方面。然而，如果这样的强调导致消费者形成某种较高的预期，而产品本身并不能满足这种预期，负面的评价就会由此引发。负面评价会导致品牌转换、消极的传言和抱怨行动。所以，营销经理必须在对产品的热情宣传和对产品品质的现实评价之间找到平衡点。

5. 不满意反应

Life Scan 是强生公司的一家子公司，制造供糖尿病人用的监控血糖水平的仪表。几年前，某个仪表被发现有缺陷。该公司迅即反应，当夜通知了 60 万名顾客并收回了所有产品。顾客对其表现出的负责精神做出了积极反应，它的市场份额自收回产品后增加了 7%。

为了创造高满意的顾客，Life Scan 公司聘请一位全职的消费者经理。该经理与市场营销和顾客服务部紧密配合，衡量和改善顾客满意度与保有度。顾客服务代表每年处理 130 多万个电话，他们受到训练并被授权做出决定，以使打电话者满意。此外，这些服务代表在新产品开发中也起着重要作用。Life Scan 向顾客提供一条 24 小时免费热线，还为耳背者提供电信服务（糖尿病会导致听力损伤）。此外，公司还根据 24 小时仪表更换（仪表放在联邦快递公司以使快速更换成为可能）、教育信息、新闻、简讯和五年的产品担保，为分销商和专业性健康护理人员提供更多其他方面的服务。

为保证这些举措的有效性，Life Scan 保留每日电话统计，开展季度满意调查，以作为年度满意调查的补充。除此之外，还运用其他方式与顾客保持联系。

图 4-10 描述了不满意的顾客几种可能的选择或反应。第一个决定是是否采取外部行动。如果消费者不采取行动，就意味着他或她决定容忍这种不满意状况。对不满的购买是否采取行动取决于购买对消费者的重要程度、采取行动的难易程度和消费者本身的特点。指出下面一点很重要：消费者即使不采取外部行动，也很可能对该商店或品牌形成不怎么好的态度。

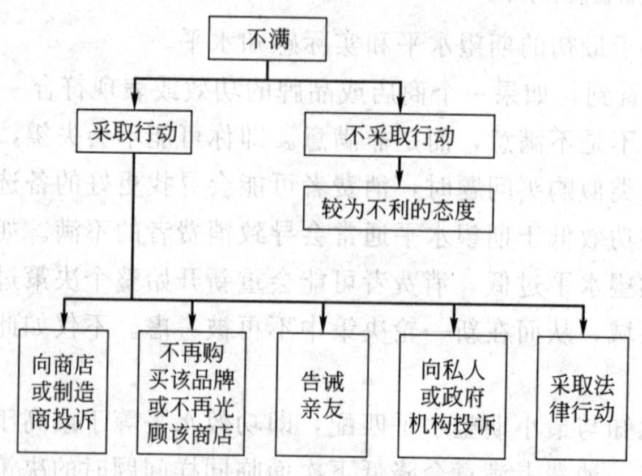

图 4-10 消费者不满时的反应

对不满状况采取行动的顾客通常运用以下 5 种做法中的一种或几种。如图 4-10 所示，大多数做法都会损害作为当事者的厂家的利益。这种损害可能是直接的，如失去销售机会，也可能是间接的，如形成负面的态度。因此，营销者一方面必须设法将消费者不满降至最低水平，另一方面，一旦发生不满，就应采取有效的补救办法。

营销者需要通过以下方式来满足或影响消费者期望：①通过促销来创造合理的消费者期望；②保持质量的一致和稳定，以达到消费者所期望的水平。由于不满意的消费者倾向于向其朋友和熟人表达内心的不满，由此会使厂商不仅失掉这些不满的消费者，而且可能由于负面的口传效应而失去对其他消费者的销售。

当某个消费者感到不满时，最好的结果是他仅向厂商而不向其他任何人表达他的不满。这会使厂商警醒于问题所在，使其做出必要的改进，使负面的口传得到控制。另外，抱怨通常对消费者也是有利的。很多企业发现，其抱怨获得圆满解决的消费者较那些从未遇到产品问题的消费者满意水平更高。不幸的是，很多人在不满时通常不向厂商抱怨。那些抱怨的人通常比不抱怨的人有更高的教育水平，更多的收入，更强的自信和独立性，并且对商业系统更具信心。

消费者对产品的抱怨通常是面向零售商而没有传达到制造商。一项调查发现，80%的抱怨都是投向零售商，只有不到 10%的抱怨投向生产商。很多厂商试图通过建立和推广“消费者热线”来解决这一问题——消费者需要抱怨时可以拨打免费电话和企业的代表取得联系。通用电气公司每年花 1000 万美元用于它的“回复中心”。该中心每年处理 300 万个消费者电话。通用电气公司认为，“回复中心”的回报远高于公司对该中心的投入。宝洁公司同样从其热线电话中得到了各种好处。

尽管消费者热线和其他一些做法为消费者抱怨提供了方便，但是仅依靠这些手段还远远不够。大部分抱怨的消费者希望问题得以解决，不能正视和有效应付这一期望会导致更大的不满。因此，厂商应解决消费者抱怨中提出的问题而不是只是给消费者一个抱怨的机会。一是从组织上落实如何有效地处理消费者抱怨。二是对不满进行预计，并在不满发生之前消除其潜在诱因。

6. 顾客满意、重复购买和顾客忠诚

福特汽车公司直到1986年才开始对顾客满意进行系统的监控。顾客满意测量现已成为福特业绩衡量系统的重要部分。逻辑很简单：满意的顾客再次选择同一品牌的可能性是不悦顾客的2倍，而其再次光顾同一经销商的可能性是后者的3倍。

福特现在每年花费1000多万美元来调查它的顾客。先是在购买后一个月进行一次调查，一年后再进行一次。每个特许经销商都会收到关于销售、车辆准备、服务和总体业绩的月度QCP（质量、责任、业绩）报告。顾客同时也对汽车本身做出评定。这些QCP评定结果不仅给经销商提供反馈信息，还可作为竞赛、红利、授予新的特许经销权等的依据。

很多经销商正在采取地方性的顾客满意度衡量指标来记录和奖励他们自己的销售和服务人员。例如，马萨诸塞州的一家汽车经销商将其服务部分为六个小组，每一小组的人员穿着独特颜色的制服。这些小组每月基于顾客满意情况开展竞争，优胜者可获得一定数额的奖金。

在顾客日益精明和更具有价值意识以及众多品牌都令人满意的情况下，对很多营销者来说，创造满意顾客是必需的，但仅仅停留在这一水平仍是不够的。企业应以创造忠诚顾客或品牌忠诚型顾客为目标。

虽然有些满意的顾客仍会转换品牌，但其中很多人会成为重复购买者。重复购买者是指这样一些人，他们对某一品牌不一定具有情感上的或情绪上的偏爱，但一直重复购买该品牌。

尽管重复购买者是企业所期望的，但单纯的重复购买者易受竞争者行为的影响。换句话说，他们购买该品牌是因为习惯使然，或者他们购物的地方没有更好的备选品，或该品牌价格最便宜。这些顾客对品牌并无忠诚，或者说，他们对所购买品牌并无忠诚感。品牌忠诚应做如下界定：

① 有倾向性的（即非随意性的）；

② 行为上的反应（即购买）；

③ 长时间内对品牌的偏爱；

④ 是某个决策单位的行动；

⑤ 涉及选择域中的一个或多个品牌；

⑥ 是心理过程（做出决策、评价）的函数。

品牌忠诚型顾客对某一品牌或厂商具有情感上的偏爱，他或她会以一种类似于友情的方式喜欢该品牌。消费者用诸如“我信任这个牌子”、“我喜欢这个牌子”和“我信任这个厂家”等词句来描述他们的忠诚。

品牌忠诚可能源于认同，即消费者认为该品牌反映或强化了其自我概念的某些方面。这种类型的忠诚在象征性产品（如啤酒、汽车）购买上最为普遍。品牌忠诚也可能是因为该产品的功效高于顾客的预期或高于其他品牌能够达到的水平。

忠诚的顾客在购买产品时不大可能考虑搜集额外信息。他们对竞争者的营销努力（如优惠券）采取漠视和抵制态度。忠诚的顾客即使因促销活动的吸引而购买了另外的品牌，他们通常在下次购买时也会选择原来喜爱的品牌。忠诚顾客对同一厂家提供的产品线延伸和其他新产品更乐于接受。

忠诚的顾客极可能成为正面口传的来源。正是由于这些原因，很多营销者不仅试图创造满意顾客，而且致力于创造忠诚的顾客。

基于以上这些原因，忠诚的顾客比单纯的重复性购买者能为企业带来更多的利润，而重复购买者同样比偶尔性购买者更具吸引力。

（1）重复购买者、忠诚的顾客和利润 “转换”是指一个厂商基本顾客群的变动。如果一个厂商的基本顾客群有100名顾客，每年有20名离开，又有20名新顾客进入，那么该厂商的顾客转换率为20%。现在许多厂商的一项主要目标是降低转换率。这是因为获取新顾客成本远高于保留现有顾客，而且新顾客的获利性低于长期顾客。

虽然许多利润是从单纯的重复性购买顾客上取得的，然而企业若要充分挖掘顾客身上的潜在利润，则必须创造忠诚的顾客。愿意付全价并主动提供推荐是忠诚顾客的重要特征。更为重要的是，长期保持单纯的重复性购买者往往很困难。

尽管忠诚的顾客对商家最有价值，然而即使现在保有的顾客主要是重复性购买者，减少转换率也会对利润的提高产生很大的影响。减少在一年内离开的顾客数目将提高基本顾客群的平均“寿命”。顾客与一个厂家的关系越长久，厂家从该顾客身上获取的利润越多。因此，稳定的基本顾客群意味着企业从单个顾客身上获得的利润多。

（2）重复购买者、忠诚的顾客与营销战略 针对特定细分市场制定营销战略的重要一步是明确该战略所追求的目标。这些目标可能是：

① 吸引使用该类产品的新顾客；
② 争取竞争对手的顾客；
③ 鼓励现有顾客增加消费；
④ 鼓励现有顾客成为重复购买者；
⑤ 鼓励现有顾客成为忠诚的购买者。

上述每种目标的实现都需要制定不同的营销战略和营销组合。为体现前两个目标，营销者务必使潜在顾客相信，使用本企业产品比不使用该产品或使用竞争者的产品能给顾客带来更大利益。在广告中许诺更多的好处、优惠券、免费试用等是此类策略的具体运用。尽管当前仍有一些厂商满足于将销售看作最后一个环节，大多数厂商已开始认识到首次销售或保留住顾客的重要性。

后三个目标重点放在向现有顾客营销。这些目标的实现均以顾客满意为前提。厂商需要传递消费者所期望的价值。重点放在现有顾客身上的营销通常被称为关系营销。

关系营销是指企业试图与顾客发展一种持续的不断扩充和强化的交换关系。在很多方面，关系营销试图同顾客建立一种类似多年邻居间的关系或乡村小店同客人之间的那种关系。在这些关系中，店主不仅是因顾客关系而且是作为朋友和邻居认识每一位顾客。店主能预料到他们的需求，在顾客需要的时候提供帮助和建议，关系营销试图达到这种效果。然而在现代条件下，由于大多数业务规模庞大，要真正体现关系营销的思想，企业必须使用数据库和“定制的大众化沟通”，并对雇员进行更好的培训与激励。

关系营销有五个关键因素：

① 发展一种核心产品或服务，并以其为中心建立顾客关系；
② 针对不同顾客建立特定关系；
③ 用附加利益来扩充核心服务或产品；

④ 以有助于鼓励顾客忠诚的方式定价；

⑤ 开展内部营销使雇员在顾客面前表现出色。

如前所述，关系营销可鼓励顾客更多地使用产品、重复购买和成为忠诚的顾客。

一旦顾客满意，营销者可以鼓励他们更多地使用该品牌的产品，或使用公司提供的相关产品与服务。例如，航空公司的乘客在一年内乘机飞行的距离越长，获得的奖励“点数”就越多。另一种促进消费的方法，是展示该产品的新的使用方法或适合该品牌使用的新情境。

尽管以上描述的计划对创造重复性购买通常是有效的，但这并不一定能创造忠诚顾客。忠诚的顾客对某产品或厂家有一种相当强烈的感情依恋。

创造忠诚顾客，要求厂家提供的产品或服务能恰好满足或超出其预期。甚至，必须使顾客相信，厂商在公正对待他们并且在一定程度上关心他们的长远福利。因此，创造忠诚的顾客要求厂商形成以顾客为中心的态度，并将这种态度转化为实际行动。

四、小结

在某些购买活动后，消费者会对购买决定是否明智产生怀疑和疑虑，这被称为购后冲突。在下面4种情况下购后冲突很容易出现：①具有焦虑倾向的个体；②购买是不可改变的；③购买的物品对消费者很重要；④购买涉及两个或多个替代品之间的困难选择。

无论消费者是否经历购后冲突，多数购买者在购回产品后会使用产品。跟踪产品如何被使用可以发现现有产品的新用途、新的使用方法、产品在哪些方面需要改进，还可以为新产品开发提供帮助。

产品不使用或闲弃也是需要引起注意的问题。如果消费者购买产品后不使用或实际使用比原计划少得多，营销者和消费者都会感到不满意。因此，营销者不仅试图影响消费者购买决策，同时也试图影响其使用决策。

产品及其包装物的处理可以发生在产品使用前、使用后或使用过程中。由于消费者对生态问题的日益关注，原材料的稀缺及成本的上升，营销经理对处置行为的了解变得越来越重要。

购后冲突、产品使用方式和产品处置都有可能影响购买评价过程。消费者对产品满足其实用性和象征性需要的能力形成了一定程度的期望。如果产品在期望的水平上满足了消费者需要，那么消费者满意就有可能产生。如果期望不能满足，就可能导致消费者的不满。不采取行动，转换品牌、产品或转换商店、告诫朋友都是负面购买评价后的常见反应。一般而言，营销经理应该鼓励不满意顾客直接向厂家而不是别的什么人抱怨或投诉。不幸的是，只有很少一部分消费者向企业抱怨。采取各种措施和办法，如建立消费者热线，可以提高不满意顾客向厂商抱怨的比例。

在顾客日益精明和更具有价值意识以及众多品牌都令人满意的情况下，对很多营销者来说，创造满意顾客是必需的，但仅仅停留在这一水平仍是不够的。企业应以创造忠诚顾客或品牌忠诚型顾客为目标。关系营销试图在企业与顾客之间建立一种持久和不断的交换关系。它被用来促进产品使用、重复购买和创造忠诚的顾客。

五、复习思考题

1. 消费者的主要购后行为是什么？
2. 什么是购后冲突？购买情境的哪些特征影响购后冲突？
3. 消费者可以用哪些方法减少购后冲突？

4. 什么是产品闲弃？它为什么是营销者关注的一个问题？

5. 产品与产品包装的处置是什么意思？为什么营销人员对此感兴趣？

6. 影响消费者满意的因素有哪些？这些因素是如何发挥作用的？

7. 在不满的情况下，消费者会采取哪些行动？最常用的行动是什么？

8. 当消费者不满时，营销者需要通过哪些方式来满足或影响消费者期望？

9. 顾客满意、重复购买和忠诚的顾客之间存在什么样的关系？

10. 重复购买型顾客与品牌忠诚型顾客有何区别？

11. 针对某一细分市场的营销战略可能具有哪 5 个目标？对于某一特定细分市场，公司在不同的目标条件下，营销战略有何区别？

12. 什么是关系营销？关系营销中涉及哪些策略？

六、实训

1. 案例分析

创造忠诚顾客

零售商要发展忠诚的顾客就需要了解顾客在每一个购物环节的需要，从零售广告到产品处理的各个环节都不能忽视。在每一个阶段，零售商需要努力使顾客由满意到愉快再到偏爱。下面是某一电器商店为满足不同顾客反应水平而开展的活动。

满意　知识丰富、彬彬有礼的销售人员；交易的速度和效率；信用

愉快　能用来浏览产品编码并显示全部产品信息的电子公告牌；巧克力封面的致谢卡；合适颜色的可回收的纸包装；高兴地接受特别订单

偏爱　个人生日销售；个人购买模式和要求的数据库；基于以往购买情况的折扣和奖励；致谢卡和礼品券

（资料来源：http：//share. yoao. com/download. asp? id＝18684)

思考和训练　这家电器商店开展的活动对创造忠诚顾客有何帮助？

（参考答案　这家电器商店为满足不同顾客反应水平而开展的活动，使顾客由满意到愉快再到偏爱。只要顾客对某产品或厂家有一种相当强烈的感情依恋，就会形成忠诚的顾客。创造忠诚的顾客要求厂商形成以顾客为中心的态度，并将这种态度转化为实际行动。这家电器商店做到了。因此，这家电器商店开展的活动对创造忠诚顾客帮助很大。）

2. 技能训练

设计一份简短问卷，了解大学生中产品闲置情况及将产品闲置不用的原因。在不同班级访问 50 名同学，你可从中获得什么结论？

模块 23　消费者权益与责任

一、教学目标

1. 能力目标

能运用消费者权益与责任相关资料，分析解决消费者心理和行为问题。

2. 知识目标

了解消费者保护主义、消费者权益与责任、消费者心理保护。掌握儿童者消费保护、成人消费者保护。

3. 素质目标

完成任务的态度；知识应用能力；信息搜集处理能力；理解、分析、表达能力；交流沟通能力；与人合作能力；自学能力；解决问题能力；应变能力；组织能力；敬业精神。

二、案例

1. 案例介绍

“儿童通信广场”

该广场以4～8岁儿童为目标对象，它要求儿童提供姓名、年龄、性别及电子邮件地址，才能进入该网站。它还要求孩子们将最喜欢的电视节目、乐队及推荐他们进入该网站的人提供给“儿童通信”。只要一进入广场，孩子们就能得到“儿童现金”，通过提供别的个人信息，这些“儿童现金”可以兑换成奖品。

（资料来源：http：//share. yoao. com/download. asp？id＝18684）

2. 案例分析

使儿童卷入诸如“儿童通信广场”之类的技术是在利用他们，因为这些类似的“游乐场”充斥着形形色色的广告，而且这些广告与娱乐内容很老练地糅合在一起。

建议通过以下原则来引导网上广告服务的发展。

① 不得从孩子们那里索取个人信息，也不应将有关孩子们的个人信息销售给第三方。

② 针对儿童的广告与促销内容应清晰地标明，以便与节目内容相互区别。

③ 儿童内容部分不应直接与广告部分相联结。

④ 孩子与产品代言人之间不应有直接的网上互动。

⑤ 在网上不得针对单个的儿童做广告或进行促销。

3. 思考·讨论·训练

请结合此案例，谈谈对儿童互联网营销的伦理及规制应包括哪些内容？

三、理论知识

1. 消费者保护主义

中国消费者协会从1997年起，通过每年确定一个主题的方式，开展“年主题”活动。所谓“年主题”，就是消费者协会在广泛宣传贯彻《中华人民共和国消费者权益保护法》的基础上，每年突出一个方面的内容，加强保护消费者合法权益的宣传，加大保护消费者合法权益的力度，使保护消费者合法权益工作不断向纵深发展。

消费者保护运动或消费者保护主义运动，是指由对营销系统各方面不满意的消费者推动的一系列政治活动。消费者保护运动一般会导致对某些公司或产品的联合抵制和旨在解决或至少解决某些消费者问题的立法。

消费者权益保护最早可追溯于消费者运动，它是消费者权益保护组织的先驱，产生于发达资本主义垄断阶段，而后波及世界各国，成为全球性运动。1898年美国成立了世界上第一个全国性的消费者组织——全国消费者同盟。1960 年国际消费者组织联盟（IOW）成立。它是由世界各国、各地区消费者组织参加的国际消费者问题议事中心。其宗旨是在全世界范围内做好消费者权益的一系列保护工作，在国际机构代表消费者说话。无论国内还是国外，消费者权益受侵害的现象屡有发生。

（1）产品品质与安全漏洞　由于设计缺陷、生产制造水平等因素的制约，假冒伪劣产品的泛滥，导致产品品质与安全性能不合格，损害了消费者的权益。2001 年 2 月 9 日，国家出入境检验检疫局发布紧急公告指出，由于日本三菱公司生产的帕杰罗（PAJERO）V31、V33 越野车存在严重安全质量隐患，决定自即日起吊销其进口商品安全质量许可证书并禁止其进口。这是我国首次吊销存在质量问题的国外汽车进口许可证。

（2）知识的不对称　企业对消费者行为不了解或了解不够，如主观地认为消费者会按说明书上的要求使用和操作产品，但实际上一部分消费者可能是根据自己的经验来使用产品，甚至尝试将产品用于别的用途，由此造成人身安全或财产方面的损害；也有可能是企业对消费者行为知识已有足够的了解，但有意识地运用它们来操纵和欺骗消费者，以牟取利益。

（3）虚假广告的误导　虚假广告作为不正当竞争方式，往往和假冒伪劣商品结合在一起，不但危害消费者的利益，也侵害其他经营者的合法利益。虚假广告与次品相结合，往往会造成“劣胜优汰”的反竞争规律的现象和状态，破坏正常的市场运作机制，危害整个社会。2007 年中央电视台“3·15”晚会揭露了“藏秘排油百草减肥茶”虚假广告的真相。原来，这个原本只需要 6 元就可以卖给经销商的普通减肥茶，经过虚假广告宣传而使其身价倍增至 29 元。用“藏秘排油”这种偷梁换柱的模糊概念，让某些人坐收上亿元的黑色收入，严重地坑害了消费者。

（4）消费者的保护意识淡漠　消费者力量的薄弱，对法律、法规缺乏了解，以及对与企业抗争的顾虑，高昂的维权成本，使其在利益受到损害的情况下往往采取了自认倒霉的做法。例如，不按规定购买处方药等疏忽性消费行为，也是消费者权益受到损害的原因。

总之，有必要对消费者权益进行保护。

2. 消费者权益与责任

1962 年，当时约翰·肯尼迪总统在国会演讲中提出了著名的“消费者权利法案”。该法案认为消费者拥有四项基本权利。①安全保障权。保护消费者不受市场上产品对生命或健康的危害。②知情权。保护消费者不受信息、广告、标签或其他活动的欺诈、欺骗和误导，消费者有权了解所需事实以便在知情的条件下做出选择。③选择权。确保消费者在可能的情况下以竞争性的价格得到各种产品和服务。在那些竞争无效并确定由政府管制的行业内，要确保消费者以公道的价格得到满意的产品与服务。④被倾听权。政府制定政策时，要保证消费者的权益能得到全面的考虑和照顾。

（1）消费者权益　又称消费者的权利，是指消费者在购买、使用商品或接受服务时依法享有的权利及该权利受到保护时给消费者带来的应得利益，是消费者为进行生活消费应该享有的，如公平地获得基本的食物、衣物、住宅、医疗和教育的权利等，实质是以生存权为主的基本人权。

消费者权益的特点：一是消费者享有的权利；二是消费者实施行为的具体表现；三是法律基于消费者的弱者地位而特别赋予的法定权利；四是消费者特殊的地位而享有的特定权利。

在我国 1994 年 1 月 1 日实施的《中华人民共和国消费者权益保护法》第七条至第十五

条（以下简称《消法》）中规定了消费者的9项权利，具体包括安全权、知情权、选择权、公平交易权、求偿权、结社权、获知权、受尊重权和监督权。

① 安全权。安全权全称是人身财产安全权。它是指消费者在购买、使用商品或接受服务时享有的人身和财产安全不受损害的权利。安全权位于消费者九大基本权利之首，是消费者最主要的权利。消费者在购买、使用商品和接受服务时，享有保持身体各器官及其机能的完整以及生命不受危害的权利。至于财产安全权，并不仅仅是指消费者购买、使用商品或接受服务本身的安全，还包括除购买、使用商品或接受服务之外的其他财产的安全。

② 知情权。消费者有权利了解他所购买的商品或服务的种种真实性能。按照《消法》的规定，消费者有权根据商品或者服务的不同情况，要求经营者提供商品的价格、产地、生产者、用途、性能、规格、等级、主要成分、生产日期、有效期限、检验合格证明、使用方法说明书、售后服务，或者服务的内容、规格、费用等有关情况。经营者有义务向消费者介绍商品或服务的真实情况。如若造成损害，消费者有权要求经营者予以赔偿。

③ 选择权。消费者享有自主选择商品或者服务的权利。消费者有权自主选择提供商品或服务的经营者；有权自主选择商品品种或服务方式；有权自主决定购买或不购买任何一种商品，接受或不接受任何一项服务；在选择商品或服务时，有权进行比较、鉴别和挑选。

④ 公平交易权。消费者有权获得质量保障、价格合理、计量正确等公平交易条件，消费者有权拒绝经营者的强制交易行为。

⑤ 求偿权。求偿权是指消费者因购买、使用商品或者接受服务而受到人身、财产损害，享有依法获得赔偿的权利。不论是生命健康还是精神方面的损害均可要求人身损害赔偿。财产损害的赔偿，包括直接损失和可得利益的损失赔偿。

⑥ 结社权。消费者享有依法成立维护自身合法权益的社会团体的权利，简称结社权。最具典型的例子是中国消费者协会和地方各级消费者协会。

⑦ 获知权。获知权又称求教获知权，指的是消费者所享有的获得有关消费和消费者权益保护方面的知识的权利。消费知识主要指有关商品和服务的知识，消费者权益保护知识主要是指有关消费权益保护方面及权益受到损害时如何有效解决方面的法律知识。

⑧ 受尊重权。受尊重权是消费者在购买、使用商品和接受服务时所享有的其人格尊严、民族风俗习惯得到尊重的权利。

⑨ 监督权。监督权指消费者享有对商品和服务以及保护消费者权益工作进行监督的权利。此外，消费者有权检举、控告侵犯消费者权益的行为和国家机关及其工作人员在保护消费者权益工作中的违法失职行为，有权对保护消费者权益工作提出批评、建议。

这9项权利是消费者进行消费活动必不可少的。前5项权利是基础、是前提，与消费者的关系最为密切，后4项权利则是由此派生出来的。消费者权益是关系到我们每个人生活工作的基本权益之一。对这一权益的有效保护，体现了公民权利的实现和市场经济的根本特点。我们讲保护消费者权益不仅要从人的身心健康和全面发展的高度来看，还要从扩大消费需要，从消费需求与经济增长之间良性循环的高度来看，要从社会主义市场经济的本质和客观要求的高度来看，这就说明保护消费者权益的必要性及重要意义。

（2）消费者责任　由于消费者在与商家进行交易时处于弱势地位，通常人们对消费者权益保护的要求主要集中于商家。“只有错买的，没有错卖的”、“无商不奸”等，都是在讨论商家的不道德行为。但这只是事情的一面，不能因为消费者处于弱势地位就认为其不会发生不道德行为。

表4-10列举了消费者的不道德行为。权利和义务是共生的，消费者在维护自身权益的同时，也要担负起应尽的责任和义务。

表4-10 消费者的不道德行为

商店扒窃	从存储衣服处偷盗腰带
转换价格标签	从存储货物处割下纽扣
退回已经穿过的衣服	退回部分使用过的商品要求信誉赔偿
滥用商品并把其作为损坏商品退回	滥用担保或无条件地进行特免担保
把降价买回来的产品退回并要全价退款	在商店损坏商品，然后要求降价
	购买盗版

注：资料来源于希夫曼LG，卡纽克LL．消费者行为学．第7版．俞文钊，肖余春等译．上海：华东师范大学出版社，2002。

消费者既要知道其应享有的权利，也要知道其应承担的义务。《消法》只明确提出了消费者应享有的权利，却没有提及其应承担的义务。比如，受到损害后进行举报和投诉就应该是一项义务，只有这样才能避免更多的消费者遭受类似的损害。现在很多时候消费者为了省钱或者为了其他目的，到一些搞非法活动的场所去消费或者搞其他活动，甚至这些人在没有出现问题的时候阻碍执法部门的工作，袒护非法行为。一旦出现问题，就反过来举报这种非法行为，甚至责怪监管部门。另外，有关一次性木筷的使用等，我国消费者目前都没有义务方面的限制。国家应该建立起一套制约消费者消费行为的法律法规，保障消费行为的健康和可持续发展。

3. 消费者心理保护

《消法》第三十四条规定，消费者和经营者发生消费者权益争议的，可以通过下列途径解决：①与经营者协商和解；②请求消费者协会调解；③向有关行政部门申诉；④根据与经营者达成的仲裁协议提请仲裁机构仲裁；⑤向人民法院提起诉讼。

随着商品经济的不断发展和市场的不断繁荣，新的问题不断出现。商品种类繁多，但良莠不齐；厂家推陈出新，却也鱼目混珠；商家为争市场，利用“促销”等活动诱发消费者产生冲动心理，盲目购买；不法商人则利用消费者的心理弱点，设置“陷阱”，欺骗消费者。消费者在遭到假冒伪劣商品或者不良服务后，首先表现为愤怒、委屈、懊恼。一些人可能会自认倒霉并自责后悔；另外一些人则会与商家产生纠纷，极易情绪失控而造成心理伤害。不管是哪一种情况，消费者在遭受物质损害时还会遭受到二次伤害——心理影响。

(1) 消费者权益受损后的心理　由于消费者权益受损的程度不同，其心理变化的幅度也高低不一。消费者权益受损后的心理变化状态主要有如下几种。

① 焦虑——压抑。当消费者权益受到轻微的损害时，如受到售货员的冷遇时，他意识到了但能忍下来，这时在其意识层中就留下了一定的印迹。如果接着再受一次损害，如所购商品有不中意的地方又不给退换，在其意识层中就会再加上一个“不满”的印记。随着印记的加深，消费者开始感到焦虑。如果这种量的积累达到一定程度，即会有压抑之感。压抑可能起到暂时减轻焦虑的作用。但是，如果这种缓解失败，又遭到欺骗，其受压抑的情感可能会从潜意识层迸发出来。研究发现，消费者心理的压抑达到一定强度便形成一种攻击性内驱力，而这种攻击性内驱力可能导致攻击性行为的发生，且攻击内驱力的强度与攻击性行为发生的可能性是成正比的。

② 挫折——逆反。挫折是指个人从事有目的的活动时，在环境中遇到障碍或干扰，致使其动机不能获得满足时的情绪状态。个人挫折的容忍力是有限的。由于人的适应能力的差

异，其容忍力也有所不同。一般来说，消费者权益在遭受接二连三的损害之后，即超越了其容忍力的阈限，则会导致心理失常。这种失常情形复杂多样。消费生活中一个突出的心理状态就是逆反，即有意识地脱离习惯的思维轨道，向相反的思维方向探索。如消费者在某商店购买了以次充好的商品，发现后又不给退换，以后即使那个商店销售货真价实的俏货，他也不会去理睬，这就是逆反心理所致。

③ 失控——病变。上述两种心态进一步受到强刺激，即消费者心理受到异常紧张的刺激后即会导致心理失控。这种失控通常是消费者权益受到来自多方面的损害后，其情绪状态的毫无目标的发作。如本来对某种消费品抱有疑虑，购买后给家庭经济或安全等带来威胁，要求修理或退换又遭冷言恶语，他可能会失去理智而“迸发满腔怒火”，以至于对消费品设计者、制造者、商店服务等进行攻击，甚至还会产生报复性心理。

（2）消费者权益心理保护措施　企业要正确认识自己承担的社会责任，政府及消费者团体要加强监管，消费者要提高自己的消费知识和维权意识，保护消费者的心理免受伤害。

① 加强沟通，了解消费者的实际感受。企业邀请来自不同领域的消费者举行座谈会，让他们面对面地与企业交换意见和看法。通过这种方式，一方面可以了解消费者对企业、对企业的产品和经营活动的评价；另一方面可以就未来的一些具体政策、设想征求消费者的意见，更好地满足消费者的需求。

② 及时处理投诉和进行补救。现在很多公司都有专门的人员或机构接受和处理消费者的投诉。一些公司还把消费者的抱怨和投诉作为一种资源来开发。为了获得消费者的反馈信息，一些公司在产品或产品包装上附上了投诉电话。通过对消费者的投诉和抱怨的分析，可以发现企业产品和营销策略中存在的问题，从而改进企业的工作。此外，对不满的消费者及时补救，不仅可以消除他们的怨气，在很多情况下，还可以使他们成为企业的忠诚客户。维护顾客的利益，实际就是维护企业自身的利益。

③ 提供消费教育。企业可以通过发展消费教育项目来帮助个体成为合格的或更加明智的消费者。此类项目的着眼点并不是为了促销公司的产品，而是侧重提供有关消费方面的知识。例如，可口可乐公司曾经专门印制了一本如何向一家公司投诉的小册子，分发给消费者。由于该小册子提供了大量消费者如何向各种公司投诉的消费知识，所以对消费者非常有用。拿到这一小册子的消费者对可口可乐公司好感倍增，据说其中一半的人由此对可口可乐公司更有信心，并有15%的人表示要更多地购买可口可乐的产品。

④ 完善法律法规。《消法》作为一部与普通百姓日常生活关系最密切的法律，自颁布实施以来，在完善社会维权机制、解决消费权益纠纷、打击侵害消费者权益的违法行为、提高消费者依法维权意识以及促进消费维权运动蓬勃发展等方面发挥了很大的作用。但是，随着时间的推移，一些问题也逐渐显现出来。例如，消费者在购买了假冒伪劣商品时，要自己举证，个人出钱进行质量鉴定。在赔偿方面，最多可能是“假一赔十”，没有国外那种高额的损害赔偿。在违法成本过低和维权成本过高的情况下，消费者采取了默认态度，降低了消费信心。

4. 儿童消费者保护

关注面向儿童的营销，基础之一是皮亚特（Piaget）的认知发展阶段理论。该理论认为，儿童在12岁之前缺少完全理解和处理信息（包括营销信息）的能力。

（1）感性智力时期（0～2岁）　这一时期，儿童的行为主要是自发的。虽然认知能力进步显著，但孩子还不会进行概念性思维。

(2) 行为前思想时期（3～7岁） 此阶段以孩子语言能力及概念的快速形成为标志。

(3) 具体行为时期（8～11岁） 在此期间，儿童培养了将逻辑思维运用于具体问题的能力。

(4) 正式行为时期（12～15岁） 这一时期儿童的认知结构已达最高发展阶段，孩子能够将逻辑思维运用于所有不同类别的问题。

对以儿童为对象的消费保护主要集中在广告和产品安全性上。皮亚特理论以及支持该理论的研究构成了大多数儿童广告规制的基础。根据一些批评者的说法，它们也构成了某些故意利用儿童的营销计划的基础。

CARU（美国广告业的主要自律机构，商业促进局的全国广告处下设一专门单位，儿童广告审查处）及其他一些人不仅关注儿童处理广告信息的能力，也关注儿童广告内容对孩子们产生的影响。

然而，我们目前关注的焦点仍是儿童理解广告信息的能力。这具体包括两个方面：①孩子们能分清表演节目与广告的区别吗？②孩子们能理解商业广告的某些特定方面，如产品或品牌的比较吗？

① 大多数研究表明，年幼儿童（7岁以下）在区分广告与节目上存在困难（要么没注意其中的差别，要么将广告视为另一个节目）。年幼的小孩在确定广告的推销意图上，似乎也缺乏能力。然而，有证据表明，年幼儿童意识到了推销意图但难以用语言表达。目前，广告界试图通过避免人物重叠和运用“广告之后再见”将广告和节目区分开来。

② CARU对比较广告做了特别规定，它禁止使用“仅仅”、“只需”等字眼来表示价格低。它同样建议在特定情况下使用明确的措辞，如用“在打电话前你一定要征得你父母的同意”而不用“征得你父母的允许”。

③ 即使儿童能准确理解电视广告，人们仍十分关心广告内容对儿童的影响。儿童将大量时间花在电视（包括广告）上引发了三个方面的问题是：广告信息可能引发家庭内部矛盾与冲突；广告信息对儿童价值观的影响；广告信息对儿童健康及安全的影响。

CARU制定的儿童广告指南有六项基本原则，其中4条主要涉及上面这些问题（其余两条是有关儿童信息处理能力方面的）。这4条基本原则如下。

① 意识到广告在教育儿童方面可能起重要作用。广告主应充分认识到儿童可能从广告中学会很多东西，而这会影响到他或她的健康及道德意识。因此，企业应以一种诚实和确切的方式传达信息。

② 敦促广告商在广告中尽可能地展现积极和慈善的社会行为，如友谊、善良、诚实、正义、慷慨及对美德的尊敬，以此来实现广告影响人的行为的潜能。

③ 在广告中应注意对少数民族和其他群体的关心，展现他们积极和亲近社会的形象。对少数民族和弱小群体的概念化描述和种种偏见应尽力避免。

④ 尽管有很多因素影响孩子个人的和社会化方面的发展，但父母在引导孩子的行为上负有主要责任。广告主应对这种家长与孩子的良性关系起建设性的推动作用。

5. 成人消费者保护

假设你看见一个潜水通气管或潜水用的橡皮脚掌的包装上标有“潜水学校全国委员会”批准章戳，你会有何想法呢？我们许多人会将之理解为这种产品已被委员会测试通过或按该委员会制定的标准生产。然而，FTC指控说这一印章被允许用于未经测试或没有达到标准的潜水产品上。

针对成人消费者的保护措施集中在消费者信息、产品及定价上。

(1) 消费者信息 对营销者提供给消费者的信息的关注主要集中在3个方面：所提供信息的准确性；信息的完整性；营销信息对社会价值观的累积影响。

① 消费者信息的准确性。由于不同的人群在信息处理技能和动机上存在差别，由此使一则信息的准确含义变得更为复杂。所以，营销者提供给消费者的信息必须准确。同时，矫正广告是广告主为消除先前的误导性信息或不准确信息在消费者中的影响而做的广告，效果也很好。

② 消费者信息的完整性。消费者不仅要获得准确、真实的信息，而且还需要有足够充分的信息。营销者、消费者组织和政府官员均希望消费者拥有足够的信息来做出明智的购买决定。方法是提供所有具有潜在相关性的信息。

③ 营销与价值观。不断强调所有权和自我价值的信息流的长期影响，无论对个人还是社会都是消极的。广告及大众媒体如何描绘少数民族群体、老年人及其他社会群体会影响这些群体成员怎样看待自己，也会影响其他社会成员如何看待这些群体。营销者需要确保他们的广告会以一种对所涉及的群体而言是正面、积极的方式来反映本国社会的多样性。

(2) 产品问题 消费者组织对产品有两大担忧：一是它的安全性；二是它对环境是否友善，即是否造成环境污染。一般来说，确保产品使用的安全并不会引发争议。然而，要保证产品使用不存在任何隐患或风险几乎是不可能的。政府相关部门要负责监督产品安全性和它对环境的污染问题。

(3) 定价问题 消费者组织希望价格公道（即价格由竞争决定），同时准确地标明不含隐藏性价格。在定价方面，也许最富争论性的领域是参照价格的使用。由于长期以来参照价被很多企业滥用，很多消费者对这类价格疑虑重重也就不足为奇了。政府相关部门要监督产品的参考价使用问题，并着手制定一些法规来限制和规范参照价的使用。

四、小结

消费者保护运动或消费者保护主义运动是指由对营销系统各方面不满意的消费者推动的一系列政治活动。

消费者的权益，又称消费者的权利，是指消费者在购买、使用商品或接受服务时依法享有的权利及该权利受到保护时给消费者带来的应得利益。消费者权益的特点：一是消费者享有的权利；二是消费者实施行为的具体表现；三是法律基于消费者的弱者地位而特别赋予的法定权利；四是消费者特殊的地位而享有的特定权利。在我国1994年1月1日实施的《中华人民共和国消费者权益保护法》第七条至第十五条（以下简称《消法》）中规定了消费者的9项权利，具体包括安全权、知情权、选择权、公平交易权、求偿权、结社权、获知权、受尊重权和监督权。权利和义务是共生的，消费者在维护自身权益的同时，也要担负起应尽的责任和义务。《消法》只明确提出了消费者应享有的权利，却没有提及其应承担的义务。

由于消费者权益受损的程度不同，其心理变化的幅度也高低不一。企业要正确认识自己承担的社会责任，政府及消费者团体要加强监管，消费者要提高自己的消费知识和维权意识，保护消费者的心理免受伤害。

对以儿童为对象的消费保护主要集中在广告和产品安全性上。针对成人消费者的保护措施集中在消费者信息、产品及定价上。

五、复习思考题

1. 什么是消费者保护主义运动？
2. 对消费者权益进行保护的必要性有哪些？
3. 消费者的9项权利是什么？
4. 表4-10列举了消费者的不道德行为，谈谈你的看法。
5. 消费者权益受损后的心理变化状态有哪些？
6. 描述皮亚特的认知发展阶段理论。
7. 关于儿童理解广告信息的能力主要涉及哪两个问题？
8. 儿童将大量时间花在电视（包括广告）上引发了哪些问题？
9. 针对儿童消费者的保护措施有哪些？
10. 针对成人消费者的保护措施有哪些？

六、实训

1. 案例分析

卡哥耐特广告

在许多情况下，成人广告被儿童收看，由此产生的后果正如下面所描述的，是极为有害的。

在卡哥耐特（Calgonite）自动洗碗清洁剂电视广告中，一位妇女出现在自动洗碗机中。一个三岁儿童看到该广告后立刻钻进了洗碗机，CARU了解这一情况后，要求广告主停止刊播该广告。

（资料来源：http：//share. yoao. com/download. asp？id＝18684）

思考和训练　卡哥耐特广告引起的问题说明了什么？

（参考答案　说明遵守安全指南也不是一件容易的事。该广告并不是针对儿童，而且也未在儿童节目中播出，但它最终还是引发了产品安全问题。儿童收看黄金时段电视节目的事实，要求广告主承担额外的责任。广告主要确保广告表现产品安全使用。）

2. 技能训练

你认为还有哪些消费者权益应补充到《消费者权益保护法》中？

参 考 文 献

[1] 平建恒，王惠琴主编. 消费者行为分析. 北京：中国经济出版社，2008.

[2] 叶敏，张波，平宇伟编著. 消费者行为学. 北京：北京邮电大学出版社，2008.

[3] 王曼，白玉苓，王智勇编著. 消费者行为学. 北京：机械工业出版社，2007.

[4] 王惠琴主编. 消费心理学. 南京：东南大学出版社，2005.

[5] 申纲领主编. 消费心理学. 北京：电子工业出版社，2007.

[6] 臧良运主编. 消费心理学. 北京：电子工业出版社，2007.

[7] 李凤燕主编. 新编消费心理学. 北京：清华大学出版社，2007.

[8] 薛群慧编著. 旅游心理学. 天津：南开大学出版社，2008.

[9] 焦利军，邱萍主编. 消费心理学. 北京：北京大学出版社，2006.

[10] 汤丽萍，曹虎山. 廖波主编. 消费心理学. 北京：航空工业出版社，2014.

[11] [美] 迈克尔·所罗门等著. 消费者行为学（第10版）. 北京：中国人民大学出版社，2013.

[12] 游傲培训网：www. yoao. com.

[13] MBA智库搜索：doc. mbalib. com.

[14] 畅享搜索：search. vsharing. com.